Wörlen · Schindler | Anleitung zur Lösung von Zivilrechtsfällen

W0395844

Anleitung zur Lösung von Zivilrechtsfällen

Methodische Hinweise und 22 Musterklausuren

(zum Bürgerlichen Recht – mit Handelsrecht und Arbeitsrecht)

Von

Prof. Dr. iur. Rainer Wörlen

Fachhochschule Schmalkalden
Fakultät Wirtschaftsrecht

und

Assessor Dr. iur. Sven Schindler

Wissenschaftlicher Mitarbeiter
an der TU Chemnitz, Jura II

9., völlig überarbeitete und verbesserte Auflage

Carl Heymanns Verlag 2009

Bibliografische Information der Deutschen Bibliothek
Die Deutsche Bibliothek verzeichnet diese Publikation in der Deutschen Nationalbibliografie; detaillierte bibliografische Daten sind im Internet unter **http://dnb.ddb.de** abrufbar.

ISBN 978-3-452-27101-3

1. Auflage 1986 Wörlen
2. Auflage 1987
3. Auflage 1990
4. Auflage 1993
5. Auflage 1998
6. Auflage 2002
7. Auflage 2004
8. Auflage 2007
9. Auflage 2009 Wörlen/Schindler

www.wolterskluwer.de

Alle Rechte vorbehalten.
© 2009 Wolters Kluwer Deutschland GmbH, Luxemburger Str. 449, 50939 Köln
Carl Heymanns Verlag – eine Marke von Wolters Kluwer Deutschland

Das Werk einschließlich aller seiner Teile ist urheberrechtlich geschützt.
Jede Verwertung außerhalb der engen Grenzen des Urheberrechtsgesetzes ist ohne Zustimmung des Verlages unzulässig und strafbar. Das gilt insbesondere für Vervielfältigungen, Übersetzungen, Mikroverfilmungen und die Einspeicherung und Verarbeitung in elektronischen Systemen.

Umschlagkonzeption: Martina Busch, Grafikdesign, Fürstenfeldbruck
Satz: John + John, Köln
Druck und buchbinderische Verarbeitung: Wilhelm & Adam OHG, Heusenstamm

Gedruckt auf säurefreiem, alterungsbeständigem und chlorfreiem Papier

»Von den vielen Welten,
die der Mensch nicht von der
Natur geschenkt bekam,
sondern sich aus eigenem
Geiste erschaffen hat,
ist die Welt der Bücher
am größten«

(Hermann Hesse)

Vorwort – von Rainer Wörlen

Ziel dieser »Anleitung« ist es nach wie vor, den Studierenden die Technik des Klausurenschreibens bei der gutachtlichen Lösung von zivilrechtlichen Fällen zu vermitteln.

Materielles Wissen, das für die Anfängerübung im BGB an Universitäten sowie für die »Zwischenprüfung« (Bachelorprüfung u. ä.) an Fachhochschulen unerlässlich ist, wird vorausgesetzt. Es sollte sich auf die Grundzüge der ersten drei Bücher des BGB sowie des Handelsrechts und des Arbeitsrechts erstrecken (Minimum ist das, was ich in meinen Büchern zum BGB, Handelsrecht und Arbeitsrecht dargestellt habe – vgl. »Literatur«, S. XIX ff.).

Kenntnisse im Handelsrecht und Arbeitsrecht werden nicht unbedingt für die Anfängerübung im BGB benötigt, doch für manche Zwischenprüfungen an Fachhochschulen, wo diese Fächer bereits im Grundstudium unterrichtet werden.

Wer effektiv mit diesem Buch arbeiten und dessen Ziel erreichen will, möge unbedingt den **Auszug aus dem** folgenden **Vorwort zur ersten Auflage – zugleich ein Arbeitsvorschlag – lesen.**

22 Fälle mit Musterlösungen und methodischen Hinweisen können reichen, um einen Einstieg in die Technik des Klausurenschreibens zu finden. Darüber hinaus ist den Studierenden zu raten, sich weitere Fallsammlungen vorzunehmen und einen Fall nach dem anderen selbst zu lösen, bevor sie die Musterlösungen lesen. Klausurenschreiben lernt man am besten durch Klausuren schreiben!

Zahlreiche Hinweise, für die ich sehr dankbar bin, von Studierenden sowie von Kolleginnen und Kollegen haben zur Verbesserung der Lösungen beigetragen und mich zugleich bestärkt, das bewährte Konzept der synoptischen Darstellung von »Methodischen Hinweisen« auf den linken und der gutachtlichen »Ausarbeitung« auf den rechten Seiten beizubehalten.

Das Literaturverzeichnis und die »Literatur zur Vertiefung« wurden auf den Stand von Mai 2009 gebracht. Zeitschriftenbeiträge (Aufsätze) erscheinen nur in der »Literatur zur Vertiefung«. **Die »Methodischen Hinweise« wurden durch einige Prüfungsschemata zu verschiedenen Anspruchsgrundlagen ergänzt.**

Mein besonderer Dank gilt Herrn Assessor Dr. iur. Sven Schindler von der TU Chemnitz für seine konstruktive und engagierte Mitarbeit, die wesentlich zur Verbesserung beigetragen hat (»Wer aufhört, besser zu werden, hört bald auf, gut zu sein« …).

An dieser Neuauflage hat er nicht nur konstruktiv und engagiert, sondern auch so kreativ mitgearbeitet (seiner Feder entstammen die »modernen« Fälle 2b und 16), dass ich ihn gern zum Mitautor »befördert« habe.

Hinweise und Anregungen aus dem Leserkreis nehme ich weiterhin gerne entgegen.

Meine Anschrift lautet:
Hauptstraße 472, Res. 46
53639 Königswinter
E-Mail: r.woerlen@fh-sm.de
Internet: www.r-woerlen.de

Königswinter/Schmalkalden, im März 2009

Aus dem Vorwort zur ersten Auflage
– zugleich ein Arbeitsvorschlag –

Dieses Buch geht zurück auf eine in der Zeitschrift »Juristische Arbeitsblätter« (JA-Übungsblätter 1979 und 1980) erschienene Aufsatzserie »Praktische Anleitung zur Lösung von Fällen im Zivilrecht für Studienanfänger (1. und 2. Semester)«, die für die jetzt erfolgte Zusammenfassung eingehend überarbeitet, ergänzt und aktualisiert wurde.

Den Anstoß zur Veröffentlichung möglichst »einfacher« klausurmäßiger Falllösungen gab die Beobachtung, dass bisher publizierte Anfänger-Fallsammlungen häufig erst für das Niveau von Studierenden dritter und höherer Semester geeignet erscheinen. Studierenden des ersten und auch des zweiten Semesters, denen darüber hinaus vom ersten Tag des Studiums an die einschlägigen Ausbildungszeitschriften zur Durcharbeitung empfohlen werden, können jedoch mit den dort angebotenen – qualitativ guten – Fallbearbeitungen oft wenig anfangen, zumal sie angesichts einer Fußnotenflut von Rechtsprechungs- und Literaturhinweisen »den Wald vor lauter Bäumen« nicht mehr sehen.

Unverständnis und Mutlosigkeit sind daher nicht selten die Folge. Hier abzuhelfen war nicht zuletzt Ziel meiner dreijährigen Tätigkeit als Leiter von Arbeitsgemeinschaften und Übungen an den Universitäten Würzburg und Freiburg – beides Hochschulen von Bundesländern, die in ihren juristischen Staatsexamina das reine Klausurensystem (ohne Hausarbeit) bevorzugen. Die von mir gewählte Darstellungsweise der optischen Gegenüberstellung von »Methodischen Hinweisen« (die, um die Darstellung möglichst kurz zu halten, bisweilen in stichwortartigen Sätzen erfolgen) und »Ausarbeitung (Gutachten)« fand bei den Studierenden ein so positives Echo, dass ich mich entschloss, die wichtigsten Fälle einem größeren Leserkreis zugänglich zu machen.

Das nun entstandene Buch soll nicht als Konkurrenz zu der bereits großen Anzahl von Fallsammlungen im Zivilrecht verstanden werden, sondern soll diese ergänzen bzw. als Vorbereitung auf eines dieser – materiell schwierigeren und entsprechend »anspruchsvolleren« – Werke dienen. Die Vermittlung materiellen Stoffs ist daher nur sekundäres Ziel meines Buchs. Qualitativ und quantitativ bewegt sich der Inhalt der Falllösungen im Rahmen dessen, was ihr Studium ernst nehmende durchschnittliche Anfänger(innen) nach guter Vorbereitung in den Arbeitsgemeinschaften in einer Klausur tatsächlich »zu Papier bringen« könnten.

Um möglichst intensiv von der Durcharbeitung des Buches zu profitieren, müssen die Studierenden wissen, wie sie vorgehen sollen. Bevor man sich als Anfänger(in) mit den *Methoden* zur Lösung von Klausuren beschäftigt, sollte man zumindest *ein Einführungswerk* zum BGB gelesen haben, das mit der Terminologie und den wesentlichen Grundbegriffen vertraut macht*. **Weiter ist wie folgt zu verfahren: Zunächst müssen (jedesmal bzw. so oft und so lange, bis Sie sie beherrschen) die für alle Fallbearbeitungen gültigen »Allgemeinen Vorüber-**

* Z. B. **meine Lehrbücher »BGB AT, SchR AT, SchR BT und SachR«, die im Literaturverzeichnis genannt sind und 1986 (= Erscheinungsjahr 1. Aufl.) noch nicht existierten.**

legungen« am Anfang des Buchs (= »Einführung«) gelesen werden. Sodann sollte jeder Fall von den Leser(inne)n selbst zu lösen versucht werden, was natürlich nur sinnvoll ist, wenn man über das in den Überschriften skizzierte Stoffgebiet schon einmal etwas gehört bzw. gelesen hat. Welche Zeit für die eigene klausurmäßige Bearbeitung eines Falls durchschnittlich nicht überschritten werden darf, ist jeweils angegeben. **Ist die eigene Lösung fertig gestellt, empfiehlt es sich, zunächst die hier vorgeschlagene Gutachten-Lösung auf den rechten Seiten des Buchs durchgehend zu lesen. Dann sollten die »Methodischen Hinweise« (= »Besondere Vorüberlegungen«) auf den linken Buchseiten durchgearbeitet und der dort angesprochene Abschnitt der Ausarbeitung (Gutachten) auf den rechten Buchseiten sofort (nochmals) gelesen werden.**

Im Anschluss daran sei schließlich die erneute zusammenhängende Lektüre von Sachverhalt und Gutachten (rechte Seiten) empfohlen, damit der unmittelbare Bezug zum Fall nicht verloren geht und eine geschlossene Lösung im Gedächtnis bleibt.

Bewusst wurden in den »Methodischen Hinweisen« mancherorts Wiederholungen vorgenommen; denn je öfter man »dasselbe« liest, umso mehr bleibt erfahrungsgemäß haften.

Die Literaturhinweise am Ende der »Methodischen Hinweise« sind – wie die Überschrift erkennen lässt – insbesondere für die Bearbeiter(innen) gedacht, die den angesprochenen Stoff eingehend vertiefen wollen.

Noch etwas: *Gesetzesparagraphen, die man noch nicht »auswendig« kann, sollte man immer wieder lesen! Nicht umsonst heißt es: »Die halbe Juristenweisheit steht im Gesetz« oder »Der Blick ins Gesetz erleichtert die Rechtsfindung«!*

Einen Gesetzestext müssen Sie also *immer* nebenher benutzen, um *jede* zitierte Vorschrift nachzulesen!

Es soll und kann nicht Ziel dieses Buchs sein, aus den Leser(inne)n schon »perfekte Klausurenschreiber(innen)« zu machen; die Lektüre kann aber den Studierenden eine »Angst« nehmen, die sich vom ersten Tag des Studiums an festzusetzen scheint – die Angst vor dem »Gespenst Klausur«.

Für Hinweise und Anregungen aus dem Leserkreis bin ich stets dankbar.

[Köln, im Mai 1986 *Rainer Wörlen*]

Inhaltsverzeichnis

(Die Zahlen beziehen sich auf die Seiten.)

Verzeichnis der Übersichten

Verzeichnis der Prüfungsschemata

(Die Zahlen beziehen sich auf die Randnummern.)

Abkürzungsverzeichnis

a.a.O.	am angegebenen Ort (= bezieht sich grundsätzlich auf die vorhergehende Zitierung desselben Autors)
Abs.	Absatz
Abschn.	Abschnitt
a.F.	alte Fassung
AG	Amtsgericht
AGB	Allg. Geschäftsbedingungen
AGG	Allgemeines Gleichbehandlungsgesetz
AgrarR	AGRARRECHT (Z)
AJP	Aktuelle Juristische Praxis (Z/Schweiz)
allg.	allgemein/e/er/es
Alt.	Alternative
Anm.	Anmerkung
AR	Arbeitsrecht
ArbG	Arbeitsrechtsgesetze
Arg.	Argument
AT	Allgemeiner Teil
Aufl.	Auflage
BB	Der Betriebsberater (Z)
Bd.	Band
BGB	Bürgerliches Gesetzbuch
BGH	Bundesgerichtshof
BGH LM	Nachschlagewerk des BGH, hrsg. v. Lindenmaier, Möhring u. a. (Loseblattsammlung)
BGHZ	Entscheidungen des BGH in Zivilsachen
Bj.	Baujahr
BR	Bürgerliches Recht
Bsp.	Beispiel(e)
BT	Besonderer Teil
bzw.	beziehungsweise
c.i.c.	culpa in contrahendo (Verschulden bei/vor Vertragsschluss)
CISG	Convention on Contracts for the International Sale of Goods (Wiener UN-Übereinkommen über Verträge über den internationalen Warenkauf)
d. h.	das heißt
ders./dies.	derselbe/dieselben
Diss.	Dissertation
Einf.	Einführung
erw.	erweitert(e)
etc.	et cetera (= usw.)
f. (ff.)	folgende (z. B. Seite/n)
Fn.	Fußnote
gem.	gemäß
GewO	Gewerbeordnung
gg.	gegen
ggf.	gegebenenfalls
HGB	Handelsgesetzbuch
h. M.	herrschende Meinung (in Rechtsprechung und/oder Literatur)
HR	Handelsrecht
Hrsg./hrsg.	Herausgeber/herausgegeben
HS	Halbsatz
i. d. R.	in der Regel
insb.	insbesondere
i. S.	im Sinne
i. S. d.	im Sinne der/des
i. S. v.	im Sinne von
i. V. m.	in Verbindung mit
JA	Juristische Arbeitsblätter (Z)
jem.	jemand
JURA	Juristische Ausbildung (Z)
JuS	Juristische Schulung (Z)
Kap.	Kapitel
KSchG	Kündigungsschutzgesetz
lat.	lateinisch
LdR	Lexikon des Rechts
LG	Landgericht
lt.	laut (i. S. v. gemäß)
Min.	Minute(n)
MuSchG	Mutterschutzgesetz
neu bearb.	neu bearbeitet
n.F.	neue Fassung
NJW	Neue Juristische Wochenschrift
NRW (NW)	Nordrhein-Westfalen
NWB	Neue Wirtschafts-Briefe (Verlag)
NZA	Neue Zeitschrift für Arbeits- und Sozialrecht (Z)
o.	oder
o. Ä.	oder Ähnliches
obj.	objektiv
p.V. V.	positive Vertragsverletzung
Rdnr/n.	Randnummer/n
RGZ	Entscheidungen des Reichsgerichts in Zivilsachen
Res.	Residenz
S.	Satz; Seite/n
SachR	Sachenrecht
SchR	Schuldrecht

SchwbG	Schwerbehindertengesetz
SGB	Sozialgesetzbuch
s. o.	siehe oben
sog.	so genannt/e/er/es
Std.	Stunde/n
subj.	subjektiv
u.	und
u. a.	unter anderem/und anderen
u. Ä.	und Ähnliches
UN	United Nations
Urt.	Urteil
usw.	und so weiter
Var.	Variante
verb.	verbesserte
VO	Verordnung
vgl.	vergleiche
Vorb.	Vorbereitung/Vorbemerkung
WE	Willenserklärung
WiSo	Wirtschafts- und Sozialwissenschaften
Z	Zeitschrift
z. B.	zum Beispiel
ZfA	Zeitschrift für Arbeitsrecht
Ziff.	Ziffer
zit.	zitiert
Ztr.	Zentner

Literaturverzeichnis

Aufsätze	werden mit Titel nur in der »*Literatur zur Vertiefung*« am Ende der dargestellten Themenbereiche und in den Fußnoten nur mit Verfasser und Fundstelle zitiert.
Alpmann u. Schmidt	(Juristische Lehrgänge) Arbeitsrecht, 16. Aufl. 2007 (von *Marschollek*); BGB AT 1, 16. Aufl. 2009; BGB AT 2, 15. Aufl. 2007; Handelsrecht, 12. Aufl. 2008; Schuldrecht AT 1, 17. Aufl. 2008 (jeweils von *J.A. Alpmann*); Schuldrecht AT 2, 17. Aufl. 2007 (von *Roßmann*); Schuldrecht BT 2, 15. Aufl. 2009 (von *Alpmann-Pieper*); Schuldrecht BT 2, 15. Aufl. 2008 (von *Pechstein/Siepmann*); Schuldrecht BT 3, 15. Aufl. 2008 (von *Alpmann-Pieper*); Schuldrecht – Unerlaubte Handlungen, Allgemeines Schadensrecht, 16. Aufl. 2007 (von *Haack*); Sachenrecht 1, 16. Aufl. 2009; Sachenrecht 3, 14. Aufl. 2006 (beide von *J.A. Alpmann*); Methodik der Fallbearbeitung – Juristische Klausurtechnik für Studium und Examen, 2. Aufl. 2009 (von *Pense*)
Bähr	Arbeitsbuch zum Bürgerlichen Recht, 2. Aufl. 2002
ders.	Grundzüge des Bürgerlichen Rechts, 11. Aufl. 2008
Balzer/Kröll/Scholl	Die Schuldrechtsklausur, 2. Aufl. 2008
Baur/Stürner	Lehrbuch des Sachenrechts, 18. Aufl. 2009
*Beer/Reese**	Allgemeines Wirtschaftsrecht, 2001
dies.	Besonderes Wirtschaftsrecht, 2002
*Benning/Oberrath**	Arbeitsbuch: Bürgerliches Recht, 4. Aufl. 2008
*Boemke**	Studienbuch Arbeitsrecht, 2. Aufl. 2004
*Brehm**	Allgemeiner Teil des BGB, 6. Aufl. 2008
*ders.**	Fälle und Lösungen zum Allgemeinen Teil des BGB, 2. Aufl. 2002
*Brox/Henssler**	Handelsrecht, 20. Aufl. 2009
*Brox/Rüthers/Henssler**	Arbeitsrecht, 17. Aufl. 2007
Brox/Walker	Allgemeiner Teil des Bürgerlichen Gesetzbuches, 33. Aufl. 2009 (zit.: AT)

*dies.**	Allgemeines Schuldrecht, 33. Aufl. 2009 (zit.: SchR AT)
*dies.**	Besonderes Schuldrecht, 33. Aufl. 2008 (zit.: SchR BT)
Canaris	Handelsrecht, 24. Aufl. 2006
Creifelds	Rechtswörterbuch, 19. Aufl. 2007
Däubler	BGB kompakt, 3. Aufl. 2008 (zit.: BGB)
ders.	Das Arbeitsrecht – Ratgeber für Beruf, Praxis und Studium, 7. Aufl. 2008 (zit.: AR)
Deutsches Rechtslexikon	Band 1 bis 3, 3. Aufl. 2001 mit Ergänzungsband 2003
Diederichsen/Wagner	Die BGB-Klausur, 10. Aufl. 2007
Dörner	Schuldrecht 2, Gesetzliche Schuldverhältnisse (Fälle und Lösungen nach höchstrichterlichen Entscheidungen Bd. 3), 5. Aufl. 2002
*Eisenmann/Gnauk/ Quittnat**	Rechtsfälle aus dem Wirtschaftsprivatrecht, 8. Aufl. 2007
Dütz	Arbeitsrecht, 13. Aufl. 2008
Eckert	BGB – Allgemeiner Teil, 2. Aufl. 2004
ders.	Schuldrecht, Allgemeiner Teil, 4. Aufl. 2005
ders.	Schuldrecht, Besonderer Teil, 2. Aufl. 2005
ders.	Sachenrecht, 4. Aufl. 2005
ders./Hattenhauer	75 Klausuren aus dem BGB mit Lösungsskizzen, 12. Aufl. 2008
Fezer	Klausurenkurs zum BGB Allgemeiner Teil, 7. Aufl. 2008 (zit.: BGB AT)
ders.	Klausurenkurs zum Schuldrecht Allgemeiner Teil, 6. Aufl. 2008 (zit.: SchR AT)
ders.	Klausurenkurs zum Schuldrecht Besonderer Teil, 7. Aufl. 2009 (zit.: SchR BT)
Fikentscher/Heinemann	Schuldrecht, 10. Aufl. 2006
Fritzsche	Fälle zum BGB – Allgemeiner Teil, 3. Aufl. 2009
ders.	Fälle zum Schuldrecht I. Vertragliche Schuldverhältnisse, 3. Aufl. 2008
Führich	Wirtschaftsprivatrecht – Privatrecht, Handelsrecht, Gesellschaftsrecht, 9. Aufl. 2008
Grunewald	Bürgerliches Recht, 7. Aufl. 2006
Hadding/Hennrichs	Die HGB-Klausur, 3. Aufl. 2003
*Hirsch**	Der Allgemeine Teil des BGB, 6. Aufl. 2009 (zit.: AT)

*ders.**	Allgemeines Schuldrecht, 6. Aufl. 2009 (zit.: SchR AT)
ders.	Besonderes Schuldrecht, 2007 (zit.: SchR BT)
Hirte	Der Zugang zu Rechtsquellen und Rechtsliteratur, 2. Aufl. 2004
Höland/Lode/Meyer	Fälle und Lösungen aus dem Schuldrecht, 2004
Hromadka/Maschmann	Arbeitsrecht Band 1 – Individualarbeitsrecht, 4. Aufl. 2008
Jauernig/Schlechtriem/ Stürner/Teichmann/ Vollkommer	Bürgerliches Gesetzbuch, Kommentar, 13. Aufl. 2009
Jung	Handelsrecht, 7. Aufl. 2008
Junker	Grundkurs Arbeitsrecht, 8. Aufl. 2009
Kallwass	Privatrecht – Ein Basisbuch, 19. Aufl. 2007
Kirchner	Abkürzungsverzeichnis der Rechtssprache, 6. Aufl. 2008
Kittner	Schuldrecht, Rechtliche Grundlagen – Wirtschaftliche Zusammenhänge, 3. Aufl. 2003
Klunzinger	Einführung in das Bürgerliche Recht, 13. Aufl. 2007
ders.	Übungen im Privatrecht, 9. Aufl. 2006
Köhler	BGB, Allgemeiner Teil, 32. Aufl. 2008
Kokemoor/Kreissl	Arbeitsbuch: Arbeitsrecht, 3. Aufl. 2006
Kropholler	Studienkommentar BGB, 11. Aufl. 2008
*Lange**	Jurastudium erfolgreich – Planung, Lernstrategie, Zeitmanagement –, 5. Aufl. 2009
Larenz	Lehrbuch des Schuldrechts, Bd. I, Allg. Teil, 14. Aufl. 1987 (zit.: SchR AT)
ders.	Lehrbuch des Schuldrechts, Bd. II/1, Besonderer Teil/1. Halbband, 13. Aufl. 1986 (zit.: SchR BT)
ders./Canaris	Lehrbuch des Schuldrechts, Besonderer Teil/ 2. Halbband, 13. Aufl. 1994
ders./Wolf	Allgemeiner Teil des Bürgerlichen Rechts, 9. Aufl. 2004
Lexikon des Rechts	Ergänzbares Lexikon des Rechts, Loseblattsammlung in 8 Bänden, Stand Dezember 2008
Liebs	Lateinische Rechtsregeln und Rechtssprichwörter, 7. Aufl. 2007
Löwisch	Arbeitsrecht, 8. Aufl. 2007 (zit.: AR)
ders./Neumann	Allgemeiner Teil des BGB, 7. Aufl. 2004

Looschelders	Schuldrecht Allgemeiner Teil, 6. Aufl. 2008 (zit.: AT)
ders.	Schuldrecht Besonderer Teil, 2. Aufl. 2008 (zit.: BT)
Medicus	Allgemeiner Teil des BGB, 9. Aufl. 2006 (zit.: AT)
ders.	Bürgerliches Recht – Eine nach Anspruchsgrundlagen geordnete Darstellung zur Examensvorbereitung, 21. Aufl. 2007 (zit.: BR)
*ders.**	Grundwissen zum Bürgerlichen Recht – Ein Basisbuch zu den Anspruchsgrundlagen –, 8. Aufl. 2008
ders.	Schuldrecht I, Allgemeiner Teil, 18. Aufl. 2008 (zit.: SchR AT)
ders.	Schuldrecht II, Besonderer Teil, 14. Aufl. 2007 (zit.: SchR BT)
*Metzler-Müller**	Wie löse ich einen Privatrechtsfall? – Aufbauschemata, Mustergutachten, Klausurschwerpunkte, 5. Aufl. 2008
Meyer	Juristische Fremdwörter, Fachausdrücke und Abkürzungen, 12. Aufl. 2004
Michalski	Arbeitsrecht – 50 Fälle mit Lösungen, 6. Aufl. 2008
Möllers	Juristische Arbeitstechnik und wissenschaftliches Arbeiten, 4. Aufl. 2008
Münchener Kommentar	zum Bürgerlichen Gesetzbuch, Bd. 3, Schuldrecht Besonderer Teil, §§ 433–610 CISG, 4. Aufl. 2004 (zit.: MüKo/*Bearbeiter*)
Musielak	Grundkurs BGB, 10. Aufl. 2007
Olzen/Wank	Zivilrechtliche Klausurenlehre mit Fallrepetitorium, 5. Aufl. 2007
Palandt u. a.	Bürgerliches Gesetzbuch, Kommentar, 68. Aufl. 2009 (zit.: Palandt/*Bearbeiter*)
Preis/Prütting/Sachs/Weigend	Die Examensklausur, 3. Aufl. 2008
*Quittnat**	Der Privatrechtsfall – Eine prüfungsbezogene Einführung in die juristische Arbeitstechnik, 6. Aufl. 2005
Roth	Handels- und Gesellschaftsrecht mit Grundzügen des Wertpapierrechts, 6. Aufl. 2001
Rüthers/Stadler	Allgemeiner Teil des BGB, 15. Aufl. 2007

Schade	Wirtschaftsprivatrecht, Grundlagen des Bürgerlichen Rechts sowie des Handels- und Wirtschaftsrechts, 2. Aufl. 2009
ders./Teufer/Krause	Fälle zum Wirtschaftsprivatrecht, 2008
*Schimmel**	Juristische Klausuren und Hausarbeiten richtig formulieren, 7. Aufl. 2008
Schmuck	Deutsch für Juristen – Vom Schwulst zur klaren Formulierung –, 2. Aufl. 2006
Schreiber	Sachenrecht, 5. Aufl. 2008
Schulze/Dörner/Ebert/ Eckert/Hoeren u. a.	Bürgerliches Gesetzbuch, Handkommentar, 5. Aufl. 2007 (zit.: HK-BGB/*Bearbeiter*)
*Schünemann (W. B.)**	Wirtschaftsprivatrecht, 5. Aufl. 2006
Schwab/Prütting	Sachenrecht, 33. Aufl. 2008
Steckler	Klausurtraining Wirtschaftsrecht – Fälle mit Lösungen und methodischen Hinweisen, 2. Aufl. 2007
Then/Gerhard	Arbeitsrecht – Systematische Darstellung mit Übersichten, Fallbeispielen und allen wichtigen Entscheidungen auf CD-ROM, 3. Aufl. 2004
Timm/Schöne	Fälle zum Handels- und Gesellschaftsrecht, 7. Aufl. 2008
Ullrich	Wirtschaftsrecht für Betriebswirte, 6. Aufl. 2008
Vieweg	Sachenrecht, 3. Aufl. 2007
Wank	Die Auslegung von Gesetzen, 4. Aufl. 2008
Werner	Fälle mit Lösungen für Anfänger im Bürgerlichen Recht, 11. Aufl. 2004
Westermann	Grundbegriffe des BGB. Eine Einführung an Hand von Fällen, 16. Aufl. 2004
*Wörlen**	BGB AT – Einführung in das Recht und Allgemeiner Teil des BGB –, 10. Aufl. 2008 (zit.: BGB AT)
*ders.**	Handelsrecht – mit Gesellschaftsrecht, 9. Aufl. 2008 (zit.: HR)
*ders.**	Schuldrecht AT, 9. Aufl. 2008 (zit.: SchR AT)
*ders.**	Schuldrecht BT, 9. Aufl. 2008 (zit.: SchR BT)
*ders.**	Sachenrecht, 7. Aufl. 2007 (zit.: SachR)
*ders./Kokemoor**	Arbeitsrecht, 9. Aufl. 2009
Wesel	Fast alles, was Recht ist – Jura für Nichtjuristen –, 8. Aufl. 2007
Wolf	Sachenrecht, 24. Aufl. 2008

Wollenschläger Arbeitsrecht, 3. Aufl. 2009 (angekündigt)
Zerres Bürgerliches Recht, 5. Aufl. 2005

Anmerkung

Die für Anfänger besonders geeigneten, weniger »schwierigen« Werke wurden mit einem * versehen. Im Übrigen wurden – ohne dass sie immer im Text erscheinen – Werke angegeben, die schon etwas höhere Ansprüche setzen, als man sie an juristische Anfangssemester stellen kann. Dies gilt natürlich in besonderem Maße für die »kurzen« Standard-Kommentare von *Jauernig* und *Palandt* sowie für den *Hk-BGB*. Alle enthalten aber (sieht man bei *Palandt* einmal von den bisweilen eigenwilligen Sprachabkürzungen ab) in manchen Passagen so stringente und verständliche Ausführungen, dass man sie zur Vertiefung des Stoffes durchaus als Anfänger schon einmal lesen kann. Das Gleiche gilt für die »Standardwerke«, insbesondere von *Baur/Stürner*, *Fikentscher*, *Larenz* und *Medicus*.

Die am Ende meiner jeweiligen methodischen Hinweise angegebene »Literatur zur Vertiefung« hat den Sinn, dieses Buch um das zu ergänzen, was (vgl. Vorwort) nicht sein eigentliches Ziel ist: die Vermittlung umfassenden materiellrechtlichen Wissens, die »Stoffvermittlung« also! Wer die »zur Vertiefung« angegebenen Literaturpassagen tatsächlich »alternativ« oder gar »kumulativ« gelesen und das vorliegende Buch sorgfältig durchgearbeitet hat, sollte in der Lage sein, die entsprechende Anfängerübung im BGB oder seine Fach-, Zwischen- bzw. Bachelorprüfung in einem wirtschaftsrechtlichen, wirtschaftswissenschaftlichen oder einem anderen nichtjuristischen Studium erfolgreich zu absolvieren.

A. Einführung

Wer das Bürgerliche Recht, sei es als juristischer Studienanfänger oder als Wirtschaftswissenschaftler oder sonstiger »Nichtjurist«, studieren und anwenden will (oder »muss«), kommt nicht umhin, die zivilrechtliche gutachtliche Denkweise zu erlernen. Sie wird in diesem Buch vermittelt. Um ein Gutachten anfertigen zu können, muss man zunächst das **juristische Handwerkszeug** kennen: 1

I. Arbeitsmittel und Arbeitsmethoden zum Erlernen des »Rechts«

1. Das Gesetz

Das wichtigste Arbeitsmittel der Studierenden, die das »Recht« (gleich welchen Umfangs) erlernen wollen (*dass* Sie wollen, haben Sie durch die Wahl Ihres Studiums entschieden!), ist das Gesetz! Damit ist weder das »Gesetz im formellen Sinn« noch im »materiellen« Sinn gemeint (falls Sie nicht mehr wissen, was sich hinter diesen Begriffen verbirgt, vgl. *mein* BGB AT, Übersicht 2, Rdnr. 13), sondern der Gesetzestext! Siehe Vorwort zur ersten Auflage: »Die halbe Juristenwahrheit steht im Gesetz«! Insofern haben es Juristen bisweilen etwas leichter als Wirtschaftswissenschaftler und andere Nichtjuristen, deren Wissenschaft nicht auf der Gesetzesanwendung beruht. Viele Theorienstreite erübrigen sich, da der Gesetzgeber bereits eindeutig entschieden hat! Natürlich hindert das nicht den freien Lauf der Rechtstheorien . . . Doch um »Grundzüge« des Rechts zu erlernen, müssen Sie sich nur mit einem Minimum dieser Theorien beschäftigen. Der Rest kommt später. 2

Der gute Theoretiker ist im Übrigen nicht unbedingt auch ein »guter Jurist«! Den guten Juristen macht u. a. aus, dass er das Gesetz kennt und anwenden kann. In diesem Sinne sollten auch Sie den Ehrgeiz haben, ein guter »Jurist« zu werden: Es kommt nicht darauf an, dass man gesetzliche Vorschriften ihrem Inhalt nach auswendig aufsagen kann (dafür eignen sich Gedichte besser!), sondern man muss Inhalt und Systematik des Gesetzes einmal verstanden haben. 3

Der »gute Jurist« kann nicht auf alle juristischen Fragen eine Antwort parat haben, aber er sollte wissen, wo die Antwort zu finden ist! Und das kann er (und Sie auch!), wenn er die Gesetzesparagrafen, die irgendwo (z. B. in diesem Buch) zitiert werden, immer und immer wieder im Gesetz aufsucht und (nach)liest! **Dabei ist es empfehlenswert, jede Vorschrift (z. B. mit einem Textmarker) beim ersten Lesen zu kennzeichnen, so dass man bei erneuter Lektüre immer daran erinnert wird, dass man sich mit dem dort geregelten »Problem« schon einmal befasst hat.** Irgendwann werden Sie feststellen, dass aus dem »Aufsuchen« nur noch ein »Aufschlagen« geworden ist . . .

Gesetzestexte sind in einer Vielzahl von sog. »Gesetzessammlungen« abgedruckt. Zu Beginn des Jura-(bzw. Wirtschaftsrechts-)Studiums oder als »WiSo«-Student mit »Recht« als Nebenfach reicht die Anschaffung kurzer Gesetzes- 4 sammlungen wie die »Beck-Texte im dtv« (BGB, HGB bzw. ArbG – mit sehr lesenswerten Einführungen von *Köhler*, *Fleischer* bzw. *Richardi*) oder die NWB-Textausgabe »Wichtige Gesetze des Wirtschaftsprivatrechts« (mit einer Einführung von *Güllemann*) aus (jeweils nach der neuesten Auflage fragen!).

Von der Anschaffung einer umfangreichen Loseblattsammlung, wie etwa die im Beck-Verlag erschienene von *Schönfelder* sollten Sie als »WiSo«-Student Abstand nehmen; und als angehender Jurist und Wirtschaftsjurist sollten Sie sich mit solch einem »Ziegelstein« (dessen Gewicht und Format dieses Werkes entspricht) erst belasten, wenn Sie sich etwa am Ende des dritten Semesters sicher sind, dass Sie bis zum Examen weiterstudieren!

2. Fachliteratur

5 Wenn Sie Rechtswissenschaft nicht als Hauptfach studieren, werden Sie sich mit der juristischen Fachliteratur nur in begrenztem Maße auseinander setzen müssen, sofern Sie nicht ein juristisches Thema für Ihre Bachelor- oder Masterarbeit wählen. Dennoch sollten Sie zumindest einen groben Überblick darüber bekommen, welche Arten von Literatur zu unterscheiden sind. Wenn Sie Jura studieren, reicht dieser Überblick als erster Einstieg.

a) Kommentare

6 . . . zu den verschiedensten Gesetzen enthalten zu jedem Paragrafen des bearbeiteten Gesetzes, der zunächst zitiert wird, eine mehr oder minder ausführliche Auseinandersetzung mit der in der jeweiligen Vorschrift angesprochenen Problematik. Die Kommentierung enthält Erläuterungen des Gesetzestextes, gibt Hinweise auf weiterführende Literatur und Gerichtsentscheidungen (z. B. Urteile), die dazu erlassen wurden. Kommentare dienen vor allem der raschen Orientierung desjenigen, der ständig mit dem Gesetz und seiner Anwendung arbeiten muss, oder sie dienen der Vertiefung von Einzelproblemen. In letzter Hinsicht könnte auch einmal für Sie ein Blick in einen sog. »Kurzkommentar«[1] hilfreich sein, sofern Sie ohnehin in die Bibliothek Ihrer Hochschule gehen wollten. Ab dem dritten Semester Jura *müssen* Sie das tun!

Dort finden Sie dann auch:

b) Lehrbücher und Grundrisse

7 Je nach Umfang und Inhalt sind hier sog. klassische Lehrbücher und Grundrisse (»Grundzüge«) zu unterscheiden.

Lehrbücher wollen einen systematischen Überblick über ein Rechtsgebiet geben. Je nachdem, wie sehr der Verfasser ins Detail geht, können solche Werke zu »Handbüchern« ausufern, die eher als Nachschlagewerke denn als »Lehrbücher« geeignet sind. Ausführliche Lehrbücher zum BGB sind regelmäßig mit den Gebieten der fünf Bücher des BGB bezeichnet, wobei das Allgemeine Schuldrecht und das Besondere Schuldrecht jeweils meist gesondert aufbereitet werden. So-

1 Wenn Sie sich jemals die Mühe machen sollten, den im Literaturverzeichnis zitierten »Palandt« zu Rate zu ziehen, werden Sie die Bezeichnung »Kurz-Kommentar« vielleicht als Scherz empfinden – aber zum BGB gibt es Großkommentare, die auf 70 Bände im »Palandt-Format« angelegt sind (z. B. *Staudinger*).

fern sich der Umfang in Grenzen hält, sind diese Lehrbücher auch ausgezeichnete »Lernbücher« für die Jurastudenten; für jemand, der Recht nur im Nebenfach studiert, können sie indessen nur zur vertiefenden Nacharbeitung von Einzelproblemen empfohlen werden.

Der Vermittlung des zu erlangenden Grundwissens dienen »Grundrisse«, wie z. B. *meine* im Literaturverzeichnis genannten, den ersten Einstieg gebende Einführungswerke, in denen regelmäßig auf »Literatur zur Vertiefung« des erlangten Wissens verwiesen wird.

c) Fallsammlungen

... sollen den Studierenden zeigen, wie man seine theoretischen Rechtskenntnis- 8
se auf einen konkreten Sachverhalt anwendet, um diesen Sachverhalt (»Fall«) praxisnah in Form eines juristischen Gutachtens zu lösen. Die Lektüre und Anschaffung einer solchen Fallsammlung ist nur sinnvoll und empfehlenswert, wenn man den Stoff, der in den jeweiligen Fällen und Lösungen behandelt wird, bereits materiell einigermaßen beherrscht. Dazu ist Voraussetzung, die entsprechenden Vorlesungen nicht nur »gehört«, sondern – anhand eines Grundrisses – nachgearbeitet zu haben! Durch die *ständige* Lektüre von Fallsammlungen, selbst wenn sie nur die gutachtliche Lösung des Falls enthalten, ohne die Methodik der Fallbearbeitung zu erklären, wird man irgendwann in die Lage versetzt, das Wesentliche vom Unwesentlichen zu trennen.

Fallsammlungen sind besonders geeignet, das aus Vorlesungen und Lehrbüchern (Grundrissen) erworbene Wissen zu »ordnen«, um es in Prüfungsklausuren zutreffend anzuwenden: Da in der Praxis nicht nur das reine Wissen, sondern die richtige *Anwendung* des Rechts maßgebend ist, werden auch Prüfungsklausuren regelmäßig in Form eines Falls gestellt, dessen rechtliche Problematik als Gutachten zu lösen ist[2].

d) Monographien

... sind wissenschaftliche Darstellungen, die einem einzelnen Problem gewidmet 9
sind. In rechtswissenschaftlichen Monographien werden ganz spezielle Fragen aus bestimmten Rechtsgebieten unter Berücksichtigung des neuesten Meinungsstands (»Theorienstreit«) ausführlich erörtert. Damit werden Sie sich allerdings als Nichtjurist, um Ihr Studienziel zu erreichen, nicht befassen müssen, sofern Sie nicht eine juristisch ausgerichtete Abschlussarbeit anfertigen wollen. Sollten Sie Jura studieren, kommen Sie in höheren Semestern an solchen Monographien allerdings nicht »vorbei«! Ähnliches gilt für:

e) Rechtslexika, Rechtswörterbücher

Solche Nachschlagewerke dienen zur raschen Orientierung, wenn man sich über einen bestimmten Rechtsbegriff oder ein Rechtsgebiet anhand eines Stichworts informieren will.

Besonders empfehlenswert ist das Rechtswörterbuch von *Creifelds* (1683 Seiten), das man sich (im Gegensatz zu den dicken Gesetzessammlungen, vgl. Rdnr. 4) schon im ersten Semester (für 44,– €) anschaffen sollte. Selbst wenn Sie

2 Nach der Durcharbeitung dieses Buchs können Sie das!

Ihr Studium aufgeben sollten, kann es nicht schaden, wenn dieses Werk in Ihrem Bücherregal steht.

Zum Einlesen in ein Rechtsgebiet (zu dem man Literatur, z. B. zur Anfertigung einer Hausarbeit, sucht) sind das *Deutsche Rechtslexikon* (3x ca. 2000 Seiten + 500 Seiten Ergänzungsband) vom Beck-Verlag sowie das ergänzbare *Lexikon des Rechts* (Luchterhand-Verlag), das aus acht Loseblattbänden von insgesamt rund 12000 Seiten besteht, geeignet.

3. Entscheidungssammlungen

10 Dabei handelt es sich um amtliche Sammelbände von Entscheidungen (Urteile, Beschlüsse) der oberen und obersten Gerichte aus den verschiedensten Gerichtsbarkeiten, so z. B. die Sammlungen der Entscheidungen des Reichsgerichts in Zivilsachen (RGZ), der Entscheidungen des Bundesgerichtshofs in Zivilsachen (BGHZ) oder der Oberlandesgerichte in Zivilsachen (OLGZ). Die aktuellsten Entscheidungen dieser (und anderer) Gerichte werden regelmäßig auch in

4. Fachzeitschriften

11 veröffentlicht. Die verbreitetste der juristischen Fachzeitschriften ist die »Neue Juristische Wochenschrift« (NJW). Wie die meisten praxisbezogenen Fachzeitschriften besteht sie etwa je zur Hälfte aus einem Aufsatz- und aus einem Rechtsprechungsteil. Liest man zum Beispiel ein Zitat wie »BGH NJW 1989, 328«, bedeutet das, dass sich eine Entscheidung des BGH in der 1989 erschienenen »NJW« auf Seite 328 befindet (die Seiten von Fachzeitschriften werden i. d. R. vom ersten bis letzten wöchentlich oder monatlich erscheinenden Heft des Jahrs durchlaufend nummeriert).

Neben der NJW und der Flut von Fachzeitschriften zu speziellen Rechtsbereichen gibt es sog. Ausbildungszeitschriften, z. B. die »JuS« (Juristische Schulung), »JA« (Juristische Arbeitsblätter) und die »JURA« (Juristische Ausbildung), die sich in erster Linie an den juristischen Nachwuchs (Studium; Referendariat) wenden. Von oft hoher didaktischer Qualität sind dort vor allem Einführungsaufsätze, deren Lektüre mitunter auch für diejenigen, die »Recht« nicht im Hauptfach studieren, geeignet sein kann.

Letzteres gilt auch für manche schriftlich fixierte

5. Elektronische Publikationen

12 Im letzten Jahrzehnt hat der PC, der den Zugang zu juristischen Datenbanken und dem Internet sowie die Verwendung von CD-ROMs ermöglicht, »ungeheuerlich« an Bedeutung gewonnen. Dieses Arbeitsmittel sollte man allerdings, worauf *Möllers*[3] treffend hinweist, nicht »blind« benutzen, sondern sich dessen Chancen und Risiken gleichermaßen bewusst sein. Auf die Vorteile und Gefahren der juristischen PC-Recherche, die Vielzahl von juristischen Datenbanken,

3 *Dort*, Rdnr. 168.

wie z. B. JURIS, LEXIS oder WESTLAW, sowie juristische Webseiten im *Internet* (http://www.) soll hier allerdings nicht weiter eingegangen werden[4].

6. Repetitorien

Man mag über die Notwendigkeit mündlicher Repetitor-Kurse, die auch Wirtschaftswissenschaftlern nicht fremd sind, geteilter Meinung sein. Wenn Repetitorien jedoch – wie das unter Juristen bekannteste, und m. E. beste, von *Alpmann und Schmidt* – in Büchern (von den Herausgebern bescheiden »Skripten« genannt) schriftlich niedergelegt sind, sind sie sehr gut zum Studium geeignet: Sie gewährleisten, den Stoff von zu theoretisch ausgelegten Lehrbüchern (oder Vorlesungen) praxis- und prüfungsbezogen nachzuarbeiten. 13

Für den Wirtschaftswissenschaftler und den juristischen Anfänger sind sie indessen meist noch zu umfangreich, gibt es doch von *Alpmann und Schmidt* allein zum Bürgerlichen Recht 14 Bände mit durchschnittlich 200 Seiten. Wegen ihrer Anschaulichkeit und eingängigen Darstellungsweise werden einzelne Abschnitte aus einigen dieser Bände in diesem Buch häufig als Lektüre »zur Vertiefung« zitiert (Exemplare davon sind in fast allen juristischen Bibliotheken vorhanden).

Welche Arbeitsmittel Sie letztlich benutzen und in welchem Umfang Sie das 14
wollen, ist selbstverständlich Ihre eigene Entscheidung. An dieser Stelle sollten nur einige Informationen und Hinweise gegeben werden[5]. Gehen Sie baldmöglichst in das juristische Seminar (bzw. Ihre Fachhochschulbibliothek) und informieren Sie sich anhand dieser Präsenzbibliothek (»Lesesaal«)[6]. Dasselbe kann man, namentlich zur Vorbereitung der eigenen Kaufentscheidung, in der juristischen Abteilung einer gut sortierten Fachbuchhandlung tun. Hilfreich können auch Rezensionen (Buchbesprechungen) in juristischen Fachzeitschriften (insbesondere JA, JURA und JuS) – oder auch im Internet – sein. Letztlich ist es nicht so wichtig, mit welchem Buch Sie arbeiten – wichtiger ist, dass Sie dies überhaupt tun!

Bleiben Sie also dabei und lesen Sie weiter!

4 Mehr dazu (mit vielen weiterführenden Nachweisen) finden Sie bei *Möllers*, Rdnrn. 58 ff. und 168–181.

5 Auch wenn Sie nicht Jurist(in), sondern Wirtschaftswissenschaftler(in) werden wollen: Um einen Einstieg in das Studium »des Rechts« zu bekommen, können Sie wertvolle Hinweise finden bei *Lange* sowie *Hirte* (vgl. Literaturverzeichnis).

6 Dort kann man Bücher nur lesen (und – unerlaubterweise – kopieren), aber nicht grundsätzlich entleihen! Letzteres können Sie aber in Ihrer »allgemeinen« Hochschulbibliothek!

II. Vorüberlegungen vor Anfertigung einer Zivilrechtsklausur

1. Methodik der Fallbearbeitung: Gutachten und Urteil

15 In einer juristischen Klausur ist regelmäßig ein so genannter Fall zu lösen. Sie haben bisher schon eine Reihe solcher »Fälle« kennen gelernt, ohne dass Sie sich Gedanken darüber machen mussten, was eigentlich der Begriff »Fall« im juristischen Sprachgebrauch bedeutet. Unter einem Fall versteht man einen tatsächlichen oder erdachten Geschehensablauf, der rechtlich beurteilt werden soll. Dieser Fall heißt in der juristischen Fachsprache auch »Sachverhalt«.

Für Klausuren ist ein solcher Geschehensablauf als rechtlich zu beurteilender Sachverhalt zumeist so formuliert und vereinfacht, dass nur ganz bestimmte rechtliche Fragen zu prüfen sind.

Bei der rechtlichen Prüfung und Lösung eines Falls gibt es zwei grundlegende Arten der Darstellung, und zwar zum einen aus der Sicht des Richters, zum anderen aus der Sicht eines Anwalts.

Die schriftliche Lösung eines Rechtsfalls durch einen Richter nennt man »Urteil«.

Ein Rechtsanwalt dagegen erarbeitet die Lösung eines Falls in Form eines »Gutachtens«! Der Unterschied dieser beiden Darstellungsarten liegt einerseits im Aufbau und andererseits im Stil.

16 Das Urteil ist dadurch gekennzeichnet, dass es das Ergebnis der rechtlichen Prüfung eines Falls voranstellt und die Begründung nachliefert, aus der hervorgeht, warum das Ergebnis richtig ist. Das Urteil teilt grundsätzlich zwei Denkschritte mit:

(1) Feststellung eines Ergebnisses bzw. eine Aussage,
(2) Begründung für die Richtigkeit dieser Aussage.

Diese Denkweise findet auch ihren Niederschlag im Stil des Urteils:

Jeder Satz des Urteils enthält eine definitive Aussage, die dann kurz begründet wird. Ein Urteil könnte folgendermaßen lauten:

»V hat gegen K einen Anspruch auf Bezahlung des Kaufpreises gem. § 433 Abs. 2[7]; *denn* zwischen V und K ist ein Kaufvertrag i. S. d. § 433 zustande gekommen. V hat das erforderliche Angebot abgegeben, indem er . . . K hat dieses Angebot dadurch angenommen, dass er . . . usw.«

17 Im Gutachten ist die Denk- und Darstellungsweise anders, man könnte sagen: umgekehrt. Das Gutachten teilt das Ergebnis der rechtlichen Würdigung des Falles nicht sofort als definitive Feststellung mit, sondern stellt im ersten Denkschritt zunächst das Ergebnis, das es in dem zu prüfenden Fall für möglich hält, als Hypothese voran. Der erste Satz »V hat gegen K einen Anspruch auf Bezahlung des Kaufpreises gem. § 433 Abs. 2«, war »Urteil«! Im Gutachten muss es etwa so formuliert werden: »V könnte gegen K einen Anspruch auf Bezahlung des Kaufpreises gem. § 433 Abs. 2 haben.«

18 Im zweiten Denkschritt des Gutachtens, der die Begründungen für dieses Ergebnis liefern muss, werden Schritt für Schritt die rechtlichen Voraussetzungen geprüft, die erfüllt sein müssen, damit das vermutete Ergebnis zutrifft.

7 Paragrafen ohne Bezeichnung sind solche des BGB.

Im Beispiel kann daher der zweite Satz des Gutachtens nicht so formuliert werden wie im Urteil. Statt: »*denn* zwischen V und K *ist* ein Kaufvertrag i. S. v. § 433 zustande gekommen« muss der zweite Satz lauten: »Dann muss zwischen V und K ein Kaufvertrag zustande gekommen sein.« Und weiter: »Voraussetzung dafür *ist*, dass einer der beiden ein wirksames Angebot gemacht hat, das der andere angenommen hat. Ein Angebot könnte hier in der Erklärung des V zu sehen sein, dass . . . usw. Indem K mit dem Kopf nickte, hat er dieses Angebot angenommen. Somit ist zwischen V und K ein wirksamer Kaufvertrag zustande gekommen . . .« usw.

Das Stilmittel des Gutachtens ist der Konditionalsatz mit Konjunktiv. Das bedeutet indessen *nicht*, dass Sie *jeden* Satz »konjunktivieren« dürfen: Voraussetzung für einen Anspruch aus § 433 Abs. 1 S. 1 **ist** z. B. ein wirksamer Kaufvertrag! Das **ist** so, weil es im Gesetz steht! Schlechter Gutachtenstil ist es daher, wenn es heißt: »Voraussetzung für diesen Anspruch *wäre* ein wirksamer Kaufvertrag ...«. Es wird, wie gesagt, etwas als möglich bezeichnet, und dann wird der Sachverhalt Schritt für Schritt den rechtlichen Voraussetzungen, die die jeweils zu prüfende Rechtsvorschrift enthält, untergeordnet. Man nennt diese Unterordnung des Sachverhalts unter das Gesetz auch Subsumtion. Der Sachverhalt wird im Gutachten unter rechtliche Voraussetzungen subsumiert. Wenn man so festgestellt hat, wie in dem Beispiel eben, dass eine Voraussetzung erfüllt ist, prüft man die nächste Voraussetzung, die erfüllt sein muss, damit das vermutete Ergebnis stimmt. 19

Liegen alle Voraussetzungen vor, folgt als dritter Denkschritt die Feststellung des tatsächlichen Ergebnisses, das in diesem Fall mit dem vermuteten (hypothetischen), vorangestellten Ergebnis übereinstimmt. Der letzte Satz des Gutachtens in unserem Beispiel müsste dann lauten: »Folglich hat V gegen K einen Anspruch auf Bezahlung des Kaufpreises gem. § 433 Abs. 2.« 20

Das Gutachten zieht aus seinen Gedanken immer eine Schlussfolgerung, die stilistisch mit sinngleichen Worten wie »somit«, »also«, »folglich«, »mithin« usw. beginnt[8].

Im Urteil steht an dieser Stelle immer ein »denn«. Dieses »denn« ist im Gutachten fehl am Platz und deswegen stilistisch falsch!

Wenn sich im Gutachten im zweiten Denkschritt, also bei der Subsumtion des Sachverhalts unter die rechtlichen Voraussetzungen, ergibt, dass eine Voraussetzung *nicht* erfüllt ist, kann man die Prüfung abbrechen und feststellen, dass das anfangs vermutete mögliche Ergebnis nicht zutrifft. Der letzte Satz des schriftlichen Gutachtens würde in diesem Fall heißen: 21

»Somit hat V gegen K keinen Anspruch auf Bezahlung des Kaufpreises gem. § 433 Abs. 2.«

Auf den ersten Blick scheint der Urteilstil wesentlich einfacher zu sein als der Gutachtenstil. Dennoch ist der Urteilstil allein dem Richter vorbehalten und in 22

8 Den Vorgang der Subsum(p)tion verdeutlicht sehr anschaulich folgendes Beispiel, das Sie in zahlreichen Lehrbüchern zur juristischen Methodenlehre in unterschiedlichen Varianten finden können:
Die **Norm** (»§ 1«) soll lauten: »Alle Professoren sind zerstreut.«
Der **Sachverhalt** sagt aus: »*Wörlen* ist ein Professor.«
Die **Subsumtion** (Schlussfolgerung) ergibt: »Somit ist *Wörlen* gem. § 1 zerstreut«!

Klausuren der Gutachtenstil anzuwenden[9]. Dies nicht etwa, um die Studierenden mit dem scheinbar schwierigeren Gutachtenstil zu »quälen«, sondern weil die gutachtliche Denkweise die natürlichere Denkweise des Juristen ist: Wenn ein Mandant einem Rechtsanwalt »seinen« Fall schildert, wird der Anwalt zumeist nicht sofort in der Lage sein, dem Mandanten die einzige richtige Lösung des Falls zu präsentieren. Der Anwalt wird vielmehr sinngemäß Folgendes antworten: »Wenn das alles stimmt[10], gnädige Frau, was Sie mir erzählt haben, *könnten* Sie gegen Ihren Nachbarn *einen Anspruch* (z. B.) auf Schadensersatz nach § 823 Abs. 1 *haben*. Dann *müssen folgende Voraussetzungen erfüllt sein* ...«.

Auch der Richter denkt zunächst gutachtlich, wenn er in seinem Büro sitzt und die Akten eines Falles, den er zu beurteilen hat, durcharbeitet: »Wenn der Vortrag des Klägers bewiesen ist, *könnte* er gegen den Beklagten *einen Anspruch* auf ... aus § ... *haben* ...« Erst wenn der Richter seinen Fall gutachtlich durchdacht und gelöst hat, fertigt er das Urteil an, das er den Parteien dann im Gerichtssaal mit knapper und präziser Begründung im Urteilstil mitteilt (was der Richter gutachtlich alles durchdacht hat, interessiert die Parteien nicht, sie wollen vor allem das Ergebnis, zu dem der Richter gekommen ist, hören).

So viel Zeit, wie der Richter in seinem Büro hat, haben Sie zur Lösung einer Klausur nicht. Daher wird von Ihnen *nur* das (einfachere) Gutachten verlangt, und die Umarbeitung in ein Urteil bleibt Ihnen erspart.

Für den Anfang soll dieser Einstieg in die juristische Fallbearbeitung genügen. Schon bei der Erarbeitung des materiellen Wissens über das Bürgerliche Recht sollten Sie sich ganz allmählich an die gutachtliche Denkweise gewöhnen.

Am Anfang steht immer der *Obersatz*, der das hypothetische Ergebnis entsprechend der Fallfrage nennt (jede Anspruchsgrundlage ist einzeln zu prüfen!). Dann werden die einzelnen rechtlichen Voraussetzungen (Tatbestandsmerkmale) der Anspruchsgrundlage Schritt für Schritt geprüft. Dabei ist für jedes Tatbestandsmerkmal ein *Unterobersatz* zu bilden. Soweit Rechtsbegriffe nicht aus sich selbst heraus verständlich sind, sondern einer *Definition* bedürfen, ist diese vor der *Subsumtion* vorzunehmen. Am Ende folgt dann die Mitteilung des tatsächlichen Ergebnisses.

Merken Sie sich das bisher Gesagte nochmals anhand von Übersicht 1 auf der folgenden Seite (Rdnr. 23).

9 Ausnahme: Sofern Sie einmal beabsichtigen sollten, das zweite juristische Staatsexamen zu absolvieren, müssen Sie auch Klausuren schreiben, in denen ein komplettes Urteil anzufertigen ist.

10 Die meisten Mandanten sagen ihren Anwälten nur die halbe Wahrheit!

Übersicht 1 23

Methodik der Fallbearbeitung

Gutachten und Urteil

Jede wissenschaftliche Untersuchung bezieht sich auf eine Aufgaben- bzw. *Fragestellung* und hat ein *Ergebnis*, das auf einer *Begründung* beruht. Dabei gibt es verschiedene Methoden, Ergebnisse und Begründungen einander zuzuordnen.

Gutachten/Gutachtenstil	Urteil/Urteilstil
Im Gutachten wird von der Fragestellung ausgegangen und Schritt für Schritt zum Ergebnis hin gefolgert. Grobeinteilung des Gutachtens in drei Denkschritte: 1. Ein Ergebnis, das die Fragestellung des Sachverhalts (»Fallfrage«) beantwortet, wird als *möglich* vorangestellt (sog. *hypothetisches Ergebnis*). 2. Begründung dieses Ergebnisses durch Prüfung seiner einzelnen *Voraussetzungen* (Subsumtion). 3. Feststellung des tatsächlichen Ergebnisses.	Im Urteil werden diese Denkschritte nicht schriftlich nachvollzogen. Es tauchen nur noch die Denkschritte 2 und 3 in umgekehrter Reihenfolge auf: 1. Mitteilung des tatsächlichen Ergebnisses. 2. Begründung der Richtigkeit des Ergebnisses durch Darlegung der Voraussetzungen.

Beispiele:

Denkschritt	Gutachtenstil	Urteilstil
1	»K könnte gegen V einen Anspruch auf Übergabe des Autos gegen Zahlung von 2800,– € gem. § 433 Abs. 1 S. 1 haben.	»K hat keinen Anspruch gegen V gem. § 433 Abs. 1 S. 1 auf Übergabe des Autos gegen Zahlung von 2800,– €.
2	Voraussetzung ist, dass zwischen K und V ein Kaufvertrag zustande gekommen ist. Dazu müssen ein wirksames Angebot und seine Annahme vorliegen. Ein Angebot könnte ...	Denn zwischen K und V ist kein gültiger Kaufvertrag zustande gekommen. Keiner der beiden hat dem anderen ein Angebot gemacht, das von diesem angenommen worden ist.«
3	Somit hat K keinen Anspruch gegen V gem. ... «	

2. Methodik der Fallbearbeitung: Allgemeine Vorüberlegungen zum Gutachten anhand eines Beispiels

24 Ziel eines juristischen Gutachtens ist es, einen bestimmten, tatsächlichen oder erdachten Lebensvorgang, einen sog. Sachverhalt, rechtlich einzuordnen, zu beurteilen und seine rechtlichen Probleme zu erkennen sowie zu lösen. Solche Lebensvorgänge nennt der Jurist, wie Sie inzwischen wissen, auch »Fälle«. Fälle, so hatten wir festgestellt, sind nichts anderes als erdachte oder tatsächlich vorgekommene Geschehnisse des täglichen Lebens. Kommt es in einem Fall zu Streitigkeiten, wird daraus ein Rechtsfall. Ein solcher Fall ist folgendes Fallbeispiel, dessen **Ausarbeitung** (Gutachten) Sie unten (Rdnrn. 115 ff.) finden.

Fallbeispiel	
K sieht auf dem Gelände des Gebrauchtwagenhändlers V einen zehn Jahre alten VW-»Golf« ausgestellt, der mit »300,– €« ausgezeichnet ist, was K ungeheuer günstig erscheint. / Er geht sofort zu V und sagt, er wolle den Wagen zum angegebenen Preis kaufen. / V ist erstaunt und erklärt, es handele sich um einen Schreibfehler. Der Wagen koste in Wirklichkeit 3000,– €! / K bietet daraufhin 2500,– €; V will jedoch nur für 2800,– € verkaufen, was K sich aber erst überlegen will. / Zwei Tage später ruft K an und erklärt, er sei mit 2800,– € einverstanden. / V erwidert jedoch, er habe es sich anders überlegt und verlange wieder 3000,- €. / K ist empört und verlangt den »Golf« für 2800,– €. Zu Recht?	

Das Lesen und Verstehen des Sachverhalts bildet die erste Stufe der methodischen Vorbereitung eines juristischen Fallgutachtens, die wir deshalb

a) Erfassen des Sachverhalts

25 nennen. Zum Erfassen des Sachverhalts gehört zunächst das Verständnis des tatsächlichen Geschehens. Auch wenn der Sachverhalt beim ersten Lesen noch so einfach erscheint, sollten Sie sich für jede Klausurbearbeitung zum Grundsatz machen, den Sachverhalt erst einmal *ganz* durchzulesen, *bevor*[11] Sie sich Gedanken darüber machen, was rechtlich erheblich sein könnte. Wenn man juristisch schon etwas vorgebildet ist, besteht beim Lesen des Sachverhalts häufig die Gefahr, dass man etwas hinzudichtet oder hineininterpretiert und so versucht ist, rechtlich etwas zu prüfen, das für die Lösung des Falls ohne Bedeutung bzw. falsch ist.

Dazu einige *Negativ-Beispiele* aus Klausuren:

26 (1) Wenn es wörtlich in einem Sachverhalt heißt, »A *leiht* sich am 27.10. von B ein Buch« und dieses Buch wird dann bei A durch eine Nachlässigkeit des A zerstört (usw.), wäre es in einer Klausur überflüssig und deshalb falsch, zu prüfen, ob ein wirksamer Leihvertrag zustande gekommen ist, und dann sein Wissen darüber auszubreiten, dass ein Vertrag durch Angebot und Annahme zustande kommt, dass Angebot und Annahme sich decken müssen, dass ein Angebot, wie

11 *Typische Prüfungsklausursituation:* Fünf Sekunden nach Austeilung des Sachverhalts greifen manche Bearbeiter schon zum Gesetzestext, ohne die Fallfrage am Ende zu kennen = kostbare Zeitverschwendung!

überhaupt jede Willenserklärung, zur Wirksamkeit Abgabe und Zugang voraussetzt usw. Denn in diesem angedeuteten Fallbeispiel kann das Wirksamwerden der Willenserklärung und das Zustandekommen des Leihvertrags (der am 27.10. geschlossen wurde!«) kein Problem der Klausur sein! Das Problem liegt vielmehr in der Frage, welche Folgen die Zerstörung des Buchs bei A für dessen aus dem Leihvertrag folgende Rückgabepflicht[12] hatte. An der Wirksamkeit des Leihvertrags lässt dieser Sachverhalt keine Zweifel!

(2) »Schlimm« wird es, wenn man bei einer Klausur gar den Sachverhalt »verbessert«! Dann ist derjenige, der den Sachverhalt zur Lösung gestellt hat, möglicherweise »beleidigt«. Der Geschehensablauf in einem Klausur-Sachverhalt ist in der Regel so formuliert und vereinfacht, dass nur ganz bestimmte rechtliche Fragen angesprochen und zu prüfen sind. Beispiel für einen Sachverhalt, der von einem besonders spitzfindigen Bearbeiter einmal »verbessert« wurde, ist Folgendes: Im Sachverhalt hieß es »A bestellt beim Mercedeshändler B im Januar einen Mercedes, Typ E230. Die Lieferung wird im Februar desselben Jahrs vereinbart. B liefert aber erst im April. A musste sich deshalb einen Mietwagen nehmen usw. ...« 27

Das rechtliche Problem, das angesprochen werden sollte, war die Frage, ob B mit der verspäteten Lieferung des Autos »in Verzug« gekommen war, wie der Jurist das nennt, und ob A eventuell Ersatz eines Verzugsschadens verlangen konnte. Ein Bearbeiter hatte sich vor der Lösung dieser Rechtsfrage etwa mit folgenden »lebensnahen« Ausführungen gedrückt: »Dass B erst im April lieferte, ist unerheblich! Da ›Mercedes‹ normalerweise Lieferfristen von einem Jahr und mehr hat, konnte A noch froh sein, sein Auto so früh zu erhalten.«

Wenn man eine solche Klausur selbst gestellt hat, dann möchte man bei der Korrektur am liebsten den Griffel hinlegen . . .! *Wenn* der Bearbeiter schon auf die normalen Lieferfristen von Mercedes, die der Sachverhalt gar nicht erwähnt, zu sprechen kommt, hätte er zumindest merken müssen, dass die Vertragsfreiheit (§ 311 Abs. 1) es den Parteien gestattet, frühere Lieferungen als sonst normalerweise üblich zu vereinbaren. Und *wenn* so etwas vertraglich vereinbart wird, muss der Verkäufer auch pünktlich liefern (»pacta sunt servanda«)[13].

(3) Weiteres Beispiel: Im Sachverhalt heißt es »A schickt dem B einen Brief.« Wenn weiter nichts dazu im Sachverhalt steht, dürfen Sie vom Normalfall ausgehen, d. h. davon, dass der Brief auch angekommen ist! Überflüssig und deswegen wiederum falsch wäre es, zu schreiben: »Da der Sachverhalt nichts darüber aussagt, ob der Brief auch bei B angekommen ist, ist nicht sicher, ob der Brief dem B auch tatsächlich zugegangen ist. Nach der sog. Empfangstheorie liegt der Zugang einer Willenserklärung vor, wenn diese dergestalt in den Machtbereich des Empfängers gelangt ist, dass er die Möglichkeit der Kenntnisnahme hatte . . . usw.« 28

Wenn der Verfasser dieser Worte dem Korrektor zeigt, dass er die Empfangstheorie des BGH über den Zugang von Willenserklärungen beherrscht, bringt das keine zusätzlichen Pluspunkte; diese Ausführungen haben mit der Lösung des konkreten Falls, den er leider miss- oder nicht verstanden hat, nichts zu tun.

12 *Lesen* Sie zur ersten Information § 604!

13 »Verträge müssen eingehalten werden« = römischer Rechtsgrundsatz, der auch heute noch im Bürgerlichen Recht gilt (vgl. *Liebs*, Buchstabe P, Nr. 3).

29 (4) Letztes Beispiel für eine Überinterpretation des Sachverhalts, die dabei gleichzeitig mit dem Missverständnis des Gesetzestextes verbunden ist, stammt aus einer Strafrechtsübungsklausur für das erste juristische Staatsexamen:

Da ging es darum, dass jemand mit einem Nachschlüssel ein fremdes Schließfach auf dem Bahnhof öffnete und einen Koffer stahl. Der Bearbeiter der Klausur prüfte ernsthaft, ob der Dieb, der »mittels eines Nachschlüssels in das Schließfach *eingedrungen* war«, einen Hausfriedensbruch gem. § 123 StGB begangen habe! In § 123 StGB heißt es: »Wer in die Wohnung, in die Geschäftsräume oder in das befriedete Besitztum eines anderen oder in abgeschlossene Räume, welche zum öffentlichen Dienst oder Verkehr bestimmt sind, widerrechtlich *eindringt*, wird . . . (wegen Hausfriedensbruchs) . . . bestraft.«

Als Korrekturbemerkung stand dort am Rand: »Meinen Sie, A sei so klein, dass er wirklich in das Schließfach eindringen konnte?« . . .

30 Fazit dieser Beispiele soll sein: Der Sachverhalt muss auf jeden Fall immer sehr genau gelesen werden, und zwar, wie gesagt, mindestens zweimal. Keinesfalls darf man ihn aber zu spitzfindig überinterpretieren oder sogar noch etwas hinzufügen. Beim zweiten Lesen empfiehlt sich übrigens, gleich einige Stichworte bzw. Rechtsbegriffe, die einem dazu einfallen, auf einem »Schmierzettel« zu notieren. Bei kompliziert erscheinenden Sachverhalten, vor allem, wenn mehrere Personen beteiligt oder viele Zeitangaben enthalten sind, kann es hilfreich sein, sich eine grafische Skizze anzufertigen und Zeitangaben auszusondern. Lesen Sie noch einmal unser Fallbeispiel (oben, Rdnr. 24). Wenn Sie es beim ersten Mal aufmerksam gelesen haben, haben Sie vielleicht schon gemerkt, um welches rechtliche Problem es sich hauptsächlich handelt.

■ [14] Worin sehen Sie in diesem Fall das Hauptproblem?

▷ In der Frage, in welcher Äußerung von K oder V ein Vertragsangebot und eine Annahme gelegen haben kann.

31 Wenn man dieses Problem erkannt hat, dann könnte man sich beim zweiten Lesen auf seinem Konzeptblatt[15] etwa folgende Notizen machen, um den Sachverhalt zu komprimieren:

Sachverhalt	**Entwurf Konzeptblatt**
Erster Satz	Golf für 300,– € = Angebot V oder »invitatio«?
Zweiter Satz	Annahme durch K?
Dritter u. vierter Satz	3000,– € =Angebot V?
Fünfter Satz	2500,– € = Angebot K? 2800,– € = Angebot V?
Sechster Satz	Zwei Tage später Annahme K?
Siebter Satz	Ablehnung durch V, neues Angebot: 3000,– €
Achter Satz	K verlangt Golf für 2800,– €/Frage: Angebot V 2800,– € verbindlich? = §§ 145 ff. prüfen!

14 Dieses Zeichen »■« bedeutet: Überlegen Sie erst selbst, bevor Sie die Antwort (= ▷) lesen!

15 **Das soll allerdings nie zu einer Klausur mit abgegeben werden (= »Schmierzettel«); es sei denn, Ihr Übungsleiter verlangt ausdrücklich die Abgabe des Konzeptblattes.**

Wenn wir das tatsächliche Geschehen auf diese Weise im Hinblick auf das zu erstellende Rechtsgutachten schon etwas geordnet haben, sind unsere »Vorüberlegungen«, die wir anstellen müssen, bevor wir mit der eigentlichen Ausarbeitung, der Formulierung des Gutachtens, beginnen, noch nicht beendet.

Nach der Erfassung des Sachverhalts müssen wir uns noch etwas bei seinem letzten Satz aufhalten, aus dem regelmäßig die Fallfrage folgt. Der nächste Schritt der Vorüberlegungen ist daher:

b) Qualifizierung der Fallfrage

■ Wie lautet diese Frage in unserem Fall? Versuchen Sie, aus den letzten beiden Sätzen des Sachverhalts eine Frage zu formulieren! 32

▷ »Verlangt K von V den VW-Golf zu Recht für 2800,– €?«

Anders ausgedrückt heißt das: »Hat K gegen V einen *Anspruch* auf Übereignung des VW-Golf zum Preis von 2800,– €?«

Dass es bei Streitigkeiten im Bürgerlichen Recht regelmäßig um »Ansprüche« geht, wurde bereits angedeutet. Allerdings haben wir uns noch nicht damit befasst, was eigentlich der Begriff »Anspruch« genau umschreibt. Versuchen Sie, mit eigenen Worten den Inhalt eines Anspruchs zu formulieren!

■ Was tut jemand, der gegenüber einem anderen einen Anspruch geltend macht?

▷ Er *verlangt* etwas von dem anderen! K verlangt ausdrücklich den VW-Golf für 2800,– € von V. Wenn ein solcher Anspruch begründet ist, hat derjenige, der etwas verlangt – das ist der »Anspruchsteller« im Gegensatz zum »Anspruchsgegner« –, ein Recht, »etwas« zu verlangen.
Da dieses Recht, besser: dieses »etwas«, nicht bei jedem Anspruch dasselbe ist, hat der Gesetzgeber eine Definition des Anspruchs gegeben, die hierzu eine allgemeine Aussage gibt.

■ Wenn Sie einen Blick in den Index (Sachverzeichnis) Ihres Gesetzestextes werfen, können Sie selbst feststellen, in welcher Vorschrift sich die Definition des Anspruchs befinden könnte? (Suchen Sie im Index!) 33

▷ Im Index der BGB-Gesetzessammlung »Beck-Texte im dtv« finden Sie hinter »Anspruch, Ansprüche« die Worte »Begriff, Verjährung«, danach die fette Ziffer **1** (für das Gesetz Nr. 1 in dieser Sammlung = BGB) und dann die magere Ziffer 194, die den Paragrafen bezeichnet. Lesen Sie also § 194 Abs. 1, der die »Legaldefinition« des »Anspruchs« enthält. Da § 194 im Allgemeinen Teil des BGB angesiedelt ist, gilt diese Definition für alle Ansprüche aller vier nachfolgenden Bücher des BGB!

Nach einem Anspruch, dem Recht, ein Tun oder Unterlassen zu verlangen, wird in den meisten Fallfragen gefragt[16].

Allerdings sind diese Fragen nicht immer so gezielt formuliert wie in dem vorliegenden Sachverhalt. Man unterscheidet deshalb konkrete und abstrakte Fallfragen. 34

Noch konkreter als unsere Fallfrage wäre etwa die Frage: »Kann K von V Erfüllung des Kaufvertrages verlangen?« Oder: »Kann V von K den Kaufpreis ver-

16 Manchmal gibt es auch Fragen, die nicht auf einen Anspruch, sondern auf die Möglichkeit, ein Gestaltungsrecht auszuüben, gerichtet sind. Z. B.: »Kann K zuücktreten?« »... den Vertrag kündigen?«. »... anfechten?« Einen »Anspruch auf« Rücktritt, Kündigung oder Anfechtung gibt es **nicht!**

langen«, da schon direkt der Vertrag angesprochen wird, aus dem der Anspruch folgen könnte!

Manchmal werden zu einem Fall auch zwei oder mehrere konkrete Fragen gestellt. Dann ist bei der Beantwortung die Reihenfolge strikt einzuhalten, da diese Fragen i.d.R. logisch aufeinander aufbauen und man bei der Beantwortung der nächsten Frage oft auf die Beantwortung der vorhergehenden Frage zurückverweisen kann.

■ Wie lautet eine abstrakte Fallfrage?

▷ »Welche Ansprüche hat K gegen V?« Oder: »Wie ist die Rechtslage?«

Diese Fragen sind noch konkretisierungsbedüftig, d. h., je nach Sachverhalt gegebenenfalls in mehrere konkrete Einzelfragen umzuformulieren. Je nach Sachverhalt könnten sie dann heißen: »Hat V gegen K einen Anspruch auf ...

... Kaufpreiszahlung?«

... Schadensersatz?«

... Herausgabe?« usw.

35 Wenn wir auf diese Weise ermittelt haben, wonach konkret gefragt ist, kommen wir der Falllösung immer näher; denn dann haben wir meist schon festgestellt, wer Anspruchsteller, wer Anspruchsgegner und welches das »Anspruchsbegehren« ist.

Vereinfacht ausgedrückt haben wir uns gefragt:

»Wer will von **wem, was?«**

■ Versuchen Sie einmal, die Antwort auf diese einfache Frage auf unseren Fall umzuformulieren, ohne dass Sie dabei schon rechtliche Begriffe verwenden:

▷ »K will von V den VW-Golf zum Preis von 2800,– €.«

Aus dem Sachverhalt ergibt sich regelmäßig eine Begründung, die dieses Verlangen, diesen Anspruch, stützen könnte.

Die nächste gedankliche Frage, die man sich in den Vorüberlegungen zur Falllösung zu stellen hat, lautet deshalb: **»Warum** macht der Anspruchsteller diesen Anspruch geltend?« Um diese Frage richtig beantworten zu können, muss man sich selbst in die Situation des Anspruchstellers hineindenken!

Die »Warum«-Frage wird in den meisten einschlägigen »Falllösungs-Anleitungsbüchern«[17] weggelassen. Man begnügt sich mit vier »W«. Ich bleibe bei fünf; denn gerade die Frage nach dem »Warum?« stellt für den vernünftigen (= objektiven) Anspruchsteller die Weiche zur richtigen Anspruchsgrundlage!

■ Warum glaubt K in unserem Fall, dass er den VW-Golf zum Preis von 2800,– € verlangen kann?

▷ Weil seiner Meinung nach zwischen V und ihm ein Kaufvertrag über den VW-Golf zum Preis von 2800,– € geschlossen wurde!

36 Um seinen Anspruch rechtlich begründen zu können, braucht K eine gesetzliche Vorschrift, aus deren Formulierung sich ein solcher Anspruch ergeben könnte. K braucht eine **»Anspruchsgrundlage«.** Eine Anspruchsgrundlage ist eine Vorschrift, aus deren Formulierung sich herauslesen lässt, dass jemand das Recht hat, von einem anderen etwas zu verlangen.

Hierzu einige *Beispiele*:

17 Z. B. auch bei *Metzler-Müller*, 1. Abschn., I 4, wo zwar auf das »Warum« hingewiesen, es aber für die gutachterliche Prüfung als nicht zwingend erforderlich betrachtet wird (a.a.O., Fn. 6).

(1) § 535 Abs. 1 S. 1 – lesen! 37

■ Wer hat nach dieser Vorschrift ein Recht, etwas von dem anderen zu verlangen, und was?

▷ Der Mieter hat das Recht, vom Vermieter den Gebrauch der gemieteten Sache zu verlangen. § 535 Abs. 1 S. 1 ist eine typische Anspruchsgrundlage für den Mieter (die Verpflichtung des Vermieters entspricht dem Recht des Mieters).

■ Welchen Anspruch hat nach § 535 Abs. 2 (lesen!) der Vermieter gegen den Mieter?

▷ Anspruch auf Bezahlung der vereinbarten Miete!
§ 535 Abs. 2 ist die entsprechende Anspruchsgrundlage für den Vermieter!

(2) Lesen Sie noch einmal § 145! 38

■ Wer kann nach dieser Vorschrift von wem etwas verlangen?

▷ Niemand! Was denn?

In § 145 wird lediglich geregelt, dass jemand, der ein Vertragsangebot macht, normalerweise daran gebunden ist. Aus dieser Formulierung geht nicht hervor, dass der andere von dem Anbietenden etwas Bestimmtes *verlangen* kann. § 145 kann also keine Anspruchsgrundlage sein! Es handelt sich vielmehr um eine »Rechtsfolgeregelung«.

(3) Wie sieht das z. B. mit § 130 Abs. 1 S. 1 aus (lesen!)? 39

■ Ist das eine Anspruchsgrundlage oder nicht? (Überlegen Sie!)

▷ Daraus folgt ebenfalls keine Verpflichtung bzw. umgekehrt kein Recht einer Person gegenüber einer anderen. Also: keine Anspruchsgrundlage!

(4) Lesen Sie nun: § 823 Abs. 1 (lesen!). 40

■ Anspruchsgrundlage oder nicht?

▷ Aus der Formulierung, dass jemand einem anderen zum Schadensersatz verpflichtet ist, folgt, dass der andere das Recht hat, Schadensersatz zu *»verlangen«*, d. h., er hat einen Schadensersatzanspruch! § 823 Abs. 1 ist eine typische Anspruchsgrundlage.

(5) Letztes Beispiel: § 249 Abs. 1.

■ Anspruchsgrundlage oder nicht?

▷ Anders als durch § 823 Abs. 1 wird hier keine Verpflichtung zum Schadensersatz *begründet*, sondern *vorausgesetzt*! »Gesetz *genau* lesen« ist eine häufige Korrekturbemerkung. Wenn in einer Klausur steht »K könnte gegen V einen Anspruch *auf* Schadensersatz *gem.* § 249 Abs. 1 haben«, steht am Korrekturrand: »Grob falsch!« § 249 ist keine Anspruchsgrundlage, sondern regelt *Rechtsfolgen*, die eintreten, wenn festgestellt wurde, dass ein Schadensersatzanspruch, z. B. *gem.* § 280 Abs. 1 oder *gem.* § 823 Abs. 1 begründet ist.

c) Suche nach der Anspruchsgrundlage 41

ist nach der (a) Erfassung des Sachverhalts und der (b) Qualifizierung der Fallfrage die dritte und wichtigste Stufe in den Vorüberlegungen zur Falllösung; denn die Anspruchsgrundlage enthält regelmäßig das mögliche (hypothetische) Ergebnis, das dem schriftlichen Gutachten vorangestellt wird.

Das Anspruchsbegehren enthält regelmäßig eine bestimmte Rechtsfolge, die erstrebt wird. Diese Rechtsfolge (z. B. Kaufpreiszahlung) als Bestandteil der Anspruchsgrundlage, die im Gesetz (BGB) durch eine entsprechende Formulierung in einem Paragrafen enthalten ist, ist Anknüpfungspunkt bei der Suche nach der Anspruchsgrundlage. Neben der Rechtsfolge enthält die Anspruchsgrundlage regelmäßig den abstrakt umschriebenen Lebenssachverhalt, aus dem sich der geltend gemachte Anspruch ergeben kann (z. B. Kaufvertragsschluss).

42 Um die richtige Anspruchsgrundlage für den jeweiligen Fall zu finden, fragt man sich deshalb, **woraus** – nämlich aus welcher Vorschrift – kann der Anspruchsteller seinen Anspruch herleiten?

Um das mögliche Ergebnis eines Falls herauszuarbeiten, muss man sich also in den Vorüberlegungen Schritt für Schritt fragen:

Wer will von **wem was warum woraus?**

Für unseren Fall hatten wir die Frage einschließlich des »Warum?« bereits beantwortet.

■ Versuchen Sie selbst, die Antwort zu formulieren!

▷ K will von V den VW-Golf, genauer: die Übereignung des VW-Golf zum Preis von 2800,– €, weil er glaubt, dass V dazu aufgrund eines Kaufvertrags verpflichtet sei.

Die Teilfrage »Woraus?«, die unmittelbar auf die Anspruchsgrundlage gerichtet ist, lässt sich regelmäßig (das nötige Fachwissen selbstverständlich vorausgesetzt) ohne große Schwierigkeiten beantworten, wenn man die vorangegangenen Teilfragen sorgfältig beantwortet hat.

■ Woraus, aus welcher Vorschrift also, könnte K sein Verlangen herleiten? Diese Vorschrift ist Ihnen schon bekannt:

▷ § 433 Abs. 1 S. 1 – nochmals lesen!

Bei den Vorüberlegungen zur gutachtlichen Lösung eines Falls soll man sich dieses Schema, sofern man die Anspruchsgrundlage nicht sofort weiß, auf dem Konzeptblatt notieren und dann die einzelnen Antworten dazu schreiben. Das könnte in diesem Fall etwa so aussehen:

Wer	will von	**wem**	**was**	**warum**	**woraus?**
K	will von	V	Übergabe des VW-Golf,	weil er glaubt, dass V dazu aufgrund eines Kaufvertrags verpflichtet ist.	§ 433 Abs. 1 S. 1

43 ■ Wie müsste der erste Satz des schriftlichen Gutachtens lauten, den wir als mögliches Ergebnis an den Anfang des Gutachtens stellen?

▷ »K könnte gegen V einen Anspruch auf Übergabe des VW-Golf (zum Preis von 2800,– €) gem. § 433 Abs. 1 S. 1 haben.«

Erst dieser Satz dürfte von alledem, was wir bis hierhin erwogen haben, in dem schriftlichen Gutachten stehen! Alles andere waren gedankliche Vorüberlegungen, die allenfalls auf dem Konzeptzettel, aber nicht in der endgültigen Klausurbearbeitung erscheinen dürfen!

■ Wenn Sie sich noch an Übersicht 1 über den Aufbau eines Gutachtens erinnern, müssten Sie eigentlich beantworten können, welches der nächste Schritt im Gutachten ist, nachdem wir das mögliche Ergebnis mit der entsprechenden Anspruchsgrundlage vorangestellt haben.

▷ Systematische und schrittweise Überprüfung der rechtlichen Voraussetzungen für den möglichen Anspruch durch Subsumtion (Unterordnen) des Sachverhalts unter diese Voraussetzungen!

■ Was ist zunächst Voraussetzung, damit K gegen V einen Anspruch auf Übereignung des VW-Golf gem. § 433 Abs. 1 S. 1 hat? 44

▷ Zwischen K und V muss ein wirksamer Kaufvertrag zustande gekommen sein.

■ Welche Voraussetzungen müssen dafür wiederum erfüllt sein?

▷ Es müssten ein wirksames Angebot und dessen Annahme i. S. d. §§ 145 ff. BGB vorliegen.

Da bei diesem Punkt das Problem unseres Falls liegt, müssen wir jede Äußerung der Beteiligten daraufhin überprüfen.

■ Welches ist die erste Äußerung, die in unserem Sachverhalt abgegeben wird?

▷ Das Ausstellen des Golf auf dem Gelände des V für 300,– €.

Da wir ein Gutachten anfertigen wollen, wäre es z. B. falscher Stil, wenn man nach der Feststellung »Voraussetzung für diesen Anspruch ist ein wirksamer Kaufvertrag, der wiederum ein wirksames Angebot und dessen Annahme verlangt« etwa Folgendes schreiben würde: »In der Preisauszeichnung von 300,– € liegt kein Angebot, *denn* das ist nur eine so genannte ›invitatio ad offerendum‹, die keine Rechtsbindung nach sich zieht.«

■ Was hätte man nämlich mit dieser Formulierung geschrieben? 45

▷ Ein Urteil! Und das gerade muss man vermeiden!

Im Gutachten müsste man die Äußerung des V etwa folgendermaßen prüfen:

»Ein Angebot des V könnte in der auf dem Preisschild enthaltenen Auszeichnung des VW-Golf für 300,– € liegen. Dann müsste diese Erklärung so gefasst sein, dass sie sich direkt an K richtete und dieser daraus auf einen Willen des V schließen konnte, sich ihm – K – gegenüber rechtlich zu binden. Gerade dies ist aber bei einer solchen Preisauszeichnung nicht der Fall. Vielmehr will V mit der Ausstellung des Pkw auf seinem Gelände allen vorbeigehenden Interessenten anzeigen, dass er bereit ist, mit einem von ihnen einen Kaufvertrag über den VW-Golf zu schließen. In der Preisauszeichnung liegt daher eine Aufforderung des V an diese Interessenten, ihm ein Angebot zu machen, eine sog. »invitatio ad offerendum«. Diese richtet sich an eine unbestimmte Vielzahl von Personen, so dass V dem K kein Angebot über 300,– € gemacht hat.«

■ Worin lag in unserem Fall das erste Angebot? 46

▷ Erklärung des K, er wolle zu 300,– € kaufen.

■ Hat V dieses Angebot angenommen?

▷ Nein!

■ Sondern?

▷ V hat ein neues Angebot zu 3000,– € gemacht.

■ Hat K dieses neue Angebot angenommen?

▷ K äußert zwar seinen Kaufwillen, aber nur zum Preis von 2500,– €. Also: nein!

■ Was bedeutet dies?

47 ▷ Dieser Vorschlag des K ist gem. § 150 Abs. 2 als Ablehnung von V's Angebot und zugleich als neues Angebot des K anzusehen (§ 150 Abs. 2 lesen!). Auch die Erklärung des V, nur für 2800,– € verkaufen zu wollen, bildet nach § 150 Abs. 2 ein neues Angebot.

■ Hat K dieses Angebot des V (2800,– €) angenommen?

▷ Zunächst nicht; er wollte sich das ja erst einmal überlegen!

Eine wirksame Annahme des K könnte aber zwei Tage später telefonisch erfolgt sein. Dann müsste V gem. § 145 zu diesem Zeitpunkt noch an das Angebot gebunden gewesen sein. Ob das der Fall war, ergibt sich aus den §§ 146 bis 149, die Sie nun durchlesen müssen. Nach § 146 muss die Annahme rechtzeitig erfolgt sein. Wann eine Annahme »rechtzeitig« ist, entnehmen wir den §§ 147 bis 149. Prüfen wir die Voraussetzungen dieser Vorschriften, indem wir von unten mit § 149 beginnen:

■ Passt § 149 auf unseren Fall?

▷ § 149 bezieht sich auf zugesandte Willenserklärungen unter Abwesenden! Es liegt aber eine telefonische Willenserklärung, d. h. eine Willenserklärung unter Anwesenden vor!

■ Passt § 148?

▷ Es wurde keine Annahmefrist vereinbart!

■ Passt § 147 Abs. 1?

▷ Gem. § 147 Abs. 1 S. 1 konnte K das Angebot des V über 2800,– €, das dieser ihm machte, als K bei ihm anwesend war, nur sofort annehmen.

■ Ist das geschehen?

▷ Zwei Tage später bedeutet nicht »sofort«!

■ Was ist demnach mit dem Angebot des V über 2800,– € geschehen?

▷ Mangels rechtzeitiger Annahme durch K ist es gem. § 146 erloschen!

■ Wie ist die verspätete Annahme durch K rechtlich zu werten?

▷ Wiederum als neues Angebot, und zwar folgt dies aus § 150 Abs. 1 – lesen!

48 Somit haben wir schließlich ein Angebot des K, den VW-Golf für 2800,– € kaufen zu wollen, das V erneut ablehnt, indem er wieder den Verkauf zu 3000,– € anbietet. Dieses letzte Angebot hat K nicht angenommen.

■ Wie lautet daher das Ergebnis zu diesem Fall?

▷ Da es an der Annahme des Verkaufsangebots durch K fehlte, kam kein wirksamer Kaufvertrag zustande: »Somit hat K gegen V keinen Anspruch auf Übereignung des VW-Golf gem. § 433 Abs. 1 S. 1!«

Das müsste auch der letzte Satz des schriftlichen Gutachtens sein, in welchem ausdrücklich festgestellt wird, ob das im ersten Satz vermutete Ergebnis zutrifft oder nicht. Prägen Sie sich nun Übersicht 2 (Rdnr. 49) ein!

Übersicht 2

49

Methodik der Fallbearbeitung

Allgemeine Vorüberlegungen zur Ausarbeitung einer Klausur (Gutachten)

1. Erfassen des Sachverhalts
- Sachverhalt (SV) = »Fall« = tatsächlicher oder erdachter Geschehensablauf, der rechtlich beurteilt werden soll.
- SV mehrmals (mind. zweimal) durchlesen!
- Ggf. grafische Skizze anfertigen und Zeitangaben aussondern.
- Sorgfältig lesen, aber nichts zum SV »hinzudichten« oder gar SV verbessern. (Bsp. »Lieferfristen Mercedes«; »A schickt Brief an B« = Brief ist im Normalfall angekommen!)

2. Qualifizierung der Fallfrage
- Im Bürgerlichen Recht ist regelmäßig nach »Ansprüchen« gefragt; Legaldefinition »Anspruch«: § 194
- *Möglichkeiten* der Fallfragen:
  a) *konkrete* und b) *abstrakte* Fallfragen
  Bsp. zu a): – Kann V von K den Kaufpreis verlangen?
  zu b): – »Welche Ansprüche hat A gegen B?« = Frage ist noch konkretisierungsbedürftig; etwa: »Hat A gegen B einen Anspruch auf Kaufpreiszahlung? oder ». . . auf Schadensersatz?« oder ». . . auf Herausgabe der Sache?« etc. –
  – »Wie ist die Rechtslage?«
  = Alle für den speziellen Fall in Betracht kommenden Ansprüche sind zu prüfen!
- Bei mehreren konkreten Fragen: Reihenfolge einhalten!
- Bei abstrakter Fragestellung, aus der sich mehrere konkrete Fragen ergeben: möglichst logische Reihenfolge bilden!

3. Suche nach der Anspruchsgrundlage
- Anspruchsgrundlage = gesetzliche Vorschrift, aus der sich ergibt, dass jem. von einem anderen etwas (Tun oder Unterlassen, vgl. § 194 Abs. 1!) *verlangen* kann!
- Mit der Suche nach der Anspruchsgrundlage beginnt die eigentliche juristische Arbeit = Gesetzesanwendung!
- Anspruchsgrundlage wird dem schriftlichen Gutachten (Klausur) als mögliches (»hypothetisches«) Ergebnis vorangestellt.
- Nächster Schritt: Voraussetzungen der Anspruchsgrundlage systematisch prüfen (= vgl. Übersicht 1: »Gutachten/Urteil« . . .) = *Subsumtion.*

3. Methodik der Fallbearbeitung: Wichtige Anspruchsgrundlagen des Bürgerlichen Rechts in systematischer Prüfungsreihenfolge

50 In umfangreicheren Sachverhalten (vgl. z. B. *unten* Fälle 16 und 17) ist zumeist nicht nur nach *einem* Anspruch, sondern nach mehreren Ansprüchen gefragt.

Es gibt »keine Vorschrift«, nach der bei der Prüfung dieser Ansprüche im Gutachten eine bestimmte Reihenfolge einzuhalten ist. Eine solche Reihenfolge hat sich indessen aus Zweckmäßigkeitserwägungen in langjähriger Übung ergeben und wird in Falllösungs-Anleitungen regelmäßig mitgeteilt. Daher soll auch hier ein kurzer Hinweis nicht fehlen.

51 Sofern am Ende eines Sachverhalts *konkret* nach mehreren Ansprüchen gefragt ist, sollte man die Reihenfolge tunlichst einhalten (vgl. oben Rdnr. 34), da sich der Fragesteller in der Regel etwas dabei gedacht hat.

Beispiel: »K will wissen, ob er Vertragserfüllung oder Schadensersatz verlangen kann.«

Hier wäre es ungeschickt, zunächst einen Anspruch auf Schadensersatz (z. B. weil man sich damit besser auszukennen glaubt) und dann den vertraglichen Erfüllungsanspruch zu prüfen.

52 Ist eine Reihenfolge nicht vorgegeben (Beispiel: »Welche Ansprüche hat K gegen V?«) und hat sich bei der Suche nach den Anspruchsgrundlagen ergeben, dass z. B. ein *vertraglicher* Anspruch möglich erscheint, sollte man mit der Prüfung des vertraglichen Anspruchs beginnen. Der Vertrag begründet eine besondere schuldrechtliche Beziehung der Parteien, die sie aufgrund der Vertragsfreiheit weitgehend nach ihrem Belieben ausgestalten und dadurch ggf. auf andere Anspruchsgrundlagen Einfluss nehmen können.

53 Nach den vertraglichen oder vertragsähnlichen Ansprüchen werden (falls der Sachverhalt auf ihr Vorliegen hindeutet) üblicherweise sachenrechtliche Ansprüche, die regelmäßig auf die Geltendmachung eines absoluten, also jedermann gegenüber wirkenden Rechts gerichtet sind, geprüft.

Die weitere Prüfungsreihenfolge, die nicht unbedingt zwingend ist, entnehmen Sie bitte der folgenden Übersicht 3 (Rdnr. 54).

Übersicht 3 54

Methodik der Fallbearbeitung
Die wichtigsten Anspruchsgrundlagen des Bürgerlichen Rechts in systematischer Prüfungsreihenfolge
1. Ansprüche aus Vertrag
(**Sind immer zuerst zu prüfen**, falls Vertrag vorliegt; denn Vertrag kann Auswirkungen auf alle anderen Anspruchsnormen haben.) Vertragliche Ansprüche sind **i. d. R. Erfüllungsansprüche** (Primärleistungsansprüche) (z. B.[18] §§ 433, 488, 535, 581, 598, 607, 611, 631, 651a, 652, 688, 705, 765 → **Anspruchsgrundlagen**). **Voraussetzungen** schrittweise **prüfen = Subsumtion** des Sachverhalts unter das Gesetz.
Prüfungsschema a) Ist Anspruch entstanden? (z. B. §§ 106 ff., 116 ff., 145 ff.) – nur prüfen, wenn Zweifel! Wenn ja, ist in der Regel Erfüllung die Rechtsfolge, falls nicht **Ausnahmen** eingreifen (**Einwendungen, Einreden**) b) Nichtigkeitsgründe? (§§ 119 ff., 125, 134, 138 u. a.) c) Erlöschensgründe/Sekundärleistungsansprüche? (z. B. §§ 362/364, 372, 387, 397, 275, 280–283, 311a, 313, 326) d) Beendigungsgründe? (z. B. §§ 323 ff., 346 ff.; Kündigungen §§ 543, 620 Abs. 2, 626 etc.) e) Ist Anspruch durchsetzbar? (z. B. §§ 214, 242, 273, 320, 1000)
Ergebnis (1) Anspruch besteht, da Voraussetzungen erfüllt sind, oder (2) Anspruch besteht nicht, da nicht entstanden (bzw. a oder b, c, d oder e eingreifen). In diesem Fall, insbes. bei c, **Ersatz[Sekundär]ansprüche** prüfen, z. B. Schadensersatz statt der Leistung (**§§ 280–283, 311a**). Ergebnis: Ggf. Ersatzansprüche, Gewährleistungsansprüche (z. B. §§ 437, 634) oder gar kein Anspruch!
2. Ansprüche aus vertragsähnlichen Beziehungen z. B.: »culpa in contrahendo« (§§ 311 Abs. 2 und 3, 241 Abs. 2 und 280); GoA (§§ 677 ff.)
3. Sachenrechtliche Ansprüche (insbes. Herausgabe) z. B. §§ 861 Abs. 1, 985, 1007 Abs. 1 und 2.
4. Ansprüche aus ungerechtfertigter Bereicherung §§ 812 ff.
5. Ansprüche aus unerlaubter Handlung §§ 823 ff.
6. Ansprüche aus Gefährdungshaftung z. B. §§ 833, 834; § 7 StVG; § 1 ProdHaftG

18 Ohne *genaue* Zitierung der Absätze, die in Klausuren verlangt wird!

55 Das in »Übersicht 3« dargestellte grobe Schema der überwiegend üblichen Anspruchsreihenfolge lässt sich für die *Vorüberlegungen* etwas verfeinern. Wenn man eine mögliche Anspruchsgrundlage gefunden hat, sollte man folgende Möglichkeiten *erwägen*:

Ist der *Anspruch entstanden, nicht erloschen* und tatsächlich *durchsetzbar*?

Dies aber nur – man kann es nicht oft genug wiederholen – in den *Vorüberlegungen*!

Wenn ganz offensichtlich zwei voll geschäftsfähige Parteien miteinander verhandelt haben, unmissverständliche und ernst gemeinte – sich deckende (»kongruente«) – Willenserklärungen zum Abschluss eines Rechtsgeschäfts, das keiner gesetzlichen oder vereinbarten Form bedarf, abgegeben haben, und wenn dieses Rechtsgeschäft ein durchaus alltägliches ist, das weder gegen ein Gesetz noch gegen die guten Sitten verstößt, wäre es nahezu fatal, wenn Sie im *Gutachten* die §§ 104 ff., 116–118, 125, 134, 138 *erwähnen* würden!

Wenn Sie diesen Schachtelsatz (der in Klausuren tunlichst zu vermeiden ist) wirklich verstanden haben, könnte die folgende »Übersicht 4« bei den *Vorüberlegungen* hilfreich sein!

Literatur zur Vertiefung:

Körber	Zivilrechtliche Fallbearbeitung in Klausur und Praxis, JuS 2008, 289
Kuhn	Rechtsfolgenorientierung im Aufbau zivilrechtlicher Gutachtenklausuren, JuS 2008, 956
Petersen	Die Entstehung und Prüfung von Ansprüchen, JURA 2008, 180
ders.	Einwendungen und Einreden, JURA 200

Übersicht 4

56

Anspruchsprüfung

1. Schritt: Voraussetzungen der Anspruchsgrundlage prüfen

2. Schritt: Anspruch entstanden?
Ja, wenn keine *rechtshindernden Einwendungen*:

a) Fehlende Geschäftsfähigkeit, §§ 104 ff.
b) Fehler bei der Willenserklärung, §§ 116–118
c) Formmangel, § 125
d) Inhaltliche Mängel, §§ 134, 138

Rechtshindernde Einwendungen verhindern, dass der Anspruch entsteht.

3. Schritt: Anspruch nicht erloschen?
Ja, wenn keine *rechtsvernichtenden Einwendungen*:

a) Erfüllung/-ssurrogate, §§ 362 ff.
b) Tatsächliches Ereignis: Unmöglichkeit der Leistung, § 275; Gegenleistung, § 326
c) Gestaltungsrechte Anfechtung, §§ 119 ff. und 142 ff.; Rücktritt, §§ 313 Abs. 3, 323 ff., 346 ff.; Hinterlegung §§ 372 ff.; Aufrechnung, §§ 389 ff.; Erlass, § 397; Kündigung, §§ 542, 620 Abs. 2, 626)

Rechtsvernichtende Einwendungen lassen den entstandenen Anspruch wieder erlöschen.

4. Schritt: Anspruch durchsetzbar?
Ja, wenn keine *rechtshemmenden Einreden*:

a) Verjährung, §§ 194–218
b) Rechtsmissbrauch, § 242
c) Zurückbehaltungsrechte §§ 273 (986, 1000)
d) Nicht erfüllter Vertrag, § 320

Rechtshemmende Einreden lassen den entstandenen Anspruch bestehen. Wenn der Schuldner sich darauf beruft, hat er jedoch ein *Leistungsverweigerungsrecht*.

5. Schritt: Ergebnis feststellen

Merke: Wenn der Sachverhalt keinerlei Hinweise auf irgendwelche Einwendungen oder Einreden enthält, erscheinen im *Gutachten* nur Schritt 1 und 5!

B. Formalien

I. Äußere Gestaltung und Form von Klausuren

Erklärtes Ziel der nachfolgenden Falllösungen ist es, den Studierenden Inhalt, Aufbau und Stil des juristischen Gutachtens zu vermitteln, um sie auf die gewinnbringende Durcharbeitung und das Verständnis umfassenderer Übungs-Bücher (»Übungen im Privatrecht« bzw. ». . . Zivilrecht« oder ». . . Bürgerlichen Recht«) vorzubereiten. Da in solchen Werken durchweg ausführliche Kapitel über den äußeren, formalen Aufbau von Klausuren und Hausarbeiten enthalten sind, wurde in dieser »Anleitung« ursprünglich davon abgesehen, auf die Formalien von Klausuren hinzuweisen. Indessen werden die Studierenden im Arbeitsvorschlag des Vorworts zur ersten Auflage zur Anfertigung eigener Lösungen innerhalb der angegebenen Bearbeitungszeiten aufgefordert, so dass es durchaus angebracht erscheint, ihnen auch schon einige Hinweise zu den Formalien einer Klausur mitzugeben. Sie können und sollten sich frühzeitig daran gewöhnen, ein Rechtsgutachten zu Papier zu bringen, welches auch äußerlich erkennen lässt, dass es sich um die Arbeit von Hochschulabsolventen handelt! Studierende, die der Ansicht sind, dass nur der *Inhalt* einer Klausurlösung »zählt«, sollten sich außerdem bewusst sein, dass auch Korrektoren von Klausurarbeiten nur Menschen sind: Kein Korrektor wird zwar eine inhaltlich zufrieden stellende Lösung wegen mangelnder äußerer Form aus Prinzip »eine Note schlechter« zensieren; doch das Wohlwollen, welches er *jeder* Klausurarbeit regelmäßig entgegenbringt, weicht – zumeist unbewusst und ungewollt – einem gewissen Missmut, wenn er mit einem rätselhaften »Schriftstück« konfrontiert wird, dessen schlampige äußere Form eher an einen in der Straßenbahn geschriebenen Einkaufszettel als an eine wissenschaftliche Arbeit erinnert. In den seltensten Fällen sind dann die Gedankenführung und die Argumentationsweise der Verfasser(innen) derart brillant, dass dieser Missmut gänzlich beseitigt wird! 57

Die Studierenden sollten sich deshalb – bei allem Verständnis für den Zeitdruck, unter dem eine Klausur meistens angefertigt wird – von Anfang an angewöhnen, bei der Anfertigung ihrer Arbeiten die vielerorts und immer wieder gegebenen Hinweise zur Gestaltung der äußeren Form einer Klausur zu beherzigen, und sie sollten ständig versuchen und üben, diese Hinweise »in die Tat umzusetzen«. Die in diesem Buch behandelten Fälle mit der jeweils angegebenen Bearbeitungszeit bieten ihnen Gelegenheit dazu, wenn sie die folgenden Faustregeln, deren Reihenfolge keine Rangfolge ist, stets beachten: 58

1. Korrekturrand

Aufgabe des Korrektors einer juristischen Klausur ist es nicht nur, zur Benotung einer Arbeit festzustellen, ob die Lösung »falsch« (= »f«) oder »richtig« (= »r«) ist, sondern er soll die Verfasser(innen) auch darauf hinweisen, worin ihre Fehler 59 lagen. Dazu benötigt der Korrektor Platz, um entsprechende Bemerkungen anzubringen. Klausurlösungen sollen sich deshalb auf einem DIN A4-Blatt befinden, auf dem *mindestens ein Drittel* als *Rand* freigelassen wird, ob auf der linken oder auf der rechten Seite des Blatts, ist »Geschmackssache«: »Links« hat den Vorteil, dass das Schriftbild durch bündigen Zeilenbeginn sauberer wirkt; rechts hat der Rand einen Vorteil für den (von links nach rechts lesenden und zumeist »rechtshändigen«) Korrektor, da er seine Korrekturbemerkungen so fließender anbringen kann. Hat man (verständlicherweise) kein Lineal zur Hand, kann man die nötige gerade Randlinie durch Umknicken und Falzen der Blätter bewirken.

2. Kennzeichnung der Arbeit

60 Die Verfasser(innen) von Klausuren sollten sich darüber im Klaren sein, dass ihre Arbeiten nicht die einzigen sind, mit denen sich der Korrektor zu befassen hat, und dass »ihre« Arbeitsgemeinschaft oder Übung und »ihr« Semester nicht die einzigen sind, in denen Klausuren geschrieben werden! Das erste Blatt der Klausur sollte deshalb außer dem *Namen und Vornamen* (bekanntlich gibt es Namen wie z. B. »Weber«, »Müller« oder »Schulze« häufiger als andere Namen) *oder* der *Matrikelnummer* und der *Semesterzahl auf dem Rand über dem Textteil* auch eine *Zuordnungskennzeichnung* (z. B. »Übungen im Privatrecht«, »Sommersemester 2009«, bei »Prof. Dr. Hörnlein« – vgl. dazu das *Muster* am Ende dieser Hinweise) enthalten. Um ein Vertauschen der Arbeit mit anderen Arbeiten zu verhindern, empfiehlt es sich, die gesamten Blätter – sofern man nicht gerade eine Büroklammer oder einen Tacker zur Hand hat – an einer oberen Ecke umzuknicken. Aus dem gleichen Grund sollten die beschriebenen Blätter unbedingt mit Seitenzahlen und sicherheitshalber (nur) mit den Nachnamen (oder der Matrikel-Nr.) der Verfasser(innen) auch auf den Blättern 2 ff. versehen werden.

3. Einseitige Beschriftung; Schrift

61 Diese Empfehlung soll nicht den Umsatz der Papierindustrie steigern helfen, sondern sie bedeutet eine wichtige Hilfe für die Bearbeiter(innen): Solche »Großzügigkeit« ist vor allem deswegen zweckmäßig, weil man so Zeit spart, wenn das Gutachten nach Entdeckung von Fehlern teilweise neu formuliert oder ergänzt werden soll. Die fehlerhafte Passage kann sauber durchgestrichen und auf der Rückseite durch die Verbesserung ersetzt werden (Vermerk am Rand: »siehe Rückseite«).

62 Nicht jeder Mensch verfügt über eine »schöne« Handschrift. Aber: Sie schreiben Ihre Klausuren nicht in einem wackelnden ICE (wo sie bisweilen von mir korrigiert werden), sondern an einem fest stehenden Tisch oder Pult. Trotz aller verständlichen Prüfungsnervosität: *Bleiben* Sie ruhig und »geschmeidig«, und *schreiben Sie* »ruhig«, vor allem leserlich! Wenn ein erfahrener (grafologisch geschulter) Klausurenkorrektor einen Satz nicht in die deutsche Sprache »übersetzen« konnte, wird er ihn als »falsch« bewerten (vgl. schon oben, Rdnr. 57)!

4. Gedankliche und optische Gliederung

Anders als in Hausarbeiten wird in Klausuren nicht verlangt, dass die Verfas- 63
ser(innen) ihren Ausführungen eine schriftliche Gliederung voranstellen, die die nachfolgenden Abschnitte mit Überschriften kennzeichnet. Dennoch erfordert auch die Anfertigung eines Klausurgutachtens, dass man seine Ausführungen gedanklich gliedert und diese Gliederung möglichst durch Bezifferung der einzelnen Abschnitte äußerlich kennzeichnet. Überschriften im Text der Klausur sind nur empfehlenswert, wenn Ansprüche gegenüber mehreren Beteiligten zu prüfen sind (z. B. »A. Ansprüche des K gegen V:«, »B. Ansprüche des K gegen D:« usw. – vgl. *Muster* am Ende dieses Abschnitts).

Gerade für das Gliederungsbild einer wissenschaftlichen Arbeit gilt übrigens die Erkenntnis, dass die äußere Form Schlüsse auf die Fähigkeit der Verfasser(innen) zu klarer Gedankenführung zulässt. Welche Art der Bezifferung der Gliederungsabschnitte man wählt, ist wiederum »Geschmackssache«, aber logisch und einheitlich muss sie sein! Für die Bezeichnung der einzelnen Gliederungsabschnitte haben sich im Wesentlichen zwei Systeme durchgesetzt: die »klassische« Gliederung nach Buchstaben und Zahlen sowie die modernere Gliederung nach dem Dezimalsystem.

a) Die »klassische« Gliederung

Wählt man diese Art der Bezeichnung der Gliederungspunkte, ist es nun nicht 64
mehr »Geschmackssache«, welche Rangfolge der Buchstaben und Ziffern man innerhalb der Untergliederung bevorzugt! Je nach Bedeutung des einzelnen Gliederungsabschnitts ist folgende Rangfolge einzuhalten: Lateinische Großbuchstaben, römische Zahlen, arabische Zahlen (jeweils von einem Punkt gefolgt), lateinische Kleinbuchstaben, zweifache und mehrfache lateinische Kleinbuchstaben in Folge (jeweils von einer Klammer begleitet).

Beispiel:

»A. Ansprüche des A gegen B
    I. . . . . (Text) . . . .
        1. . . . .
            a) . . . .
                aa) . . . .
                bb) . . . .
            b) . . . .
        2. . . . .
            a) . . . .
            b) . . . .
            c) . . . .
                aa) . . . .
                    aaa) . . . .
                    bbb) . . . .
                bb) . . . .
    II. . . . .
B. . . . . usw.«

Anstelle der Dreifachfolge von lateinischen Kleinbuchstaben können auch griechische Buchstaben gewählt werden. Hierzu ist allerdings zu bemerken, dass eine so starke Untergliederung in Klausuren kaum nötig sein wird: »Gliederung« bedeutet nicht, dass jeder neue Satz mit einem Buchstaben oder einer Ziffer versehen werden muss!

In Übungsklausuren wird man im Normalfall meist mit römischen und arabischen Zahlen sowie lateinischen Kleinbuchstaben auskommen.

b) Die moderne Dezimalgliederung

65 Diese von dem Amerikaner *Melwitt Dewey* entwickelte Gliederungssystematik bezeichnet die einzelnen Gliederungsabschnitte je nach der Bedeutung des dort ausgedrückten Gedankens im Gesamtzusammenhang der Darstellung mit einer oder mehreren Ziffern zwischen 0 und 9. Dies kann jedoch sehr unübersichtlich wirken, wie die folgende Entsprechung zur klassischen Gliederung unter Rdnr. 62 zeigt.

Beispiel: *

»1. ....
1.1 ....
1.1.1 ....
1.1.1.1 ....
1.1.1.1.1 ....
1.1.1.1.2 ....
1.1.1.2 ....
1.1.2 ....
1.1.2.1 ....
1.1.2.2 ....
1.1.2.3 ....
1.1.2.3.1 ....
1.1.2.3.1.1 ....
1.1.2.3.1.2 ....
1.1.2.3.2 ....
1.2 ....
2. .... usw.«

66 Welches System man bevorzugt, ist, um es zu wiederholen, »Geschmackssache«. In Klausuren und Hausarbeiten sollte man m. E. aus Gründen der Übersichtlichkeit dennoch das schlichte »klassische« System heranziehen.

Die gedankliche Gliederung ist, wie in den »Methodischen Hinweisen« dieses Buchs mehrfach geäußert, Bestandteil der Vorüberlegungen. Für diese Vorüberlegungen sollten die Bearbeiter(innen) einer Klausur nicht übertrieben viel, aber auch nicht zu wenig Zeit investieren: Wenn man mit der schriftlichen Ausarbeitung zu früh oder »zu spät« beginnt, leidet darunter nicht nur die äußere Form der Arbeit, sondern erfahrungsgemäß auch die inhaltliche Güte der Darstellung. Als Richtzeit für die gedankliche Vorarbeit (Konzepterstellung und Gliederung) soll-

* Zur Kontrolle, ob Sie den Sinn dieser Untergliederungen verstanden haben, tragen Sie die Buchstaben und Zahlen der klassischen Gliederung in diese Dezimalgliederung mit Bleistift ein!

te man daher etwa $^{2}/_{5}$ bis $^{1}/_{2}$ der zur Verfügung stehenden Bearbeitungszeit ansetzen.

5. Zitieren von Vorschriften; Unterstreichungen; Abkürzungen

a) Zitieren von Vorschriften

Das Einzige, was Verfasser(innen) in einer Klausurlösung »zitieren« sollen, sind die Vorschriften (Paragrafen) des zur Lösung des Falles angewendeten Gesetzeswerks. (Literatur- und Rechtsprechungszitate werden in Klausuren nicht verlangt und als unnötige Wissensausbreitung auch nicht positiv bewertet. Mit der juristischen Literatur und der Rechtsprechung haben die Studierenden sich in Haus- oder Seminararbeiten auseinander zu setzen.) Auch hier gibt es bestimmte ungeschriebene Regeln, die – wie alle hier erklärten Formalien – nicht entwickelt wurden, weil es sich bei den Juristen um eine besonders »pingelige« Ausgabe der menschlichen Spezies handelt. Auch diese Regeln dienen vielmehr der Übersichtlichkeit der äußeren Darstellung eines juristischen Gutachtens und geben zugleich Aufschluss darüber, ob sein(e) Verfasser(in) den Fall und letztlich das Gesetz wirklich begriffen hat. Wenn in diesem Buch mehrfach betont wurde, dass zitierte Vorschriften tatsächlich gelesen werden müssen, dann bedeutet das umgekehrt auch, dass gelesene und angewendete Vorschriften *genau* zitiert werden müssen. Der Anspruch auf Übergabe der Kaufsache und Eigentumsverschaffung ist zwar *auch* »in § 433 BGB« geregelt; da »in § 433 BGB« aber ebenfalls der Anspruch auf Zahlung des Kaufpreises enthalten ist, muss man sich angewöhnen, immer den Absatz, Satz oder Halbsatz der Vorschrift, auf den man letztlich Bezug nimmt, exakt zu bezeichnen! Der erstgenannte Anspruch ergibt sich aus § 433 Abs. 1 S. 1, der Kaufpreiszahlungsanspruch aus § 433 Abs. 2 HS. 1 BGB. 67

Ganz formal ist hier zu beachten, dass man Absätze und Sätze eines Paragrafen (dieses *Wort* sollte in einer juristischen Untersuchung niemals ausgeschrieben werden, sondern man verwendet nur dieses Zeichen: »§ «; die Mehrzahl davon lautet: »§§ «!) so zitiert, wie hier geschehen. Ohne die Wortabkürzungen (»Abs.«, »S.«, »HS«) – kann man »Absätze« durchweg mit römischen Zahlen und »Sätze« sowie »Halbsätze« mit arabischen Zahlen bezeichnen, also: »§ 433 I 1« und »§ 433 II (1) BGB«. Die »I« steht also für »Abs. «, die »1« ohne Klammer für »S.« und die »(1)« mit Klammer für »HS«. Auch hier gibt es keinen Vorrang, aber auch hier ist der Grundsatz der *Einheitlichkeit* zu beachten. Bezieht sich die Klausurlösung im Wesentlichen auf ein einheitliches Gesetzeswerk, so kann man etwas Zeit sparen, indem man zum ersten Zitat einer Vorschrift eine Fußnote setzt: »§§ ohne nähere Bezeichnung sind solche des BGB.« 68

b) Unterstreichungen

Ein beliebtes »Stilmittel«, um die Wichtigkeit von Aussagen hervorzuheben, sind Unterstreichungen, mit denen Verfasser(innen) ihre Klausurausarbeitungen versehen. Solche Unterstreichungen sind in einer wissenschaftlichen Arbeit, die korrigiert und benotet werden soll, unnötig bzw. unzulässig: Wichtige und »gute« Ausführungen wird der Korrektor im Regelfall erkennen; er nimmt dann seinerseits (um anschließend bei der Bewertung einen schnellen Überblick zu haben) Unterstreichungen vor. Unwichtige oder »schlechte« (falsche) Ausführungen 69 werden dagegen vom Korrektor unterschlängelt. Zu diesen Korrekturen wird durchweg ein Bleistift benutzt: Da ein Korrektor von hundert oder mehr Klausuren immer wieder von neuem versuchen muss, sich in die Gedankengänge des/der Verfassers/Verfasserin einer jeden Klausur hineinzuversetzen, kann es durchaus vorkommen, dass eine Korrekturbemerkung am Rand erscheint, die dort nicht hingehört und deshalb wegradiert werden muss! Benutzen Sie deshalb bei der Abfassung Ihres Gutachtens in einer Klausur niemals einen Bleistift!

c) Abkürzungen

70 Sehr beliebt sind auch *eigene Abkürzungen*! Zum Beispiel: *»K und V müssten einen KV geschlossen haben. Voraus. dafür sind 2 sich deck. WEs. . .«*

Sie sollen eine Klausur in deutscher Sprache schreiben!* Sie sind nicht Mitarbeiter des Kommentars von (dem längst verstorbenen Hrsg.) *Palandt* (» i F d Künd u d Anf v Belieben d Gläub ab«), in dem eigene eigenwillige, bisweilen »rätselhafte« Abkürzungen verwendet werden. Sie sind auch nicht *Mozart*, dessen Werke im »KV« (= Köchelverzeichnis) notiert sind.

Zahlen von »1–12« schreibt man im Text in Worten (»eins bis zwölf«), weil sie so schön kurz sind. Ab »13« dürfen Sie Ziffern verwenden.

Der Plural von WE (auch die »Willenserklärung« ist auszuschreiben!) heißt »WEen« usw. Also: Gängige Abkürzungen wie »usw.« etc. können Sie verwenden, aber bitte keinen »KV« erfinden!

71 Diese Hinweise zur äußeren Gestaltung und Form mögen in diesem Rahmen genügen, um den Studienanfänger(inne)n zu helfen, sich frühzeitig in einer disziplinierten Arbeitsweise zu üben. Wer der Meinung ist, dass die hier mitgeteilten Ratschläge trivialen Formalismus verkörpern, sollte sich Gedanken darüber machen, ob er (sie) Sinn und Zweck des gewählten Hochschulstudiums im Hinblick auf die spätere berufliche Tätigkeit schon jetzt richtig einschätzen kann! Ich möchte die Hinweise zur äußeren Gestaltung abschließen mit einem vollständigen Zitat aus dem (leider nicht mehr neu aufgelegten) Buch von *Schmelzeisen** (dort Seite 13) und wie dieser hoffen, vielen Leser(inne)n die Augen geöffnet zu haben:

»Unsere Zeit neigt dazu, vieles nur als etwas Äußerliches anzusehen und deshalb zu vernachlässigen. Aber es gibt nichts schlechthin Äußerliches, das einem gleichgültig sein dürfte. Äußeres und Inneres stehen in einer engen Verbindung. Beim schaffenden Menschen rührt das an den Charakter. Eine äußerlich vernachlässigte Arbeit verrät manches von der Persönlichkeit dessen, der sie geleistet hat. Ich habe noch keine Übungs- oder Prüfungsarbeit gesehen, die wie im Äußeren nicht auch im Inneren befriedigend oder unbefriedigend gewesen wäre. Selbstverständlich ist bei Aufsichtsarbeiten einige Nachsicht geboten. Doch sollte man nicht vergessen: Die äußere Gestaltung kann nicht völlig misslingen, wenn man sich beizeiten in Zucht genommen und immer wieder darin geübt hat, wenn man der Sache Herr geworden ist und wenn einem die Arbeit wirklich am *Herzen* liegt. Wer freilich mit der Aufgabe seine liebe Not gehabt und es dabei noch nicht weit gebracht hat,

* Vgl. dazu *Wörlen*, JURA 2009, 239 (240).

* Übungen im bürgerlichen Recht für Anfänger und Studenten der Wirtschaftswissenschaften, 4. Aufl. 1981 (vergriffen = nicht mehr im Handel und daher auch nicht vorne im Literaturverzeichnis).

der wird am Ende nur stammeln können. Und wie es nun einmal ist: Gerade darin verrät er sich als Stümper auf der ganzen Linie.

Durchschaut man die Dinge, so muss es einen peinlich berühren, über die immer wieder wahrzunehmenden Mängel der äußeren Gestaltung noch ein Wort zu verlieren. Was hier zu sagen ist, ist schon tausendmal ausgesprochen worden.«

MUSTER für eine Klausur: **72**

Hochschule X	Sommersemester 2009	Alois Armhuber[19]
Fachbereich Y	Prof. Dr. Hörnlein	3. Semester – Datum –

<u>Übungen im Privatrecht</u>

<u>für Anfänger</u>

<u>1. Klausur</u>

A. Ansprüche des K gegen V

I. K könnte gegen V einen Anspruch ... [20] gem. § 433 Abs. 1 S. 1 BGB haben.

1. Voraussetzung *ist* zunächst, dass . . .
   a) Dann müsste K . . .
   b) Dem könnte jedoch entgegenstehen . . .
   c) Somit ist die Voraussetzung, dass . . . erfüllt . . .
2. Weiterhin ist Voraussetzung . . .
   a) . . .
   b) . . .
3. (Ergebnis:) Der Anspruch des K gegen V auf . . . gem. § . . . ist demnach begründet.

II. Darüber hinaus könnte K gegen V einen Anspruch aus § . . . auf . . . geltend machen.

1. Voraussetzung . . .

B. Ansprüche des K gegen D

I. . . . usw. . . .

* §§ ohne nähere Bezeichnung sind solche des BGB.

– 2 –

19 An manchen Hochschulen wird auch noch die Semesteranschrift verlangt.
20 Die Punkte (...) symbolisieren den Text der jeweiligen Klausur.

Literatur zur Vertiefung:

Alpmann und Schmidt	Methodik der Fallbearbeitung (vgl. Literaturverzeichnis)
Brauner	Streitige Rechtsfragen in der Fallbearbeitung, JURA 1992, 15
Diederichsen/Wagner	vgl. Literaturverzeichnis
Fahl	10 Tipps zum Schreiben von (nicht nur) strafrechtlichen Klausuren und Hausarbeiten, JA 2008, 350
Honsell	Methode und Technik der Fallbearbeitung im Prozessrecht, AJP 1992, 545
Horn	Sprachfehler, Formfehler, Denkfehler, JURA 1984, 499 ff.
Lange	vgl. Literaturverzeichnis
Metzler-Müller	vgl. Literaturverzeichnis
Möllers	vgl. Literaturverzeichnis
Olzen/Wank	vgl. Literaturverzeichnis
Rips	Typische Fehlerquellen bei Klausuren und Hausarbeiten, JuS 1979, 42
Schimmel	vgl. Literaturverzeichnis
Schmuck	vgl. Literaturverzeichnis
Schnapp	Krebsübel Substantivitis? Der richtige Umgang mit dem Nominalstil, JURA 2003, 173
ders.	Wie entspricht man dem Gebot der Knappheit?, JURA 2003, 602
ders.	Da hab ich einen Satz gemacht! Über Bildung und Missbildung von Sätzen, JURA 2004, 22
Wörlen	Rezension: *Kirchner*, Abkürzungsverzeichnis der Rechtssprache, JURA 2009, 239

II. Äußere Gestaltung und Form von Hausarbeiten

73 Obwohl dieses Buch sich als eine »Anleitung zur Lösung von Zivilrechtsfällen« inhaltlich nur auf die Lösung von *Klausur*fällen bezieht, haben meine Hinweise zur äußeren Gestaltung und Form von Klausuren zahlreiche Kolleg(inn)en bewogen, anzuregen, auch auf die Formalien zur *Hausarbeits*gestaltung einzugehen.

Ich bin diesen Anregungen gerne gefolgt, doch habe ich mich wirklich auf die Formalien beschränkt. Zum inhaltlichen und argumentationstechnischen Aufbau von Hausarbeiten, zur Darstellung von Streitfragen, zur Gegenüberstellung und Verarbeitung von Theorien sowie zum Auswerten der Literatur wäre ein eigenes Buch notwendig. Insofern verweise ich nur auf die soeben in der »Literatur zur Vertiefung« genannten Werke von *Alpmann und Schmidt*, *Lange*, *Möllers* und *Schimmel*.

Eine Vielzahl von anderen empfehlenswerten Büchern hierzu wird Ihnen sicherlich (hoffentlich) in Ihren Lehrveranstaltungen genannt werden.

Fangen wir bei der Darstellung der Formalien »von vorne« an:

1. Deckblatt

74 Das erste Blatt einer *Hausarbeit* ist das »Deckblatt«.

Im Gegensatz zur Klausur wird die Hausarbeit nicht handschriftlich, sondern maschinenschriftlich[21] angefertigt. Als Korrektor geht man davon aus, dass die Bearbeiter(innen) für eine Hausarbeit vier bis sechs Wochen Zeit haben. Wenn man sich vom ersten Tage an (= Ausgabe der Hausarbeit) damit *ernsthaft* befasst, reicht die zur Verfügung gestellte Zeit normalerweise »locker« aus! Während man eine schlechte äußere Form, insbesondere unleserliche Schrift bei Klausuren – bis zu einem zumutbaren Grad – mit dem Zeitdruck, unter dem die Bearbeiter(innen) stehen, entschuldigen kann, hat diese Entschuldigung bei Hausarbeiten keine Gültigkeit!

Wer mit einer Hausarbeit, für die es normalerweise vier bis sechs Wochen Bearbeitungszeit gibt, erst zwei Wochen vor dem Abgabetermin beginnt, beginnt meist zu spät; es sei denn, es handelt sich um einen »Überflieger«, der alles in zwei Wochen schafft, wozu Durchschnittsmenschen sechs Wochen benötigen. Wir gehen vom (guten) Durchschnitt aus. Dann sollte das Deckblatt einer Hausarbeit etwa so aussehen, wie unter Rdnr. 75 dargestellt.

21 Auch der PC ist eine Maschine! Dazu unten mehr.

75

Felix Almoser
3. Semester

Glottertalweg 3
79111 Freiburg

26. Juli 2009

Übungen im Bürgerlichen Recht
für Anfänger

bei Prof. Dr. Muster
SS 2009

1. Hausarbeit

Wenngleich die grafische Gestaltung des Deckblatts grundsätzlich jedem frei- 76
gestellt ist, müssen folgende Angaben enthalten sein: Name (inkl. Vorname) der Studierenden, Semesteranschrift, Datum der Anfertigung, Bezeichnung der Übung, Bezeichnung des Dozenten sowie die »Ausgabenummer« (durchschnittlich werden im Laufe der Übung mindestens zwei Hausarbeiten angeboten) der Hausarbeit. Dabei hat sich vornehmlich die vorstehende grafische Aufteilung der geforderten Angaben eingebürgert.

2. Sachverhalt (Aufgabentext)

Im Gegensatz zu Klausuren ist bei Hausarbeiten der Aufgabentext (Sachverhalt) 77
mit abzugeben (es sei denn, Ihr Übungsleiter hat dies ausdrücklich ausgeschlossen). Er* wird dann hinter dem Deckblatt eingefügt. Sofern Sie sich die Mühe ersparen wollen, den Sachverhalt mit dem gleichen Maschinentyp, den Sie für die Anfertigung Ihrer Arbeit benutzen, nochmals abzuschreiben, ist es ratsam, dass Sie sich gleich zu Anfang eine saubere Kopie davon anfertigen. So können Sie vermeiden, einen durch häufiges Benutzen »vergilbten«, verschmutzten oder zerknitterten Aufgabentext beizulegen, was unweigerlich zu vermeidbaren »Minuspunkten« führen würde.

Der oben (Rdnr. 57) erwähnte, durch eine schlampige äußere Form hervorgerufene Missmut des Korrektors hat für die Benotung einer Hausarbeit größere Bedeutung als für die einer Klausur!

3. Literaturverzeichnis (Inhalt, Zitierweise)

Das Literaturverzeichnis sollte im Anschluss an den Aufgabentext angefügt wer- 78
den, sofern nicht eine andere Reihenfolge von Ihrem Übungsleiter vorgeschrieben wird: Bisweilen wird gefordert, erst die *Gliederung* und dann das Literaturverzeichnis anzufügen. Die hier vorgeschlagene gängige Reihenfolge erscheint sinnvoller, da die Gliederung in unmittelbarem inhaltlichen Zusammenhang mit der danach folgenden Ausarbeitung steht. Das Literaturverzeichnis *muss* einerseits alle Werke enthalten, die auch wirklich benutzt *und* zitiert wurden; andererseits *darf* auch nur diese Literatur im Literaturverzeichnis erscheinen! Was Sie bei der Bearbeitung bzw. Vorbereitung der Lösung alles *gelesen* oder gar nur *gesehen* haben, ohne es zu verwenden, »interessiert« den Korrektor nicht!

Andererseits: Übernehmen Sie keine gute Formulierung ohne Beleg-Zitat! Wenn *Klunzinger* von *Brox* abschreiben würde, würden *Sie* das nicht merken! Aber Sie schreiben kein Lehrbuch, sondern eine Hausarbeit! Da wird Zitierwahrheit verlangt (vgl. auch *unten Rdnr. 89*).

Allerdings sollten Sie nicht versuchen, jede juristische Banalität oder Binsen- 79
weisheit mit einem Zitat zu belegen, um Ihr Literaturverzeichnis aufzublähen! Obwohl es selbstverständlich nicht möglich sein wird, Probleme eines Hausarbeitsfalls anhand von »zwei oder drei« Büchern zu lösen, ist die Quantität des Literaturverzeichnisses nur ein Indiz, aber kein Garant für die Qualität einer wissenschaftlichen Arbeit!

* Der Sachverhalt! Nicht Ihr Übungsleiter ...!

Ob Sie das Literaturverzeichnis, unabhängig von der Art des benutzten Werks, alphabetisch nach Verfassern bzw. Herausgebern ordnen oder – was manche Professoren noch gerne sehen – in Lehrbücher, Kommentare, Monographien und Aufsätze (auch Urteilsanmerkungen und Rezensionen) aufteilen und innerhalb dieser Rubriken alphabetisch nach Verfassern zitieren, sei Ihnen grundsätzlich selbst überlassen. Eines aber ist immer wichtig: Einheitlich muss es sein!

Die alphabetische fortlaufende Auflistung *aller* Werke hat gegenüber der Gruppenaufteilung sicherlich den Vorteil, dass sich der Korrektor beim Nachprüfen der Zitate in den *Fußnoten* (dazu unten mehr) rascher zurechtfindet, da aus diesen Zitaten nicht immer ersichtlich ist, in welcher Gruppe ein Autor zu suchen ist.

Wie die einzelnen Werke im Literaturverzeichnis zitiert werden, hängt davon ab, welcher der genannten Gruppen sie zuzuordnen sind:

a) Lehrbücher

80 Zitiert wird zunächst der Verfassername (Vorname grundsätzlich nur, wenn Verwechslungsgefahr – z. B. mehrere »Schmidts« – besteht . . .). Titel wie »Prof.«, »Dr.« u. Ä. sind dabei völlig »uninteressant«, d. h., sie sind unbedingt wegzulassen! Mehrere Verfasser eines Werks sind *nicht* mit Bindestrichen, sondern mit Schrägstrichen zwischen den Namen wiederzugeben. Bindestriche sind für Doppelnamen vorbehalten! Weiterhin ist anzugeben der genaue Sachtitel des Werks, den man nicht dem Einband (Umschlag) entnimmt, sondern der ersten Titelseite innerhalb des Buchs, da außen häufig verkürzte Titel zu finden sind!

Bei mehrbändigen Werken ist der benutzte Band mit eventuellem Untertitel aufzuführen. Von jedem Werk ist die jeweils neueste Auflage zu benutzen und diese mit dem Erscheinungsjahr zu zitieren. Hin und wieder wird auch noch der Erscheinungsort verlangt, was aber immer mehr unüblich ist. Keinesfalls dürfen Sie den Verlag zitieren!

b) Kommentare

81 Für Kommentare gilt im Wesentlichen das Gleiche wie für Lehrbücher. Kommentare werden aber selten von nur einem, sondern von mehreren Verfassern bearbeitet, von denen einer oder mehrere als Herausgeber fungieren. Im Literaturverzeichnis werden i. d. R. – entsprechend dem Innentitel des Werks – der oder die Herausgeber (nicht ein einzelner Mitautor) angegeben. Also: Name, Kommentartitel, gegebenenfalls Bandnummer und Untertitel, Auflage und Erscheinungsjahr.

c) Monographien

82 Auch hier gilt im Wesentlichen ebenfalls das Gleiche wie für Lehrbücher. Sofern es sich dabei um Dissertationen handelt, die nicht in einem Verlag, sondern im »Selbstdruck« erschienen sind, ist es üblich, sie durch die Abkürzung »Diss.« zu kennzeichnen sowie den Hochschulort und das Jahr der Promotion hinzuzufügen.

d) Aufsätze, Entscheidungsrezensionen und Urteilsanmerkungen

Zitiert werden Name des Verfassers, genauer Titel des Aufsatzes (bzw. die Entscheidung des Gerichts, wie sie der Verfasser einer Rezension oder einer Anmerkung selbst bezeichnet hat), Name der Zeitschrift (mit der gängigen Abkürzung!) oder sonstige Fundstelle, Jahreszahl (nicht verkürzt, sondern vollständig, also z. B. 2006 – »06« ohne »20« davor könnte eventuell irreführend auf den Erscheinungs*jahrgang* der Zeitschrift hinweisen, der oft *nicht* mit dem Kalenderjahr übereinstimmt!), Seitenzahlen (die Abkürzung »S.« für »Seite« fällt üblicherweise weg). **83**

Die einzelne Heft-Nummer einer Zeitschrift wird grundsätzlich nicht mitzitiert. Ausnahme: Der Jahrgang ist nicht mit Seitenzahlen durchnummeriert, sondern beginnt (z. B.) jeden Monat mit Seite 1!

Haben Sie von einem Verfasser *mehrere* Titel verwendet, brauchen Sie seinen Namen nicht zu wiederholen, sondern können die Abkürzung »ders.« (für »derselbe«) benutzen. Um in den Fußnotenzitaten (siehe unten) Verwechslungen auszuschließen, sollten die verschiedenen Werke entweder durch Unterstreichung eines markanten Worts des Titels (das dann im Fußnotenzitat neben dem Verfassernamen erscheint) gekennzeichnet werden, oder man vermerkt hinter dem Erscheinungsjahr in Klammern die besondere Zitierweise im Text, z. B. bei »Larenz« (zit.: »AT«; zit.: »SchR AT«).

Bisweilen kommt es auch vor, dass man zur Bearbeitung Gesetzesbegründungen oder Gesetzesentwürfe heranziehen muss, für die kein Verfasser oder Herausgeber zeichnet. Dann ordnet man diese mit dem Sachtitel und der Fundstelle alphabetisch zwischen die Autoren im Literaturverzeichnis ein.

e) Beispiel für ein Literaturverzeichnis

Unter Berücksichtigung dieser Hinweise kann ein Auszug aus einem Literaturverzeichnis beispielhaft folgendermaßen aussehen: **84**

Baur/Stürner	Lehrbuch des Sachenrechts, 18. Aufl. 2007
Brauner	Streitige Rechtsfragen in der Fallbearbeitung, JURA 1992, 15
Bundesminister der Justiz	Abschlussbericht der Kommission zur Über-(Hrsg.) arbeitung des Schuldrechts, 1992
Entwurf	eines Gesetzes zur Änderung des Erb- und Verjährungsrechts, Deutscher Bundestag, Drucksache 16/8954 v. 24.04.2008
Honsdorf	Zur Aufrechnung im Konkurs – Grundprobleme und ihre Bedeutung für praxisrelevante Aufrechnungsfragen –, Diss., Freiburg 1982
Larenz	Lehrbuch des Schuldrechts, Band I: Allgemeiner Teil, 14. Aufl. 1987
ders./Wolf	Allgemeiner Teil des deutschen Bürgerlichen Rechts, 9. Aufl. 2004
Medicus	Bürgerliches Recht, 21. Aufl. 2007 (zit.: »BR«)
ders.	Allgemeiner Teil des Bürgerlichen Rechts, 9. Aufl. 2006 (zit.: »AT«)

Palandt (Hrsg.)	Bürgerliches Gesetzbuch, Kurz-Kommentar, 68. Aufl. 2009 (zit.: »Palandt/*Bearbeiter*«)
Schmidt-Preuß	Lohnstopp durch Zivilurteil – BGH NJW 1978, 2031 = JuS 1979, 551
Wörlen	Schuldrecht BT, 9. Aufl. 2008 (zit.: SchR BT)
ders.	Anmerkung zu LG Kassel, Urt. v. 27.08.1986 – 6 O 204/86 –, AgrarR 1987, 58
ders./Leinhas	Rechtsfolgen- und Rechtsgrundverweisungen im BGB, JA 2006, 22

Reine Gerichtsentscheidungen, die entweder in den amtlichen Entscheidungssammlungen (z. B. BGHZ oder RGZ) oder in Rechtsprechungsübersichten von Zeitschriften zu finden sind, werden nicht ins Literaturverzeichnis aufgenommen, sondern erscheinen nur in den Fußnoten des Textes der Hausarbeit (siehe unten).

4. Abkürzungsverzeichnis

85 Grundsätzlich ist ein Abkürzungsverzeichnis in Hausarbeiten nicht üblich. Sollte indessen Ihr Übungsleiter ein solches verlangen, so darf es nur die Abkürzungen enthalten, die Sie in Ihrer Ausarbeitung tatsächlich auch benutzen. Dabei sollten Sie möglichst keine eigenen Abkürzungen erfinden (vgl. oben Rdnr. 70), sondern sich an die üblichen Abkürzungen halten, die Sie entweder in einem Lehrbuch oder einem Kommentar finden können. Wenn Sie es besonders korrekt machen wollen, so empfiehlt es sich, das im Literaturverzeichnis dieses Buchs genannte Werk von *Kirchner/Butz, Abkürzungsverzeichnis der Rechtssprache* zu benutzen. Da Abkürzungen nicht unbedingt die Lesbarkeit der Ausarbeitung fördern, sollte man damit möglichst zurückhaltend sein.

Wenn Sie ein Abkürzungsverzeichnis anfertigen müssen, so ist es sinnvollerweise *dem Literaturverzeichnis voranzustellen*, da auch in diesem schon Abkürzungen vorkommen können.

5. Gliederung

86 In Hausarbeiten wird (wie bereits *oben*, Rdnrn. 63–66 angedeutet) eine Gliederung verlangt, die die nachfolgende Ausarbeitung (den Text der Hausarbeit) abschnittsweise mit Überschriften bezeichnet. Diese mit Gliederungsziffern (und gegebenenfalls Buchstaben) zu versehenden Überschriften sollen dem Korrektor einen ersten Überblick über den Gedankengang der folgenden gutachtlichen Fallbearbeitung geben. Hilfreich ist es durchaus, die Überschriften wie in einem Inhaltsverzeichnis mit Seitenangaben zu versehen.

Die Gliederung soll so knapp wie möglich und so ausführlich wie nötig sein, um über den Inhalt und folgerichtigen Aufbau der Arbeit zu informieren. Im Vordergrund steht dabei die Übersichtlichkeit, die nicht mehr gewährleistet ist, wenn der Verfasser einer z. B. 40-seitigen Hausarbeit zehn Seiten Gliederung voranstellt, in der er »jedem« (seiner in wenigen Sätzen ausgeführten) Gedanken eine eigene Überschrift widmet! Unabhängig davon, welches Gliederungssystem man bevorzugt – die »klassische« Gliederung oder die moderne »Dezimalgliederung« (vgl. dazu *oben* Rdnrn. 64–66) –, die Untergliederung muss »irgendwo« ein Ende haben! Beim »klassischen« System sollte eigentlich bei A, I, 1, a), aa) Schluss sein; wenn dann noch mit aaa) oder gar mit α, β und γ usw. untergliedert wird, wird der Leser »schwindelig«, und vieles deutet darauf hin, dass es dem Verfasser bei der Anfertigung der Hausarbeit ebenso erging und er selbst die Übersicht verloren hat ... !

Entsprechende Vielfach-Untergliederungen unter Benutzung des Dezimalsystems lassen die Gliederung bisweilen wie einen Auszug aus einer Mathematik-Arbeit erscheinen!

Die Überschriften zu den Gliederungspunkten müssen *Überschriften* sein, 87
d. h., der Gedankengang ist stichwortartig kurz und präzise, nicht in langen ausformulierten Sätzen (gar noch mit Punkt oder Fragezeichen am Ende) wiederzugeben! Eine hübsche klarstellende Metapher verwendet *Brühl* (S. 156): »Die Gliederung soll ein Fahrplan, kein Reisebericht sein!«

Unnötig ist es, die Gliederungsüberschriften wie in einem Lehrbuch im Text der Ausarbeitung zu wiederholen (sofern es nicht ausdrücklich verlangt wird); es genügen dort die Gliederungsziffern (bzw. -buchstaben)! Sie »dürfen« bzw. sollen »kein Lehrbuch schreiben«, sondern ein Gutachten! Dieses folgt im Anschluss an die Gliederung als

6. Ausarbeitung

a) Optik

Im Text muss (wie auch schon in der Gliederung!) *ein Drittel Korrekturrand* ge- 88
lassen werden! Für den Korrektor, an den Sie (bei der Reinschrift) der Arbeit auch einmal denken sollten und der überwiegend Rechtshänder ist, zumindest aber als geschulter Europäer von links nach rechts *liest*, ist es einfacher (bequemer), die Korrekturen im Lesefluss *rechts* anzubringen. Der PC ermöglicht heute einen Blocksatz, der es einfach macht, links und rechts bündig zu schreiben, so dass Sie damit den Korrekturrand rechts lassen sollten.

Wenn auch die Optik wichtig ist: Allein die Tatsache, dass Sie einen hochwertigen PC mit Laser-Drucker besitzen, der Sie ein bestechendes Schriftbild präsentieren lässt, ist kein Garant für die Güte der Arbeit! Maßgeblich für die Benotung der Arbeit ist in erster Linie der Inhalt! Negativ ist der Eindruck wiederum, wenn von den Möglichkeiten, die der PC gewährt (Fettdruck, Kursivdruck, Blocksatz etc.) gar kein Gebrauch gemacht wird.

Fazit: »Ausgezeichneter« (= Note »1«, z. B. in Bayern, wo »sehr gut« durch die Note »2« präsentiert wird) Inhalt + schlampige Form ergeben »nur« ein »sehr gut«! Bewundernswertes Schriftbild (Form) mit Laser-Drucker + mangelhafter Inhalt ergeben: »mangelhaft«!

b) Fußnotenzitate

aa) Warum zitieren?

Zum einen, weil »wir« nicht »alles« wissen (können), aber wissen sollten, »wo es 89
steht«; zum anderen ist es Sinn der Zitate, zu zeigen, mit welcher Literatur man sich auseinander gesetzt hat. Der Leser eines juristischen Gutachtens soll anhand

der Zitate rasch und präzise feststellen können, wessen Rechtsmeinungen die Bearbeiter(innen) herangezogen haben und welchen sie folgen bzw. welche sie ablehnen.

Zitieren in juristischen Arbeiten bedeutet also nicht nur die wörtliche Wiedergabe einer Quelle, sondern meistens die Wiedergabe einer Fundstelle, in der die Meinung des Verfassers – sofern es nicht seine eigene ist – zu finden ist oder wodurch sie gestützt wird.

Bei der Erstellung eines wissenschaftlichen Gutachtens gilt das Prinzip der Zitierwahrheit! »Schlimmer« als seine Arbeit und sein Literaturverzeichnis durch Zitate von bekannten Binsenweisheiten aufzublähen, ist es, fremde Weisheiten als eigene zu »verkaufen«! Korrektoren haben meistens mehr gelesen, als Bearbeiter(innen) einer Hausarbeit glauben!

90 Fußnoten sollten in Hausarbeiten immer unter jeder Seite erscheinen. Ob sie auf jeder Seite mit Fußnote 1 beginnen oder abschnittsweise oder gesamt durchnummerieren, bleibt Ihrem Geschmack überlassen. Keinesfalls sollten die gesamten Fußnoten am Ende der Arbeit erscheinen, da dies durch ständiges Hin- und Herblättern die Arbeit des Korrektors erschwert.

Fußnoten in *Hausarbeiten* dienen *nur* als Fundstellennachweis: Problemerörterungen gehören nicht in die Fußnoten, sondern in den Text! Es wird von Ihnen trotz aller notwendigen Auseinandersetzung mit Theorienstreiten, wie gesagt, kein »Lehrbuch«, sondern die gutachtliche Lösung eines Falls verlangt!

bb) Formelle Zitierweise in Fußnoten

91 Haben Sie ins Literaturverzeichnis nur *ein* Werk (Lehrbuch, Aufsatz o. Ä.) von *einem* Verfasser aufgenommen, genügt aus ökonomischen Gründen im Fußnotenzitat der Name des Verfassers und die Seitenzahl, auf der sich dessen wiedergegebener Gedanke befindet. Die Wiederholung des Titels ist also überflüssig.

Erscheint ein Verfasser im Literaturverzeichnis mehrfach, zitieren Sie »Name, den im Literaturverzeichnis hervorgehobenen Kurztitel, Seitenzahl (oder, falls vorhanden, Randnummern[22])«, z. B. Fn. 1: »*Medicus*, AT[23], S. 220 und später (Fn. 5): »*Medicus*, BR, Rdnr. 516«, wobei die Zitate der Kurztitel Ihren Hinweisen im Literaturverzeichnis entsprechen müssen. Würden Sie die beiden eben genannten Zitate hintereinander in zwei Fußnoten (Fn. 1 und Fn. 2) bringen, könnten Sie schreiben (Fn. 1): *Medicus*, AT, S. 220«, (Fn. 2): »*ders.*, BR, Rdnr. 516«.

92 Zur beliebten, eigentlich unschönen Zitierweise »a.a.O.«: Dieses Zitat muss sich immer, verwechslungausschließend, auf das vorhergehende (das kann auch mehrere Seiten vorher sein) letzte Zitat desselben Werks (= desselben Verfassers) beziehen! Statt »a.a.O.« kann man auch »Ebenda, ebendort, s. dort« und ähnliche unmissverständliche Verweise benutzen, um das Ganze optisch etwas aufzulockern.

Beispiel:

1 *Medicus*, AT, Rdnr. 250.

2 *Ders.*, BR, Rdnr. 516.

22 Das Randnummernzitat ist der Seitenzahl vorzuziehen, da Rdnrn. sich im Gegensatz zu Seitenzahlen in den Folgeauflagen der Werke selten verändern. (Sie können auch »Rn.« statt »Rdnr.« verwenden, aber einheitlich sollten Ihre Abkürzungen sein.)

23 Auch dort werden Randnummern verwendet; aus optischen Gründen (Unterschied »S.« und »Rdnr.«) bleibe ich hier bei der Seitenzahl.

3 *A.a.O.*, Rdnr. 519.

A.a.O. bedeutet, dass Sie »*Medicus*, BR,« zitieren!

oder
1 *Medicus*, AT, Rdnr. 250.
2 *Ders.*, Rdnr. 285.
3 *Wörlen*, SchR BT, Rdnr. 128.
4 *Medicus*, BR, Rdnr. 519.

In den Fußnoten muss (darf) also, wie gesagt, nicht der volle Titel aus dem Literaturverzeichnis wiederholt werden. Es dürfen Abkürzungen verwendet werden, die Verwechslungen ausschließen. Zitieren Sie einen Verfasser eines Werks mehrfach hintereinander, können Sie aus »optisch-ästhetischen« Gründen (s. *soeben*, Rdnr. 92), um Wiederholungen zu vermeiden, z. B. folgendermaßen zitieren: **93**

1 *Medicus*, AT, Rdnr. 250.
2 *A.a.O.*, Rdnr. 252.
3 *Ebenda*, Rdnr. 256.

Das sieht weniger »langweilig« aus als:
1 *Medicus*, AT, Rdnr. 250.
2 *A.a.O.*, Rdnr. 252.
3 *A.a.O.*, Rdnr. 256.
oder
1 *Medicus*, AT, Rdnr. 250.
2 *Medicus*, AT, Rdnr. 252.
3 *Medicus*, AT, Rdnr. 256.

Kommentare werden nicht mit Seitenzahlen, sondern gemäß ihrem Aufbau nach Herausgeber/*Bearbeiter*, Paragraf sowie Anmerkungsnummer oder Randnummer (sofern vorhanden) zitiert, also: **94**

1 Palandt/*Putzo*, § 433, Anm. 2 a aa.
oder (besser!)

1 Palandt/*Putzo*, § 433, Rdnr. 7.

Anderes Beispiel:
1 Palandt/*Putzo*, Einf. v. § 433, Anm. 1 a.
oder (besser!)

1 Palandt/*Putzo*, Einf. v. § 433, Rdnr. 1.

Viele Kommentare enthalten, meist im Anschluss an das Bearbeiterverzeichnis, eigene Zitiervorschläge, denen man folgen sollte; z. B. wird im »Handkommentar ...« von *Schulze* (u. a.) vorgeschlagen: »Hk-BGB/*Bearbeiter*, § 822 Rn 5«.

Beachten Sie: Während man »früher« Fußnoten je nach Inhalt mit Klein- *oder* Großschreibung und einem dem Inhalt und der Grammatik entsprechenden Satzzeichen (Punkt, Komma oder ganz ohne) zitierte, hat sich inzwischen eingebürgert, *jede* Fußnote mit einem Großbuchstaben zu beginnen und mit einem Punkt zu beenden!

Aufsätze (deren Titel schon im Literaturverzeichnis aufgeführt ist) zitiert man herkömmlicherweise mit dem Namen des Verfassers, der Fundstelle und der Seitenzahl, auf der das Zitat zu finden ist (z. B. *Wörlen*, JA 2006, 78). Da das Zitat **95** mit dem Literaturverzeichnis korrespondiert (korrespondieren *muss*!), genügt es, falls der Verfasser im Literaturverzeichnis nur einmal auftaucht, dass man z. B. zitiert: »*Brauner*, S. 17« – Verwechslungen sind dann ausgeschlossen!

96 *Gerichtsentscheidungen* (Urteile, Beschlüsse) werden *nur* in Fußnoten (nicht im Literaturverzeichnis – siehe oben) zitiert, und zwar mit den üblichen Abkürzungen der Entscheidungssammlungen bzw. der Rechtsprechungsübersichten der jeweiligen Zeitschriften.

Beispiele:
BGHZ 20, 159 (162).
RGZ 74, 234 (236); 146, 97 (102).
AG Stuttgart NJW 1989, 2047 (2048).
BGH LM Nr. 7 zu § 459 Abs. 1 [a.F.].

Die Zahlen in Klammern verweisen auf die direkte Fundstelle, die Zahlen davor auf den Beginn der jeweils zitierten Entscheidung.

Dass die ersten Zahlen bei Entscheidungssammlungen die Bandnummer und bei Zeitschriften das Erscheinungsjahr bedeuten, wissen Sie bereits.

97 Das *Gesetz*, das Sie zur Lösung Ihres Hausarbeitsfalls benutzen, wird im Text als solches mit der gängigen Abkürzung zitiert!

Was »gängig« ist, kann bisweilen durchaus zweifelhaft sein, da hier die Redaktionen von Gesetzestextsammlungen an keine amtlichen Abkürzungen gebunden sind. So wurde das ehemalige »Gesetz über den Widerruf von Haustürgeschäften und ähnlichen Geschäften« (kürzer: Haustürwiderrufsgesetz), das seit dem 01.01.2002 durch das Schuldrechtsmodernisierungsgesetz außer Kraft gesetzt wurde[24], als »HTW, HTWG, HausTürWG oder HTürWG« u.a. zitiert!

Hier sollte man dann einmal (was auch *Möllers*[25] vorschlägt) in *Kirchners* Abkürzungsverzeichnis nachschlagen!

An dieser Stelle nochmals ein Hinweis auf die Schuldrechtsreform: Die *Überschriften* der BGB-Paragrafen, die zuvor auch der Phantasie der Herausgeber von Gesetzestextsammlungen freien Lauf ließen, sind seit dem 01.01.2002 »amtlich«, d. h., sie sind *Gesetzestext* und als solcher bindend!

Fußnotenverweise auf Paragrafen sind unüblich bzw. falsch! Ausnahme: Wenn Sie – z. B. – eine reine Zivilrechtsarbeit anfertigen müssen, in der ca. 200-mal BGB-Paragrafen zitiert werden müssen, können (sollten) Sie durchaus das erste Paragrafenzitat im Text mit einem Fußnotensternchen versehen und unten auf der Seite das Sternchen als Fußnote mit dem Zusatz wiederholen: * »Alle Paragrafen ohne Bezeichnung sind solche des BGB!« Paragrafen aus der ZPO oder der GBO z. B. müssen dann im Text voll zitiert werden, also: »gem. § 935 ZPO«, »gem. § 45 GBO« usw.!

Zur einheitlichen Zitierung von Absätzen, Sätzen oder Halbsätzen (*genaue* Zitierweise ist gefordert) vgl. *oben* Rdnrn. 67 f.

Zur oben bereits erwähnten Zitierwahrheit gehört übrigens auch, dass Sie Zitate aus zweiter Hand niemals ungeprüft übernehmen dürfen.

24 Vgl. nunmehr §§ 312, 312a BGB; dazu *mein* SchR AT, Rdnrn. 51 a ff.
25 Rdnr. 493.

cc) »Elektronische Zitate«

Lesen Sie dazu (nochmals) *Möllers*, Rdnr. 166–181, mit den Hinweisen zum Internet und den *»world wide web«*-Seiten (*»www«*); das »http://« macht Ihr PC automatisch. Hier gibt es wohl noch keine verbindlichen Zitierregeln. Sie müssten jedenfalls immer die genaue Buchstaben-, Punkte-, Bindestrich-, Schrägstrich- und Unter_strich-Reihenfolge angeben. Dann kann man alles finden, falls nicht wegen Überlastung des Internet mitgeteilt wird: »Diese Seite kann nicht angezeigt werden. Klicken Sie auf *Aktualisieren*, oder versuchen Sie es später noch einmal.« 98

c) Sprache und Stil

Die Sprache der Juristen (vgl. dazu *mein* BGB AT, Rdnrn. 1 ff.[26] und *Wesel*, 1. Kapitel: »Alle Sprachgewalt geht vom Volke aus«) scheint bisweilen eine andere zu sein als die eines »normalen« Menschen (vgl. dazu auch *Honsell*, unten »Literatur zur Vertiefung«). Das ist nur insofern richtig, als die Sprache der Juristen genauso wie die Sprache anderer wissenschaftlicher Bereiche die Kenntnis einer Vielzahl von Fachausdrücken voraussetzt. 99

Der Gebrauch von Fachausdrücken setzt allerdings voraus, dass man sie wirklich verstanden hat. Wer etwa in einer BGB-Klausur die Begriffe *»vorherige Einwilligung«* oder *»nachträgliche Genehmigung«* gebraucht, scheint die Legaldefinitionen von § 183 Abs. 1 S. 1 und § 184 Abs. 1 nicht richtig verstanden zu haben: Der Oberbegriff heißt *»Zustimmung«*! Wird diese vorher erteilt, ist es eine *»Einwilligung«*, erfolgt sie nachträglich, ist es eine *»Genehmigung«*! Schließlich würden Sie auch nicht »schwarzer Rappe« und »weißer Schimmel« schreiben – oder?

Ein Jurist, ein solcher, der es werden will, oder jemand, der sich als Wirtschaftswissenschaftler mit »Recht« befassen muss (bei allen Genannten setzt man das Abitur voraus!), muss neben der Fachsprache aber vor allem seine Muttersprache beherrschen, wenn er »mitreden« (oder »-schreiben«) will!

Wer nicht in der Lage ist, sich orthografisch und grammatikalisch richtig auszudrücken, wird kaum in der Lage sein, Sachprobleme souverän und verständlich darzustellen. Besonders wichtig ist es, klar strukturierte und möglichst kurze Sätze zu verwenden.

Besonders in den Anfangssemestern neigen Studierende dazu, sich sehr »gelehrt« ausdrücken zu wollen, was sich in schwülstigen Schachtelsätzen mit vielen hässlichen Substantivierungen, wie z. B. »die *Inkaufnehmung*«(!) niederschlägt.

Direkte Fragen, Subjektivismen (»Ich bin der Meinung«, »meines Erachtens«) sowie so genannte »Kraftausdrücke« (»zweifellos«, »eindeutig«, »völlig daneben« oder »abwegig«, um nur einige zu nennen) sind in Klausuren und Hausarbeiten (Lehrbücher gestatten den Autoren hier durchaus etwas Narrenfreiheit. . .) ebenso zu vermeiden wie übertriebene Polemik. Kritik kann durchaus angebracht sein, aber sie muss sachlich und konstruktiv bleiben. Mit typischen Juristenausdrücken wie »jedoch«, »hingegen«, »indessen«, »also«, »mithin«, »somit«, »daher« usw. sollte sparsam umgegangen werden. Häufig liest man Sätze, in denen

26 Zu »f.« und »ff.« (vgl. auch Abkürzungsverzeichnis): Rdnr. (oder S.) 66 f. bedeutet: »66« und die folgende (also: 67); Rdnrn. (oder S.) 1 ff. bedeutet: »1« und die fortfolgenden (also: 1 bis 3 etc.).

diese Worte ohne jeden Sinn verwendet werden, so dass man sie ersatzlos streichen könnte.

Beispiel:
»K könnte gegen V einen Anspruch auf Lieferung des Autos gem. § 433 Abs. 1 S. 1 BGB haben. Dann muss *jedoch* (?) zwischen K und V ein wirksamer Kaufvertrag zustande gekommen sein ...« Das »*jedoch*« ist sinnlos bzw. überflüssig und kann ersatzlos entfallen!

100 Um allzu häufige Wortwiederholungen zu vermeiden, sollte man ein Synonym-Wörterbuch (z. B. Duden, Band 8) zu Rate ziehen.

Zu Recht stellte *Diederichsen*[27] einmal fest: »Ein erfahrener Prüfer erkennt den Ausbildungsstand eines Kandidaten an den ersten drei Sätzen« und fügte ein Zitat von *Horn* (vgl. sogleich »Literatur zur Vertiefung«) hinzu: »Wer Schwierigkeiten mit Rechtschreibung, Grammatik und Zeichensetzung hat, riskiert bei schriftlichen Arbeiten einen Punkteabzug.« Dem ist uneingeschränkt zuzustimmen[28]!

7. Unterschrift

101 An zahlreichen Hochschulen wird verlangt, dass Hausarbeiten auf der letzten Seite vom Verfasser eigenhändig unterschrieben werden.

Literatur zur Vertiefung:
(Aufsätze, die zuvor schon zitiert wurden, werden nur mit der Fundstelle – ohne Titel – benannt.)

Alpmann und Schmidt	Methodik der Fallbearbeitung
Brauner	Streitige Rechtsfragen in der Fallbearbeitung, JURA 1992, 15
Fahl	JA 2008, 350
Honsell	AJP 1992, 545
Horn	JURA 1984, 499
Möllers	§ 6 (betr. »Sprache und Stil« mit einer Vielzahl von Zitaten = **besonders lesenswert!**)
Noltensmeier/Schur	Hinweise zum Abfassen von (Pro-) Seminararbeiten, JA 2008, 576
Rips	JuS 1979, 42
Schmuck	vgl. Literaturverzeichnis
Schnapp	JURA 2003, 173; JURA 2003, 602; JURA 2004, 602
Wörlen	Zur äußeren Gestaltung und Form von Hausarbeiten, JA-Übungsblätter 1993, 153

Anmerkung:

102 Man könnte diese »Liste« nahezu endlos fortsetzen (vgl. *Möllers*, S. XVII–XX). Da sich dieses Buch in erster Linie an Studienanfänger richtet, sei davon abgesehen. Für fortgeschrittene Studierende, die im wissenschaftlichen Arbeiten und

27 *Diederichsen/Wagner* (9. Aufl.), S. 204.

28 Reine »Tippfehler«, die übersehen werden, wenn man sein eigenes Werk zum »zigsten Mal« überliest, sind verzeihlich! Sowohl in Hausarbeiten als auch in Lehrbüchern . . .

der juristischen Methodik weiter fortschreiten möchten, empfehle ich uneingeschränkt die Lektüre von *Möllers*. Dort wird auch über den nationalen juristischen Horizont geschaut und u. a. erklärt, was im anglo-amerikanischen Recht *»Legal writing«* und *»Legal research«* bedeutet. Zu Recht warnt *Möllers*[29] die Studierenden auch davor, sich zu unwissenschaftlichen Rechtstechnikern zu entwickeln, die einer »Verzwergung« der Rechtswissenschaft Vorschub leisten würden.

Das Buch von *Möllers* verdient das Prädikat »Besonders wertvoll«, ist aber für Studienanfänger (»juristische Zwerge«) noch nicht so wichtig wie das Erlernen der einfachen Klausurentechnik. Dazu nun die folgenden Fälle und Lösungen!

29 Rdnr. 1.

C. Fälle und Lösungen mit methodischen Hinweisen

Fall 1 Recht der Willenserklärungen

»Ein Glas Wein zuviel?«

Der Gast G hat im Lokal ein Glas Wein bestellt und trinkt davon, während er sich in **103**
die Lektüre eines Buches von einem Autor namens Larenz vertieft. Nachdem er das Glas geleert hat, stellt ihm der Wirt W wortlos ein zweites Glas Wein hin, was G, gefesselt von seiner Lektüre, nicht bemerkt. Auch dieses Glas leert G, ohne von seinem spannenden Buch abzulassen.

Als G seine Zeche bezahlen will und W den Preis für zwei Glas Wein verlangt, meint G, nach dem, was er soeben im »Larenz« gelesen habe, brauche er nur ein Glas zu bezahlen, denn das zweite Glas habe er nicht bestellt.

Wer hat Recht?

(Bearbeitungszeit: 60 Minuten)

Besondere[30] Vorüberlegungen

(gehören auf keinen Fall in die Ausarbeitung!)

104 *1. Einstieg »Wer will von wem was warum woraus?«* (vgl. *oben* Rdnr. 42)

Auf den Fall übertragen heißt das, W will von G auch Bezahlung des zweiten Glases Wein, weil er der Meinung ist, dass G dieses von ihm gekauft habe. Die Rechtsfolge »Kaufpreiszahlung« ist in § 433 Abs. 2 geregelt, welcher – es ist von »Käufer« und »Verkäufer« die Rede – den von W vorgetragenen Abschluss eines Kaufvertrags voraussetzt.

2. Diese Vorschrift ist *Anspruchsgrundlage* für das Begehren des W und deshalb als hypothetisch formuliertes Ergebnis der Falllösung voranzustellen **(vgl. Ausarbeitung 1).**

3. Darlegen, welche Voraussetzungen der Anspruch hat. Hier: Wirksamer Kaufvertrag **(vgl. Ausarbeitung 2).**

a) Im Einzelnen prüfen, ob Voraussetzung vorliegt, d. h. hier: Ist tatsächlich ein Kaufvertrag zustande gekommen? Prüfung erfolgt durch schrittweise »Subsumtion« (Ein- bzw. Unterordnung) der tatsächlichen Geschehensabläufe unter rechtliche Begriffe bzw. unter das Gesetz; also: Angebot des W? **(vgl. Ausarbeitung 2 a).**

b) Da Angebot vorliegt, prüfen, ob Annahme durch G **(vgl. Ausarbeitung 2 b).**

105 c) Liegen die Voraussetzungen für den Anspruch nicht vor (hier fehlt es an der Annahme, also kein Kaufvertrag), ist die Prüfung abzubrechen und das *Ergebnis* **(vgl. Ausarbeitung 3)** festzuhalten.

Das Wort »Ergebnis« müssen Sie nicht unbedingt verwenden. Wenn Sie es unter einer Gliederungsziffer abschließend (ohne Überschrift) formulieren, ist es dem Korrektor als solches ebenso erkennbar.

Die Klausur ist nun entweder gelöst oder es sind . . .

106 4.. . . andere Anspruchsgrundlagen zu prüfen, bzw. ob solche in Betracht kommen .. . – Zu denken ist hier grundsätzlich noch an einen Anspruch des W aus ungerechtfertigter Bereicherung gem. § 812 Abs. 1 S. 1, 1. Alt. Dieser Anspruch war hier aber nicht zu prüfen, da die konkretisierte Fallfrage lautete: »Kann W die Bezahlung (= den Kaufpreis) für das zweite Glas Wein verlangen?« Nicht etwa war gefragt: »Welche Ansprüche hat W gegen G?« – **Wenn man für die Abgabe einer Willenserklärung kein Erklärungsbewusstsein verlangt (inzwischen h. M.:** vgl. BGH NJW 1984, 2279 mit Anm. *Canaris*), **läge eine Willenserklärung von G vor, die G gem. § 119 Abs. 1, 1. Alt. anfechten könnte.** Nach BGHZ 91, 324 (330) kommt es dabei auf die Zurechnungsfähigkeit der Willenserklärung an:

»Eine Willenserklärung liegt bei fehlendem Erklärungsbewusstsein allerdings nur dann vor, wenn sie als solche dem Erklärenden zugerechnet werden kann. Das setzt voraus, dass dieser bei Anwendung der im Verkehr erforderlichen Sorgfalt hätte erkennen und vermeiden können, dass seine Erklärung oder sein Verhalten vom Empfänger nach Treu und Glauben und mit Rücksicht auf die Verkehrssitte als Willenserklärung aufgefasst werden durfte.«

Zu prüfen wäre dann noch ein Anspruch des W aus § 122 Abs. 1, wobei Abs. 2 dieser Vorschrift nicht übersehen werden darf!

Teilweise wird auch vertreten, dass bei fehlendem Erklärungsbewusstsein zwar keine Willenserklärung vorliege, § 122 aber aus dem Gesichtspunkt der sog. Vertrauenshaftung analog anzuwenden sei oder ein Schadensersatz aus »*culpa in contrahendo*« (vgl. §§ 280 Abs. 1 S. 1, 311 Abs. 2, 241 Abs. 2) in Betracht kommt . . . (wird hier aus Vereinfachungsgründen nicht weiter ausgeführt).

30 Zu den »Allgemeinen Vorüberlegungen«, die für *jedes* Gutachten gelten, vgl. ggf. oben Rdnrn. 24–49.

Lösung (Ausarbeitung):

1. W könnte gegen G einen Anspruch auf Bezahlung des zweiten Glases Wein aus § 433 Abs. 2 BGB[31] haben. 107

2. Voraussetzung ist, dass zwischen G und W über dieses Glas Wein ein wirksamer Kaufvertrag geschlossen wurde. Ein wirksamer Kaufvertrag kommt, wie jeder Vertrag, durch zwei sich inhaltlich deckende Willenserklärungen (Angebot und Annahme i. S. v. §§ 145 ff.) zustande.

a) Dann muss W dem G ein entsprechendes Angebot gemacht und G dieses angenommen haben. Bei einem Vertragsangebot handelt es sich um eine Willenserklärung, die dadurch erfolgt, dass der Erklärende dem Empfänger seinen Willen erkennbar kundgibt. Dazu ist es nicht erforderlich, dass der Erklärende seinen Willen ausdrücklich (etwa durch Schreiben oder Sprechen) formuliert; vielmehr genügt es, wenn er seinen Willen durch sog. schlüssiges (konkludentes) Verhalten zu erkennen gibt. Konkludent ist ein Verhalten, wenn es nach der Verkehrsanschauung typischerweise auf einen bestimmten Willen schließen lässt. Ein Wirt gibt mit dem Servieren i. d. R. kund, dass er das Getränk auch verkaufen will. Eine konkludente Willenserklärung auf Seiten des W liegt deswegen mit dem Servieren des Weins vor. 108

W hat dem G somit ein wirksames Angebot (zum Abschluss eines Kaufvertrags) gemacht.

b) Fraglich ist aber, ob G dieses Angebot angenommen hat. Auch die Annahme kann konkludent erfolgen. Nach der Verkehrsanschauung kann das Austrinken eines vom Wirt servierten Glases Wein grundsätzlich vernünftigerweise nur so gedeutet werden, dass der Gast das Angebot des Wirtes angenommen hat. 109

Auch eine konkludente Willenserklärung, wie sie die Annahme durch das Austrinken darstellen könnte, setzt voraus, dass der Erklärende überhaupt das Bewusstsein hat, eine rechtserhebliche Erklärung abzugeben. Dieses Erklärungsbewusstsein[32] – wie auch Geschäftswillen – hatte G im vorliegenden Fall gerade nicht: Er war der Meinung, er trinke nur das von ihm bestellte erste Glas Wein. Bezüglich des zweiten Glases Wein lag somit überhaupt keine Willenserklärung des G vor, so dass sein Verhalten nicht als konkludente Annahme verstanden werden kann.

3. Mangels der Annahme des Angebots von W durch G kam bezüglich des zweiten Glases Wein kein Kaufvertrag zustande. 110

4. *Ergebnis*
W hat daher keinen Anspruch gegen G auf Bezahlung des zweiten Glases Wein aus § 433 Abs. 2.

31 Nochmals: Sofern die zitierten Paragrafen (= §§) im Folgenden nicht anders bezeichnet sind, handelt es sich um solche des BGB!
32 Beachten Sie dazu Rdnr. 106!

Literatur zur Vertiefung:

Alpmann u. Schmidt	BGB AT 1, 2. Teil, 1. Abschn.
Brehm	§ 6
Brox/Walker	AT, Rdnrn. 82–95
Däubler	BGB, Kap. 8
Hirsch	AT, Rdnrn. 166–179 und 724–734
Köhler	§§ 5, 6
Lange	Die Willenserklärung – Teil 1, JA 2007, 687 sowie Teil 2, JA 2007, 766
Larenz/Wolf	§§ 19, 21 II
Leenen	Willenserklärung und Rechtsgeschäft – Dogmatik und Methodik der Fallbearbeitung, JURA 2007, 721
Löwisch/Neumann	§ 9
Medicus	AT, §§ 26, 40
Petersen	Der Tatbestand der Willenserklärung, JURA 2006, 178
ders.	Die Wirksamkeit der Willenserklärung, JURA 2006, 426
Rüthers/Stadler	§ 17
Schreiber	Abgabe und Zugang von Willenserklärungen, JURA 2002, 249
Westermann	Kap. 6
Wörlen	BGB AT, Rdnrn. 118–154

Raum für eigene Notizen:

Fälle 2–5 Vertragsrecht, Angebot und Annahme, invitatio ad offerendum, AGB, Fernabsatzgeschäft, Widerrufsrecht

Fall 2: »Keiner will den Käfer«

111 K sieht auf dem Gelände des Gebrauchtwagenhändlers V einen VW-»Käfer« ausgestellt, der mit »300,– €« ausgezeichnet ist, was K ungeheuer günstig erscheint. Er geht sofort zu V und sagt, er wolle den Wagen zum angegebenen Preis kaufen.

V ist erstaunt und erklärt, es handele sich um einen Schreibfehler. Der Wagen kostet in Wirklichkeit 3000,– €. K bietet daraufhin 2500,– €; V will jedoch nur für 2800,– € verkaufen, was K sich aber erst überlegen will. Zwei Tage später ruft er V an und erklärt, er sei mit 2800,– € einverstanden. V erwidert jedoch, er habe es sich anders überlegt und verlange wieder 3000,– €.

K ist empört und verlangt den »Käfer« für 2800,– €.

Zu Recht?

(Bearbeitungszeit: 1 Std.*)

Fall 3: »Internetkauf«

112 K ersteigert im Internet bei einer Online-Auktion von Privatmann V, der sich selbst als Powerseller bezeichnet, einen Hometrainer der Marke FitX. Die Artikelbeschreibung enthält u.a. eine Klausel, die ein Widerrufs- und Rückgaberecht des Käufers ausschließt. K bezahlt den Kaufpreis und erhält wenig später den Hometrainer. Nach drei Wochen hat er kein Interesse mehr und bringt das Gerät in den Keller des Mietshauses. Obwohl sein Kellerabteil ordnungsgemäß abgeschlossen ist, wird der Hometrainer von unbekannten Dieben entwendet.

Am liebsten wäre dem K gewesen, das Gerät zurückzugeben (was nun nicht mehr geht) und den Kaufpreis zurückzubekommen. Eine Recherche des K anhand der Kundenbewertungen ergab, dass V allein im Februar weitere 37 Hometrainer u.a. Fitnessgeräte veräußerte.

Kann K den Kaufpreis zurückverlangen?

(Bearbeitungszeit: 90 Minuten)

* 1 Std. = 60 Min.

Fall 4: »Bauernfängerei«

Eines Morgens findet K ein Buch eines ihm bekannten Verlags in der Post; im beigefügten Schreiben heißt es: »Anbei erhalten Sie unser neues Nachschlagewerk zu 85,– €, das Sie begeistern wird. Bitte senden Sie uns dieses Buch – Porto zu unseren Lasten – binnen 14 Tagen zurück. Andernfalls dürfen wir gem. § 2 Abs. 2 unserer Allgemeinen Verkaufs- und Lieferbedingungen davon ausgehen, dass Sie das Buch behalten wollen.« K vergisst das Buch bald völlig und erhält nach drei Wochen eine Rechnung. Muss K die Rechnung bezahlen? 113

(Bearbeitungszeit: 1 Std.)

Fall 5: »Flohmarkt«

K kommt in letzter Minute zum Bahnhof und steigt ohne Fahrkarte ein, die er nachlösen will. Als der Schaffner kommt und den Fahrpreis von 25,– € nennt, hält K das für viel zu teuer und bietet 15,– € an. Der Schaffner erwidert, man sei hier schließlich nicht »auf dem Flohmarkt«. Hier werde nicht gehandelt, sondern gezahlt. K hüllt sich in beleidigtes Schweigen. 114

Am nächsten Bahnhof erscheint die Bahnpolizei im Zug und verlangt Bezahlung.

Zu Recht?

(Bearbeitungszeit: 1 Std.)

Besondere Vorüberlegungen
(gehören nicht in die Klausur-Ausarbeitung)

I. Fall 2

1. Auffinden der Anspruchsgrundlage

115 Ausgangsfrage »*Wer* will *von wem was warum woraus*?« Diese allgemeine, grundsätzlich bei jeder zivilrechtlichen Klausurlösung zu berücksichtigende Frage ist unter Heranziehung der konkreten Fallfrage auf den jeweiligen Sachverhalt zu übertragen und zu beantworten. Die Fallfrage lautet hier: »Verlangt K den VW-Käfer (für 2800,– €) zu Recht?« Gefragt ist also nach einem *Anspruch* (vgl. die Legaldefinition in § 194) des K gegen V, nicht etwa nach einem Anspruch des V gegen K.

Die allgemeine Ausgangsfrage in Verbindung mit der Fallfrage ergibt somit: K (»wer«) will von V (»von wem«) Übergabe des Autos und Verschaffung des Eigentums daran (»was«), weil er glaubt, dass zwischen ihm und V ein Kaufvertrag zustande gekommen ist (»warum«), aus dem V dazu verpflichtet sei. Die Rechtsfolge, auf die das Begehren des K gerichtet ist, ist in § 433 Abs. 1 S. 1 (»woraus« kann der Anspruch hergeleitet werden?) geregelt.

Diese Vorschrift, deren Auffinden im vorliegenden Fall aber kein Problem bilden dürfte, ist *Anspruchsgrundlage* und deshalb – als hypothetisches Ergebnis formuliert – der Ausarbeitung voranzustellen **(vgl. Ausarbeitung I 1)**.

2. Prüfung der Voraussetzungen der Anspruchsgrundlage **(vgl. Ausarbeitung I 2)**

116 a) Voraussetzung für einen Anspruch aus § 433 (Abs. 1 oder Abs. 2) ist der Abschluss eines wirksamen Kaufvertrags, der, wie jeder gültige Vertragsschluss, zwei sich deckende (kongruente) Willenserklärungen (WEen), Angebot und Annahme, voraussetzt. Dies darf in einer Klausur aber nur ausführlich behandelt werden, wenn zweifelhaft ist, ob eine dieser WEen vorliegt oder nicht. Heißt es im Sachverhalt z. B. »K *kauft* von V« und lässt die Formulierung des Sachverhalts keinen Zweifel daran, dass dieser Kaufvertrag wirksam zustande gekommen ist, wäre es überflüssige Zeitverschwendung und deshalb »falsch«, längere Ausführungen darüber zu machen, dass ein Kaufvertrag nur zustande kommt, wenn Angebot und Annahme wirksam sind usw. Dass der Anfänger dies nach kurzer Zeit des Studiums weiß, setzt der Korrektor einer solchen Klausur voraus. Die Probleme der Arbeit liegen in einem derartigen Fall sicher an anderer Stelle.

b) Im vorliegenden Fall jedoch deutet der Sachverhalt, in dem immer wieder neue Kaufpreise genannt werden, klar darauf hin, dass Zweifel bestehen, worin das Angebot und worin dessen Annahme zu sehen ist. Hier also war es erforderlich zu klären, *welche* WEen des K und des V die Anforderungen erfüllen, die an einen wirksamen Vertragsschluss zu stellen sind.

Dabei war Schritt für Schritt jede Äußerung der Beteiligten zu überprüfen **(vgl. Ausarbeitung I 2 a–d** = *lesen*!). *Danach den erläuternden Hinweis unten Rdnr. 121 lesen!*

Lösung (Ausarbeitung):

I. Fall 2

1. K könnte gegen V einen Anspruch auf Übereignung (= Übergabe und Einigung über Eigentumsübergang) des VW-Käfers zum Preis von 2800,– € gem. § 433 Abs. 1 S. 1 haben. 117

2. Voraussetzung für diesen Anspruch ist, dass zwischen K und V ein wirksamer Kaufvertrag geschlossen wurde.

a) Dann muss einer der Vertragspartner dem anderen ein verbindliches Angebot gemacht haben, das dieser angenommen hat (arg. aus §§ 145 ff.). 118

aa) Ein Angebot des V könnte in der auf dem Preisschild enthaltenen Auszeichnung des Autos zu 300,– € zu sehen sein. Dies wäre der Fall, wenn die Preisauszeichnung inhaltlich so gefasst ist, dass durch einfache Annahmeerklärung ein Vertrag zustande kommen kann, und wenn sich daraus ergibt, dass sich der Anbietende damit rechtlich binden will. Dies ist aber bei Preisauszeichnungen regelmäßig nicht der Fall. Vielmehr soll dadurch lediglich mitgeteilt werden, dass derjenige, der Waren auszeichnet, bereit ist, mit Interessenten einen Vertrag zu schließen. Hierin ist lediglich eine Aufforderung an Interessenten zu sehen, ihrerseits ein Angebot zu machen (sog. »invitatio ad offerendum«).

Dies ergibt sich im Rahmen der Auslegung (§ 133) aus einer vernünftigen Interessenabwägung, was insbesondere dadurch deutlich wird, dass sich eine preisliche Warenauszeichnung an eine Vielzahl noch nicht bekannter Personen richtet. 119

bb) Das Angebot i. S. d. §§ 145 ff. lag hingegen in der Erklärung des K, er wolle den Wagen für 300,– € kaufen.

cc) Diesem Angebot des K steht jedoch keine Annahme des V gegenüber, da er einen Verkauf des Autos zu 300,– € abgelehnt hatte.

dd) Somit ist ein Kaufvertrag mit einem Kaufpreis von 300,– € nicht zustande gekommen.

b) Ein Wille, sich rechtlich zu binden, ergibt sich indessen aus der Erklärung des V, der Wagen koste in Wirklichkeit 3000,– €. Hierin liegt also ein Angebot des V. 120

aa) Indem K 2500,– € für den Wagen bietet, äußert er zwar seinen Kaufwillen, doch ist darin nicht etwa eine »einschränkende Annahme« von V's Angebot zu sehen. Vielmehr ist das gem. § 150 Abs. 2 die Ablehnung dieses Angebots, verbunden mit einem neuen Angebot (»Kauf zu 2500,– €«) des K.

bb) Indem V äußert, er wolle nur für 2800,– € verkaufen, lehnt V abermals das Angebot von K ab und macht selbst ein neues Angebot (§ 150 Abs. 2), welches von K, der sich das »erst überlegen« will, zunächst nicht angenommen wird. Somit liegt keine Annahme des Angebots von V durch K vor.

121 Um die Prüfung zu **Ausarbeitung I 2 a–d** vornehmen zu können, war es vor allem notwendig, die allgemeinen Vorschriften zum Zustandekommen eines Vertrags, die §§ 145 ff., zu kennen, in denen allerdings eine Definition von »Angebot« (= Antrag) und »Annahme« nicht zu finden ist. Diese Begriffe, die die §§ 145 ff. voraussetzen, muss der Anfänger jedoch nach kurzer Zeit ebenso kennen, wie z. B. das Institut der »invitatio ad offerendum«.

Dies vorausgesetzt, lagen die »Probleme« des Falls lediglich darin, die einzelnen Erklärungen von K und V sauber zu trennen und – in chronologischer Reihenfolge betrachtet – den entsprechenden Vorschriften der §§ 145 ff. unterzuordnen = zu *subsumieren.*

Nicht häufig genug kann in diesem Zusammenhang der Rat wiederholt werden, beim Suchen einer auf die Geschehnisse des Falls passenden Vorschrift auch die der gefundenen Vorschrift folgenden (bzw. vorhergehenden) *Vorschriften desselben »Titels« im Gesetz zu lesen*, zumindest aber die Überschriften der zusammenhängenden Vorschriften zu überfliegen! Dies war im vorliegenden Fall besonders wichtig, da sich alle hier ergebenden Fragen nach der Gültigkeit von Angebot(en) oder Annahme(n) ohne große Wissensanforderungen nur mit dem Gesetz beantworten ließen.

122 3. Nach systematischer Analyse der verschiedenen Erklärungen von K und V konnte man so nur zu dem Ergebnis kommen, dass zwar ein Angebot des K vorlag, dessen Annahme V jedoch ablehnte. Dass diese Ablehnung durch V wiederum über § 150 Abs. 2 zu bewerten ist, mit der Folge, dass sich zwei verschiedene Angebote (2800,– € von K, 3000,– € von V) gegenüberstehen, brauchte nicht mehr ausgeführt zu werden; denn am Ergebnis, dass zwei sich deckende WEen nicht vorliegen, ändert das nichts mehr.

Dieses Ergebnis war daher im Anschluss an den Gliederungspunkt I 2 d der Ausarbeitung abschließend festzuhalten **(vgl. Ausarbeitung I 3).**

II. Fall 3

123 1. Der Einstieg in die Klausur war etwas schwieriger. Zum Auffinden der richtigen Anspruchsgrundlage musste deswegen besonderes Augenmerk auf das *»warum«* der Ausgangsfrage *»Wer will was von wem warum woraus?«* gelegt werden. Rechte des Käufers aus § 437, insbesondere ein Rücktrittsrecht, kamen mangels Sachmangels (§ 434) nicht in Betracht und wurden von K auch nicht behauptet. Nur die besondere Form des Vertragsschlusses könnte dem Käufer ein Recht geben, sich dennoch vom Vertrag zu lösen. Diejenigen Bearbeiter, denen das *Widerrufsrecht (§§ 355, 357)* unbekannt war, mussten sich die Vorschriften über den Index ihrer Gesetzestexte suchen, der Sachverhalt enthielt die dazu erforderlichen Schlagworte.

2. **Zu Ausarbeitung II 1 a**

124 Es musste erkannt werden, dass ein Vertrag zwischen K und V zustande gekommen ist. Die genaue rechtliche Einordnung des Vertragsschlusses können Sie z.B. in NJW 2002, 363 oder JuS 2002, 290 nachlesen.

c) Eine Annahme könnte aber zwei Tage später durch K telefonisch erfolgt sein. **125**

aa) Dann muss das Angebot des V zu diesem Zeitpunkt noch bestanden haben. Dies ist der Fall, wenn die telefonische Einverständniserklärung des K noch rechtzeitig abgegeben wurde. Andernfalls ist das Angebot des V bereits erloschen (§ 146).

bb) Wann eine Erklärung noch als rechtzeitige Annahme anzusehen ist, bestimmt sich gem. § 146 nach den §§ 147–149. Da es sich bei der Äußerung des K weder um eine zugesandte Erklärung (§ 149) handelte, noch eine Annahmefrist (§ 148) vereinbart war, ist die Rechtzeitigkeit nach § 147 Abs. 1 zu beurteilen, da das Angebot des V unter Anwesenden geäußert worden ist.

cc) Gem. § 147 Abs. 1 konnte K das Angebot nur »sofort« annehmen. Eine Annahme zwei Tage später kann nicht mehr als rechtzeitig angesehen werden; der Antrag (das Angebot) des V ist gem. § 146 erloschen.

d) Indem K sich zwei Tage später telefonisch mit 2800,– € einverstanden erklärt, **126** hat er dem V gem. § 150 Abs. 1 ein neues Angebot gemacht. Dieses hat V, der nun doch nur für 3000,– € verkaufen will, abgelehnt.

3. Ergebnis
Mangels einer wirksamen Annahme des Angebots des K durch V fehlt es an zwei sich deckenden Willenserklärungen, d. h., zwischen K und V ist kein Kaufvertrag zustande gekommen. K hat keinen Anspruch gegen V aus § 433 Abs. 1 S. 1.

II. Fall 3

1. K könnte gegen V einen Anspruch auf Rückzahlung des Kaufpreises aus § 357 Abs. 1 i.V.m. § 346 Abs. 1 haben.

a) Zwischen K und V muss ein Kaufvertrag zustande gekommen sein. V stellte **127** auf der Internetplattform ein verbindliches Verkaufsangebot in Form einer antizipierten Annahmeerklärung ein. Die Annahmeerklärung stand unter der Bedingung, nach Ablauf der Bietfrist mit dem Höchstbietenden einen Vertrag abzuschließen. K hat das Höchstgebot abgegeben. Dieses Höchstgebot hat V – also nicht durch einen Zuschlag nach § 156 – angenommen. Somit ist zwischen beiden ein wirksamer Kaufvertrag zustande gekommen.

3. **Zu Ausarbeitung II 1 b**

128 Voraussetzung für ein Widerrufs- und Rückgaberecht (§§ 355, 356) ist immer ein Vertrag zwischen einem Verbraucher (§ 13) und einem Unternehmer (§ 14), welchem je nach Vertragsschluss durch Gesetz ein Widerrufsrecht (z.B. bei *Fernabsatzverträgen, § 312d Abs. 1 S. 1* oder bei *Haustürgeschäften, § 312 Abs. 1 S. 1*) eingeräumt wird. Das Widerrufsrecht muss dann form- und fristgerecht vom Verbraucher ausgeübt werden (§ 355 Abs. 1 S. 2). Die Rückabwicklung des Vertrags nach erfolgtem Widerruf richtet sich nach Rücktrittsrecht (§§ 357 Abs. 1 S. 1, 346 ff.).

Prüfungsschema: Voraussetzungen des Widerrufs (§§ 355, 357)

- Gesetzliches Widerrufsrecht (§ 355 Abs. 1)
  - Widerrufsrecht bei Fernabsatzvertrag (§ 312d Abs. 1 S. 1)
    - Verbraucher (§ 13)
    - Unternehmer (§ 14 Abs. 1)
    - Fernkommunikationsmittel (§ 312b Abs. 2)
    - *kein* Ausschluss des Widerrufsrechts (§ 312d Abs. 4)
- Widerrufserklärung *oder* Rückgabe der Sache (§ 355 Abs. 1 S. 2)
- Einhaltung der Widerrufsfrist (§ 355 Abs. 1 S. 2 HS. 1).

4. **Zu Ausarbeitung II 1 b cc**

129 Die Prüfung der Unternehmereigenschaft des V bildete den Schwerpunkt des Falles. Der Sachverhalt gab durch den Hinweis auf die weiteren Veräußerungen des V im Monat Februar ausreichend Anlass dazu. Im Zusammenhang mit eBay sollte man zumindest schon einmal von dem Problem gehört haben. Das einerseits auch die nebenberufliche Tätigkeit (vgl. Palandt/*Heinrichs*, § 14, Rdnr. 1) erfasst wird und andererseits die objektive Qualität des Verhaltens und nicht der innere Wille des Handelnden ausschlaggebend ist (vgl. Palandt/*Heinrichs*, § 13, Rdnr. 4), hätte man wissen müssen.

b) K müsste nun ein Recht haben, den Kaufvertrag zu widerrufen (§ 355). Ein gesetzliches Widerrufsrecht hätte K gem. § 312d Abs. 1 S. 1, wenn der Vertrag ein Fernabsatzvertrag wäre. 130

Fernabsatzverträge sind gem. § 312b Abs. 1 S. 1 solche Verträge, welche die Lieferung von Waren zwischen einem Unternehmer (§ 14) und einem Verbraucher (§ 13) vorsehen und unter ausschließlicher Verwendung von Fernkommunikationsmitteln abgeschlossen werden.

aa) Fernkommunikationsmittel sind gem. § 312b Abs. 2 solche, die zur Anbahnung oder zum Abschluss eines Vertrags ohne gleichzeitige Anwesenheit der Vertragsparteien eingesetzt werden können, insbesondere E-Mails sowie Tele- und Mediendienste. Das Internet stellt ein solches Fernkommunikationsmittel dar. 131

bb) K handelt als Privatperson und ist somit Verbraucher nach § 13. 132

cc) V müsste Unternehmer sein. Unternehmer ist nach § 14 Abs. 1 jede natürliche Person, die bei Abschluss eines Rechtsgeschäfts in Ausübung ihrer gewerblichen oder selbstständigen beruflichen Tätigkeit handelt. Eine gewerbliche Tätigkeit ist eine planvolle, auf gewisse Dauer angelegte, selbstständige und wirtschaftliche Tätigkeit, die nach außen in Erscheinung tritt. Erfasst wird auch die nur nebenberufliche Tätigkeit. Auf die Absicht einer Gewinnerzielung und auf den Umfang der Tätigkeit kommt es nicht entscheidend an. Es genügt vielmehr jedes Verhalten, das überhaupt nur irgendwie inhaltlich dem der unternehmerischen Tätigkeit zugerechnet werden kann. Dabei kommt es auf die objektive Qualität des Verhaltens an. V hat eine Vielzahl von Rechtsgeschäften über die Internetplattform getätigt. Es trifft zwar zu, dass derjenige, der regelmäßig über eine Internetplattform Waren anbietet, damit nicht zugleich zwangsläufig dauerhaft planmäßig handelt. Es ist gerade in der jüngeren Bevölkerung verbreitet, private Geschäfte über das Internet abzuwickeln. Vorliegend spricht der Beweis des ersten Anscheins jedoch dafür, dass V als Verkäufer gewerbsmäßig handelte. Schon der Verkauf von mehreren Hometrainern und anderen Fitnessgeräten innerhalb eines Monats spricht für die Unternehmereigenschaft. Hinzu kommt, dass V sich selbst als »Powerseller« bezeichnet. Als Powerseller darf sich nur bezeichnen, wer kontinuierlich besonders viele Artikel verkauft oder ein hohes Handelsvolumen vorweisen kann. Zusätzlich müssen Powerseller mindestens 100 Bewertungspunkte erhalten haben, von denen mindestens 98 % positiv sein müssen. Die Teilnahme an dem Powerseller-Programm ist freiwillig und kann jederzeit beendet werden. V hat die Bezeichnung als Powerseller freiwillig gewählt und damit nach außen den Anschein eines Profiverkäufers erweckt. Insofern lässt das Vorgehen des V auf ein typischerweise planmäßiges und auf Dauer angelegtes Handeln schließen. Somit ist V Unternehmer gem. § 14 Abs. 1. 133

5. **Zu Ausarbeitung II 1 b dd und ee**

134 Von den Bearbeitern wurden Ausführungen zu diesem Problem erwartet. Besonders Interessierte können die ausführliche Begründung des BGH zur Einordnung der Privatversteigerung in NJW 2005, 53 nachlesen.

6. Bearbeiter, die den Hinweis beachtet haben, dass sämtliche Vorschriften im Umfeld einer Norm mitzulesen sind, hätten ohne Weiteres § 312f und damit das richtige Ergebnis gefunden. Der Ausschluss des Widerrufsrechts durch die Klausel in der Artikelbeschreibung ist gem. § 312f S. 1 unwirksam. Wegen dieser speziellen Vorschrift durfte man die Wirksamkeit der Klausel nicht anhand der §§ 305 ff. überprüfen.

7. **Zu Ausarbeitung II 1 c**

135 Das Problem der Frist konnte durch genaues Arbeiten mit dem Gesetz (§§ 355, 312d Abs. 2) gelöst werden. Eine lebensnahe Auslegung des Sachverhalts ergibt, dass V als Privatmann nicht ausdrücklich auf das Widerrufsrecht hinwies, wenn er es in der Artikelbeschreibung ausschloss, so dass die Frist noch nicht begonnen hat.

8. **Zu Ausarbeitung II 1 d**

136 Bezüglich des konkreten Inhalts der Rückgabepflicht verweist § 357 auf § 346. Der Bearbeiter musste also nur noch in der entsprechenden Reihenfolge des § 346 prüfen, was genau K im Fall des Widerrufs zurückzugeben hat:

- Grundsätzlich sind die empfangene Leistung und die gezogenen Nutzungen herauszugeben (§ 346 Abs. 1).
- Ist dies nicht möglich, so muss Wertersatz geleistet werden (§ 346 Abs. 2).
- Ausnahmsweise kann die Pflicht zum Wertersatz entfallen (§ 346 Abs. 3).

137 9. Am Ende der Prüfung wird schließlich das Ergebnis mitgeteilt, indem Sie die Eingangsfrage (vgl. II 1) abschließend beantworten. Nochmals der Hinweis: Das Wort »Ergebnis« müssen Sie nicht unbedingt verwenden (vgl. Rdnr. 105).

dd) Das Widerrufsrecht könnte nach § 312d Abs. 4 Nr. 5 ausgeschlossen sein, wenn es sich bei der Privatauktion um eine Versteigerung gem. § 156 handelt. Kaufverträge zwischen einem gewerblichen Anbieter und einem Verbraucher kommen im Rahmen einer so genannten Internet-Auktion durch Angebot und Annahme gem. §§ 145 ff. und nicht durch einen Zuschlag nach § 156 zu Stande, so dass das Widerrufsrecht nicht ausgeschlossen ist. **138**

ee) Das Widerrufsrecht könnte durch die Klausel in der Artikelbeschreibung ausgeschlossen sein. Ihr Wortlaut schließt das Widerrufsrecht zwar aus, doch § 312f S. 1 steht dem entgegen. Somit konnte V das Widerrufsrecht nicht wirksam ausschließen. **139**

b) K müsste den Widerruf gem. § 355 Abs. 1 S. 1 formgerecht gegenüber V erklären. Der Widerruf kann dazu in Textform (§ 126b) oder durch Rücksendung der Ware erklärt werden (§ 355 Abs. 1 S. 2 HS. 1). Aufgrund des Diebstahls kann K den Widerruf nur noch in Textform gegenüber V erklären. **140**

c) Die Widerrufserklärung müsste fristgerecht erfolgen. Gem. § 355 Abs. 1 S. 1 beträgt die Frist grundsätzlich zwei Wochen und beginnt bei Fernabsatzverträgen gem. § 312d Abs. 2 abweichend von § 355 Abs. 2 S. 1 erst mit dem Wareneingang beim Empfänger und nur bei Beachtung der Informationspflichten, insb. der Widerrufsbelehrung gem. § 355 Abs. 2 S. 1 zu laufen. K hat zwar die Ware erhalten, die Informationspflichten wurden aber seitens V nicht ordnungsgemäß erfüllt. Folglich hat die Frist noch nicht begonnen, so dass K auch noch nach drei Wochen den Widerruf fristgerecht erklären kann. **141**

d) Die empfangenen Leistungen sind, soweit die Rücksendung der Ware noch nicht erfolgt ist, Zug-um-Zug gem. § 357 Abs. 1 S. 1 i.V.m. §§ 348, 320, 322 herauszugeben. **142**

Grundsätzlich ist K gegenüber V zur Rückgabe des Hometrainers (§§ 357 Abs. 1 S. 1, 346 Abs. 1) verpflichtet. Dies ist ihm aber aufgrund des Diebstahls unmöglich (§ 275 Abs. 1).

Deswegen könnte K gem. § 346 Abs. 2 S. 1 Nr. 3 i.V.m. § 357 Abs. 3 S. 1 verpflichtet sein, Wertersatz zu leisten. Zwar spricht die Norm nur von Verschlechterung und Untergang des empfangenen Gegenstandes, doch sind nach allgemeiner Auffassung der Diebstahl oder ein sonstiges Abhandenkommen dem Untergang gleichzustellen. Dafür spricht, dass der Rückgewährpflichtige gem. § 346 Abs. 2 grundsätzlich die Sachgefahr trägt. Folglich muss K grundsätzlich den Wert des Hometrainers ersetzen.

Die Wertersatzpflicht könnte aber entfallen sein. Nach § 346 Abs. 3 S. 1 Nr. 3 entfällt die Ersatzpflicht, wenn im Fall des gesetzlichen Rücktrittsrechts der Untergang beim Berechtigten eingetreten ist, obwohl dieser diejenige Sorgfalt beobachtet hat, die er in eigenen Angelegenheiten anzuwenden pflegt. Nach § 277 haftet K nur für grobe Fahrlässigkeit. Dies gilt gem. § 357 Abs. 1 S. 1 auch für das Widerrufsrecht. K hat den Keller ordnungsgemäß abgeschlossen, also nicht fahrlässig gem. § 276 Abs. 2 gehandelt. Somit muss K keinen Wertersatz leisten. Aus § 357 Abs. 3 S. 3 ergibt sich aufgrund der nicht ordnungsgemäßen Belehrung nichts anderes, so dass es bei dem Wegfall der Wertersatzpflicht bleibt.

2. *Ergebnis*

K hat gegen V einen Anspruch auf Herausgabe des Kaufpreises aus § 357 Abs. 1 i.V.m. § 346 Abs. 1. **143**

III. Fall 4

144 1. Die *Vorüberlegungen* ergeben über die allgemeine Ausgangsfrage (»*Wer* will *von wem was, warum, woraus?*«) in Verbindung mit der Fallfrage, dass der Verlag (V) von K Bezahlung eines Buchs verlangt. Gefragt ist also nach einem Anspruch V gegen K. Die von V begehrte Rechtsfolge enthält § 433 Abs. 2, der als *Anspruchsgrundlage* – als hypothetisches Ergebnis formuliert – der **Ausarbeitung (vgl. dort II 1)** *voranzustellen* ist.

2. Prüfung der Voraussetzungen **(Ausarbeitung III 2)**

145 Auch hier geht aus dem Sachverhalt hervor, dass nicht sofort eindeutig erkennbar ist, worin Annahme und Angebot, die zum wirksamen Zustandekommen eines Kaufvertrags (= Voraussetzung für Anspruch aus § 433 Abs. 2) führen, zu sehen sind bzw. ob diese WEen überhaupt vorliegen.

a) **Zu Ausarbeitung III 2 a:**

146 Es war zwar nicht unbedingt erforderlich, die »invitatio ad offerendum« zu erwähnen, doch zeigt ein kurzer Hinweis hierauf, dass man das Abgrenzungskriterium dieses Instituts zum echten Angebot kennt. Wenn hier allerdings eine »invitatio« statt eines Angebots angenommen wurde, so beweist dies, dass der Bearbeiter entweder den Sachverhalt nicht richtig gelesen hat oder das Institut der »invitatio ad offerendum« nicht verstanden hat: Diese Aufforderung zu einem Angebot ist entweder (gegenüber einer Einzelperson) als solche formuliert (K sagt z. B. zu V: »Ich bin am Kauf interessiert. Machen Sie mir ein Angebot.«) oder richtet sich als scheinbares Angebot an eine unbestimmte Vielzahl von Personen (z. B. Preisauszeichnungen im Schaufenster oder in Werbeprospekten).

b) **Zu Ausarbeitung III 2 b:**

147 *Merke nochmals:*
Annahme ist WE. WE setzt irgendeine Art von Willensäußerung voraus. Nichtstun – wie bloßes Schweigen – kann, anders als konkludentes Handeln, grundsätzlich niemals Willensbetätigung sein. – Ausnahmen: z. B. § 362 Abs. 1 HGB; §§ 108 Abs. 2 S. 2, 177 Abs. 2 S. 2, 568 S. 1, *die in dieser Klausur nicht erwähnt werden mussten (durften)*!

c) **Zu Ausarbeitung III 2 c:**

148 Die Lösung zeigt, dass die Privatautonomie den Parteien grundsätzlich nur (einvernehmlich) *Vereinbarungen*, nicht aber einseitige »Anordnungen« gestattet, die sich über das geltende Recht (hier: Schweigen = *keine* Annahme) hinwegsetzen.

Dass auch AGB (§§ 305–310) nur gelten, wenn sie Vertragsbestandteil (durch Einbeziehung in den Vertrag nach § 305 Abs. 2) geworden sind, sollte auch Anfangssemestern schon bekannt sein.

d) **Zu Ausarbeitung III 2 d:**

149 § 241 a (vgl. dazu *mein* BGB AT, Rdnr. 133 a) wurde mit Wirkung vom 01.07.2000 ins BGB aufgenommen und stellt in Abs. 1 klar, dass der Empfänger unbestellter Sachen, der Verbraucher (§ 13) ist, zu gar nichts verpflichtet ist, nicht einmal zur zeitweisen Aufbewahrung. Ausnahmen enthalten § 241a Abs. 2 (»Irrläufer«) und Abs. 3 (»Ersatzware«). Einzelheiten, vgl. unten »Literatur zur Vertiefung«.

150 Auf § 475 Abs. 1 S. 1 (keine Berufung des Unternehmers auf AGB beim Verbrauchsgüterkauf wegen eines Mangels der Kaufsache) war hier nicht einzugehen, da es nicht um einen Mangel der Kaufsache geht.

III. Fall 4

1. Der Verlag (V) könnte gegen K einen Anspruch auf Bezahlung des Buchs gem. § 433 Abs. 2 haben. **151**

2. Voraussetzung für diesen Anspruch ist ein wirksamer Kaufvertrag zwischen K und V, d. h., es müssen zwei sich deckende Willenserklärungen, Angebot und Annahme, vorliegen, die auf den Abschluss eines Kaufvertrags gerichtet sind.

a) Ein Angebot könnte in der Zusendung des Buchs durch V unter Nennung des Kaufpreises liegen. V äußert nicht etwa nur eine »invitatio ad offerendum«, sondern bietet ein konkretes Einzelstück zu einem festen Preis einer bestimmten Person an und gibt seinen Rechtsbindungswillen durch Hinweis auf § 2 Abs. 2 seiner Allgemeinen Verkaufs- und Lieferbedingungen kund. Somit liegt ein wirksames Angebot des V vor. **152**

b) Fraglich ist, ob K dieses Angebot angenommen hat. Eine Annahme kann, wie jede Willenserklärung, ausdrücklich oder konkludent erfolgen. **153**

Eine ausdrückliche Erklärung des K liegt nicht vor. Die Annahme ist auch nicht konkludent erfolgt, da K in keiner Weise einen Annahmewillen geäußert hat; vielmehr hat K einfach geschwiegen.

Schweigen ist aber grundsätzlich keine Willenserklärung i. S. d. Gesetzes. Somit lag keine Annahme durch K vor.

c) Zu prüfen ist noch, ob sich aus § 2 Abs. 2 der Verkaufs- und Lieferbedingungen des V eine Annahme durch K ergeben kann. Die Wirksamkeit solcher »Allgemeinen Geschäftsbedingungen« (= AGB) richtet sich nach den §§ 305–310. Gem. § 305 Abs. 2 (letzter HS) können Allgemeine Geschäftsbedingungen nur Rechtswirksamkeit entfalten, d. h. Vertragsbestandteil werden, wenn sie *vereinbart* worden sind. Dies ist hier nicht der Fall. Es bleibt dabei, dass in dem Schweigen des K keine Annahme zu sehen ist. **154**

d) Da mangels gegenteiliger Hinweise davon auszugehen ist, dass K Verbraucher (§ 13) und V Unternehmer (§ 14) ist, greift zugunsten des K, der das Angebot von V nicht angenommen hat, § 241a Abs. 1 ein: Da K das Buch nicht bestellt hat, wird ein Anspruch des V gegen K nicht begründet. **155**

3. *Ergebnis*

K hat das Angebot des V nicht angenommen. Ein wirksamer Kaufvertrag ist nicht zustande gekommen. V hat gegen K keinen Anspruch aus § 433 Abs. 2. **156**

IV. Fall 5

1. **Zu Ausarbeitung IV 1:**

157 Hier konnte von einem Anfänger nicht unbedingt die Kenntnis verlangt werden, dass es sich bei einem sog. Beförderungsvertrag um einen Werkvertrag i. S. von § 631 handelt. Wenn daher jemand als *Anspruchsgrundlage* § 433 Abs. 2 (Kauf und Bezahlung der Fahrkarte) nannte, ansonsten aber die richtige Lösung verfolgte, war dies nicht als Fehler zu bewerten. Entscheidend war zu erkennen, dass überhaupt *ein vertraglicher Erfüllungsanspruch* in Betracht kam, für den das wirksame Zustandekommen eines Vertrags Voraussetzung **(Ausarbeitung IV 2)** ist.

2. **Zu Ausarbeitung IV 2 a:**

158 Keine Schwierigkeiten sollten sich eigentlich bei der Frage ergeben, worin hier das Angebot zu sehen ist. Dennoch wurde das Anhaltenlassen des Zugs auf dem Bahnhof von manchen Bearbeitern als »invitatio ad offerendum« angesehen. Dieser Gedanke ist zwar nicht gerade abwegig, aber unzutreffend, da gegenüber allen in den Zug einsteigenden Personen ein Rechtsbindungswille der Bahn ersichtlich ist, der bei der »invitatio« fehlt.

159 3. Dies führt zu der Frage, worin die Annahme durch K lag **(Ausarbeitung IV 2 b).** Die hier gewählte Lösung stellt darauf ab, dass das Vorliegen einer Annahme möglichst nach dem Gesetz zu beurteilen ist; und entspricht der inzwischen herrschenden Meinung (vgl. dazu nur Palandt/*Heinrichs*, Einf. zu § 145 Rdnr. 26).

Eine andere Lösungsmöglichkeit (vgl. *Larenz/Wolf*, AT, § 38 II = früher herrschende Meinung) bietet die Konstruktion des sog. *faktischen Vertragsverhältnisses*: Nach dieser Meinung soll bei typisierten Leistungen des Massenverkehrs und der Daseinsvorsorge durch deren bloße Inanspruchnahme ein Vertrag zustande kommen, ohne dass es auf einen entgegengesetzten Willen oder widersprechende Äußerungen ankommt. Entscheidend ist danach nur das faktische Handeln; der Vertrags*wille* ist dagegen nicht maßgeblich (*Larenz/Wolf*, a.a.O., hat sich von dieser Auffassung abgewendet und folgt der h. M.).

Da beide Meinungen letztlich zu demselben Ergebnis kommen, sollte man auf den Meinungsstreit in Klausuren, wenn überhaupt, nur sehr kurz eingehen.

160 4. Hierbei sei allerdings auf Vermeidung eines formalen Fehlers hingewiesen, der nicht nur in Anfängerklausuren häufig vorkommt: *Rechtsprechungs- oder Literaturzitate haben in Klausuren (anders in Hausarbeiten) nichts zu suchen!* Vgl. dazu *Rips*, JuS 1979, 42 (45): »Wer gegen diesen Grundsatz verstößt, setzt sich dem Verdacht aus, sich unerlaubter Hilfsmittel bedient zu haben. Selbst wenn man zufällig eine Fundstelle auswendig kennt, darf der Beleg in der Klausur nicht erfolgen.«

Literatur zur Vertiefung:

Alpmann u. Schmidt	BGB AT 1, 2. Teil, 1. und 2. Abschn.
Brehm	§ 17
Brox/Walker	AT, § 8
Däubler	BGB, Kap. 11
Hirsch	AT, Rdnrn. 272–334
Köhler	§ 8
Lange	JA 2007, 687 und 766
Larenz/Wolf	§§ 27, 28
Löwisch/Neumann	AT, §§ 9–13 sowie 10. Teil (= Übungsklausur zum Verbrauchervertragsrecht)
Medicus	AT, §§ 26–28
Palandt/*Heinrichs*	Einführung vor § 145, Rdnrn. 1–29
Petersen	Verbraucher und Unternehmer, JURA 2007, 905
Rüthers/Stadler	§ 19
Schindler	Der Verbrauchsgüterkauf, JA 2004, 835
Wörlen	BGB AT, Rdnrn. 138–179, 195 a, 287–288 h; SchR AT, Rdnrn. 47–51 v (vgl. dort die »Literatur zur Vertiefung« unter Rdnr. 54)

IV. Fall 5

1. Die Bundesbahn (B) könnte gegen K einen Anspruch auf Bezahlung einer Vergütung für die Beförderung des K gem. § 631 Abs. 1, 2. HS haben. **161**

2. Voraussetzung dafür ist, dass ein solcher Vertrag zwischen K und B zustande gekommen ist. Dies ist der Fall, wenn B dem K ein diesbezügliches Angebot gemacht hat, das K angenommen hat. **162**

a) Das Angebot der B liegt im Anhaltenlassen des Zugs auf dem Bahnhof. Damit gibt sie in rechtlich bindender Weise zu erkennen, dass sie mit allen Personen, die in den Zug einsteigen, einen Beförderungsvertrag zu feststehenden Preisen abschließen will.

b) Fraglich ist, ob K dieses Angebot, das durch den Schaffner mit Nennung des Fahrpreises von 25,– € wiederholt und konkretisiert wird, angenommen hat. Dagegen scheint zu sprechen, dass K die Zahlung von 25,– € ablehnt und 15,– € »anbietet«. **163**

K ist jedoch wissentlich in den Zug eingestiegen und hat dadurch die Leistung der B tatsächlich in Anspruch genommen. Er hat bewusst und gewollt konkludent eine Willenserklärung abgegeben, die, bei objektiver Betrachtungsweise aus der Sicht des Erklärungsempfängers, nur als Annahme dieses Angebots angesehen werden kann.

Die gegenteilige Äußerung des K ist nicht ein erneutes Angebot i. S. d. § 150 Abs. 2, sondern wegen Unvereinbarkeit mit dem tatsächlichen Verhalten des K, in dem die Annahme liegt, rechtlich unbeachtlich (sog. »protestatio facto contraria« – durch tatsächliches Verhalten widerlegter Vorbehalt).

3. *Ergebnis*

Somit ist ein Vertrag zwischen K und B zu einem Fahrpreis von 25,– € zustande gekommen. Der Anspruch der B aus § 631 Abs. 1, 2. HS ist begründet; K muss zahlen!

Raum für eigene Notizen:

Fall 6 Form von Rechtsgeschäften

»Scheinbar clever«

Karl Kummer (K) will von Viktor Valsch (V) ein Grundstück kaufen. Die beiden einigen sich auf einen Preis von 200 000,– € und schließen einen entsprechenden privatschriftlichen Vertrag. Um Grunderwerbssteuer zu sparen, schließen sie alsdann vor einem Notar (vgl. § 311b Abs. 1 S. 1) zum Schein einen Kaufvertrag über nur 100 000,– €. **164**

K verlangt nun von V die Übereignung des Grundstücks und verweist auf eine Klausel des privatschriftlichen Vertrags, nach der sich keine Partei auf eventuelle Formfehler berufen dürfe.

Zu Recht?

(Bearbeitungszeit: 60 Minuten)

Besondere Vorüberlegungen
(gehören nicht in die Ausarbeitung)

165 1. Die Ausgangsfrage, die sich der Bearbeiter jeder zivilrechtlichen Klausur nach der hier befürworteten Methode zu stellen hat, lautet: *»Wer* will *von wem was warum woraus?«*

Auf den vorliegenden Sachverhalt übertragen ergibt die Beantwortung dieser Frage: K (»wer«) will von V (»von wem«) Übereignung des Grundstücks (»was«), weil er meint, dass zwischen ihm und V ein wirksamer Kaufvertrag zustande gekommen ist (»warum«), aus dem V gem. § 433 Abs. 1 S. 1 (»woraus«) zur Übereignung verpflichtet sei. »Übereignung« bedeutet Übergabe und Verschaffung des Eigentums an einer Sache (anstelle der Übergabe, die bei beweglichen Sachen gem. § 929 S. 1 erfolgt, tritt bei Grundstücken gem. § 873 Abs. 1 die Eintragung ins Grundbuch, was aber in der Falllösung nicht ausgeführt werden muss, da es hier nur darum geht, *ob* K einen Anspruch hat, und nicht darum, *wie* er erfüllt wird = »Trennungs- und Abstraktionsprinzip« – (siehe dazu unten Fall 13). Die Rechtsfolge »Eigentumsverschaffung« an einer Sache (damit sind bewegliche und unbewegliche Sachen gemeint) enthält § 433 Abs. 1 S. 1 (s. o.). Diese Vorschrift ist *Anspruchsgrundlage*, die das Begehren des K stützen könnte und deshalb – als hypothetisches Ergebnis formuliert – dem Gutachten *voranzustellen* ist **(vgl. Ausarbeitung I).**

166 2. Prüfung der *Voraussetzungen* der Anspruchsgrundlage:
Für einen Anspruch aus § 433 ist ein wirksamer Kaufvertrag Voraussetzung. Da hier scheinbar *zwei* Kaufverträge über dasselbe Grundstück geschlossen wurden, liegt es nahe, dass zumindest einer davon unwirksam ist. Anspruchsteller ist nach der Fallfrage der Käufer K. Sinnvollerweise beginnt man daher mit der Prüfung des für ihn günstigeren Kaufvertrags, d. h. mit dem notariellen Vertrag, der nur 100 000,– € als Kaufpreis vorsieht **(Ausarbeitung I 1).**

Die Notwendigkeit der Zuziehung eines Notars bei dem Grundstückskaufvertrag ergibt sich aus § 311 b Abs. 1 S. 1, auf den im Sachverhalt eigens hingewiesen wurde. Das »Problem« des Falls konnte deshalb nicht im Auffinden dieser Vorschrift liegen **(vgl. Ausarbeitung I 1 a),** sondern war zunächst bei den zum Schein abgegebenen Erklärungen der Vertragsparteien zu suchen. Deren rechtliche Bedeutung war deshalb herauszustellen **(vgl. Ausarbeitung I 1 b)** und das Ergebnis der Prüfung festzuhalten = Nichtigkeit des Vertrags, die allein aus § 117 Abs. 1 folgt.

167 3. Nachdem die Nichtigkeit des notariellen Vertrages erkannt ist, ist zu prüfen, ob sich der von K geltend gemachte Anspruch aus dem privatschriftlichen Kaufvertrag ergeben kann. *Anspruchsgrundlage*, die der Prüfung *voranzustellen* ist, ist auch hier wieder § 433 Abs. 1 S. 1 **(vgl. Ausarbeitung II).**

Die Wirksamkeit dieser Vereinbarung würde bedeuten, dass § 311 b Abs. 1 S. 1 nicht gelten würde. Dies ist nur möglich, wenn § 311 b Abs. 1 S. 1 abdingbar (dispositiv) ist. Ob dies der Fall ist, kann durch Auslegung ermittelt werden, was für den Anfänger noch schwierig sein wird. Dass § 311 b Abs. 1 S. 1 *nicht* abdingbar ist, ist in erster Linie eine Wissensfrage, die man aber nach einer guten Einführungsvorlesung, in der regelmäßig der Unterschied zwischen zwingendem und dispositivem Recht behandelt wird, zu Ende des ersten Semesters schon beantworten kann. (Ein Bearbeiter, dem dieser Unterschied und § 311 b Abs. 1 S. 1 als Beispiel für zwingendes Recht noch unbekannt waren, hätte die Klausur aber zumindest bis zu der Feststellung, dass der Vertrag gem. § 125 S. 1 nichtig ist, zutreffend lösen können.)

168 4. Bei diesem Vertrag handelt es sich um das »verdeckte Rechtsgeschäft«, das § 117 Abs. 2 (*Merke nochmals:* Jede Vorschrift muss immer *ganz* gelesen werden!) meint. Hier muss nun (»wie immer«) Schritt für Schritt der Sachverhalt unter das Gesetz subsumiert werden: Verdecktes Rechtsgeschäft = Grundstückskaufvertrag; Vorschrift, auf die § 117 Abs. 2 verweist = § 311 b Abs. 1 S. 1. Dieser verlangt besondere *Form* (notarielle Beurkundung i. S. v. § 128); gesetzliche Form wurde nicht eingehalten; Vorschrift, die Folge davon enthält: § 125 S. 1 **(Ausarbeitung II 1).**

Lösung (Ausarbeitung):

I. K könnte gegen V einen Anspruch auf Übereignung des Grundstücks gem. § 433 Abs. 1 S. 1 haben. 169

1. Voraussetzung für diesen Anspruch ist das Zustandekommen eines wirksamen Kaufvertrags. Als solcher könnte zunächst der vor dem Notar geschlossene Vertrag mit einem Kaufpreis von 100 000,– € in Betracht kommen.

a) Bei Grundstücksveräußerungen verlangt das Gesetz in § 311b Abs. 1 S. 1 die besondere Form der notariellen Beurkundung (§ 128), welche hier eingehalten wurde.

b) Wie jeder Vertrag setzt auch der vor dem Notar geschlossene Kaufvertrag zu seiner Wirksamkeit zwei sich deckende gültige Willenserklärungen voraus.

K und V haben jedoch ihre Erklärungen vor dem Notar nur zum Schein abgegeben. Folge davon ist, dass die auf einen Kaufpreis von 100 000,– € gerichteten Willenserklärungen gem. § 117 Abs. 1 nichtig sind.

2. *Ergebnis*
Ein Anspruch des K aus § 433 Abs. 1 S. 1 aufgrund des notariellen Vertrags besteht nicht.

II. Der Anspruch des K auf Übereignung des Grundstücks gem. § 433 Abs. 1 S. 1 könnte sich indessen aus dem privatschriftlichen Vertrag ergeben. 170

1. Dies folgt aus § 117 Abs. 2, der für den Fall, dass ein Scheingeschäft ein anderes Rechtsgeschäft verdecken soll, die für dieses verdeckte Rechtsgeschäft geltenden Vorschriften für verbindlich erklärt. 171

Bei dem von K und V verdeckten, wirklich gewollten Vertrag handelt es sich ebenfalls um einen Grundstücksveräußerungsvertrag, welcher gem. § 311b Abs. 1 S. 1 der notariellen Beurkundung bedarf. Diese wurde jedoch für den Vertrag mit einem Kaufpreis von 200 000,– € nicht vorgenommen.
Somit fehlt es an der gesetzlich vorgeschriebenen Form mit der Folge, dass dieser Vertrag gem. § 125 S. 1 nichtig ist.

172 5. Mit dieser Subsumtion ist aber der Sachverhalt nicht ausgeschöpft, da dort von einer Klausel die Rede ist, wonach Formfehler unerheblich sein sollen. Daher ist die Wirksamkeit dieser Klausel (Vereinbarung) zu prüfen **(Ausarbeitung II 2 a und b).**

Literatur zur Vertiefung:

Alpmann u. Schmidt	BGB AT 2, 1. Teil, 3. Abschn.
Blasche	Notarielle Beurkundung, öffentliche Beglaubigung und Schriftform, JURA 2008, 890
Brehm	§ 11
Brox/Walker	AT, § 13
Däubler	BGB, Kap. 11, 2.3
Hirsch	AT, Rdnrn. 508–559
Köhler	§ 12
Larenz/Wolf	AT, § 21 I
Medicus	AT, §§ 41, 42
Petersen	Die Form des Rechtsgeschäfts, JURA 2005, 168
Regenfus	Gesetzliche Schriftformerfordernisse – Auswirkungen des Normzwecks auf die tatbestandlichen Anforderungen, JA 2008, 161 u. 247
Rüthers/Stadler	§ 24
Schreiber	Die Nichtigkeit von Verträgen, JURA 2007, 25
Wörlen	BGB AT, Rdnrn. 258–286.

2. Da die Parteien vereinbart haben, dass sich keine von beiden auf eventuelle Formfehler berufen dürfe, ist zu prüfen, ob in dieser Vereinbarung ein wirksamer Ausschluss des Formerfordernisses von § 311b Abs. 1 S. 1 zu sehen ist. **173**

a) Dann müsste § 311b Abs. 1 S. 1 grundsätzlich abdingbar sein. Gegen die Abdingbarkeit dieser Vorschrift spricht zunächst § 311b Abs. 1 S. 1, der den Mangel der Form nur dann geheilt sehen will, wenn Auflassung und Eintragung ins Grundbuch erfolgt sind, was hier nicht der Fall ist.

b) Gegen die Abdingbarkeit spricht auch der Schutzzweck des § 311b Abs. 1. Mit dieser Vorschrift soll erreicht werden, dass übereilte Veräußerungen von in der Regel wertvollen Grundstücken verhindert werden. Dieser Schutzzweck würde unterlaufen, wenn § 311b Abs. 1 S. 1 durch eine formlose Vereinbarung der Parteien einfach außer Kraft gesetzt werden könnte. Trotz der Vereinbarung von K und V ist § 311b Abs. 1 S. 1 daher zu beachten. Da die dort vorgeschriebene Form nicht eingehalten wurde, bleibt es bei der Nichtigkeit des Vertrags gem. § 125 S. 1.

3. *Ergebnis*
K hat somit gegen V keinen Anspruch auf Übereignung des Grundstücks gem. § 433 Abs. 1 S. 1.

Raum für eigene Notizen:

Fall 7 Geschäftsfähigkeit, Stellvertretung

Aufgabe I: »Ein günstigeres Angebot«

Der 13jährige Karl (K) wünscht sich schon seit langem einen DVD-Player. Seine Eltern haben ihm die Erfüllung dieses Wunsches versprochen, sobald sich die Gelegenheit eines günstigen Kaufes eines gebrauchten Geräts ergäbe. Als K hört, dass Volker (V), der Bruder seines Freunds, seinen gebrauchten DVD-Player verkaufen wolle, geht er zu V und einigt sich mit ihm auf dessen Vorschlag über den Ankauf des Geräts zu einem Preis von 300,– €. Auf Frage des V behauptet K wahrheitswidrig, seine Eltern seien informiert und mit dem Geschäft einverstanden. Als die Eltern des K von dem Geschäft hören, erklären sie wegen des günstigen Kaufpreises K gegenüber ihr Einverständnis. V hat jedoch Zweifel an der Wirksamkeit des Kaufs und ruft deshalb am nächsten Tag die Eltern des K an, um sich von ihnen den Vertrag bestätigen zu lassen. Da der Vater des K inzwischen ein ihm günstiger erscheinendes Angebot erhalten hat, verweigern die Eltern dem V gegenüber ihre Zustimmung. 174

Kann V von K oder dessen Eltern die Zahlung des Kaufpreises von 300,– € verlangen?

Aufgabe II: »Mutzenbacher statt Larenz«

Der an Grippe erkrankte Jurastudent Karsten (K), der mit dem gleichaltrigen Siegfried (S) befreundet ist, muss das Bett hüten. Da Karsten sehr strebsam ist, möchte er sein Studium auch während seiner Krankheit fortsetzen. Er bittet deshalb S, ihm irgendwo preisgünstig ein gebrauchtes Lehrbuch von Larenz, BGB-Allgemeiner Teil, zu besorgen. S sagt zu, hält sich aber nicht an diese Weisung des K, sondern meint, dass K den Larenz ohnehin nicht verstehe, und kauft deshalb ohne dessen Zustimmung im Namen des K vom Trödler Valentin (V), den er zu sich kommen lässt, besonders preisgünstig die Memoiren der Josefine Mutzenbacher. 175

1. Kann V die Zahlung des Kaufpreises von K verlangen, der die »Josefine Mutzenbacher« bereits besitzt und das Buch deshalb nicht haben will?
2. Muss S den Betrag des Kaufpreises und eventuelle Fahrtkosten des V bezahlen?

(Bearbeitungszeit: 3 Std.)

Besondere Vorüberlegungen

(gehören nicht in die Ausarbeitung)

Aufgabe I

176 1.

»Wer	will von	wem	was	warum	woraus?«
Antwort *(auf den vorliegenden Sachverhalt übertragen)*:					
V	will von	K	Bezahlung des Kaufpreises von 300,– €	weil er glaubt, dass er mit K einen wirksamen Kaufvertrag geschlossen hat.	§ 433 Abs. 2

Die Rechtsfolge »Kaufpreiszahlung« ist in § 433 Abs. 2 geregelt. Diese Vorschrift ist daher in einem ausformulierten Satz dem Gutachten als *Anspruchsgrundlage* voranzustellen **(vgl. Ausarbeitung I)!**

177 2. Prüfung der *Voraussetzungen* der Anspruchsgrundlage: Voraussetzung(en) formulieren = hier: Wirksamer Kaufvertrag, der wirksames Angebot und dessen Annahme voraussetzt. Dass man das weiß, kann man zeigen, indem man die Willenserklärungen der möglichen Vertragspartner sofort entsprechend einordnet und dazu die einschlägigen Paragrafen zitiert **(vgl. Ausarbeitung I 1).**

178 3. a) Zweifel bestehen nur an der Wirksamkeit der Annahmeerklärung von K. Da der Sachverhalt über das Alter des V nichts aussagt, geht man – ohne das zu erwähnen oder gar zu »rechtfertigen« – vom »Normalfall« aus, dass V volljährig und somit voll geschäftsfähig ist! Da K indessen erst 13 Jahre alt ist, muss dies rechtlich eingeordnet werden, indem § 106 zitiert (bzw. der Sachverhalt unter diese Vorschrift subsumiert) wird, der auf die §§ 107 ff. verweist. Bei der Prüfung dieser Vorschriften Schritt für Schritt vorgehen und die logische Reihenfolge einhalten: *Ohne* »Zustimmung« (= Oberbegriff für »Einwilligung« und »Genehmigung«!) des gesetzlichen Vertreters ist eine Willenserklärung eines beschränkt Geschäftsfähigen gem. § 107 wirksam, wenn dieser dadurch nur einen rechtlichen Vorteil erlangt. Also muss zunächst festgestellt werden, *ob* dies der Fall ist oder nicht **(vgl. Ausarbeitung I 1 a)!**

179 b) *Ohne* Zustimmung kann der Vertrag eines beschränkt Geschäftsfähigen, auch wenn seine Willenserklärung ihm zunächst einen rechtlichen Nachteil i. S. von § 107 gebracht hatte, wirksam sein, wenn die Voraussetzungen des sog. »Taschengeldparagrafen« vorliegen. Da sich unter diesen Voraussetzungen die Frage nach einer »Genehmigung« gem. § 108 gar nicht mehr stellen würde, musste § 110 vor § 108 geprüft werden! Bevor man sich über den *Betrag* des Taschengelds Gedanken macht, muss festgestellt werden, ob die Leistung des Minderjährigen tatsächlich schon *bewirkt*, d. h. vollständig erfüllt wurde (§ 362 war nicht unbedingt zu erwähnen!). Ist dies nicht der Fall, ist der Taschengeldbetrag »uninteressant« (= kein Wort dazu!) **(vgl. Ausarbeitung I 1 b).**

180 c) Hat man festgestellt, dass die Voraussetzungen von § 110 nicht vorliegen, ist auf die »schwebende Unwirksamkeit« des *Vertrags* einzugehen und zu prüfen, ob eine nach § 108 mögliche »Genehmigung« erteilt wurde. Diese Vorschrift muss man natürlich in ihrem ganzen Umfang kennen bzw. vor Erstellung des Gutachtens genauestens lesen, um Abs. 2 S. 1 nicht zu »vergessen«, der von der Grundregel des § 182 Abs. 1 abweicht (lesen Sie § 108 Abs. 2 S. 1 und § 182 Abs. 1 – ggf. – nochmals!) – **(vgl. Ausarbeitung I 1 c).**

Lösung (Ausarbeitung):

Aufgabe I

I. V könnte gegen K einen Anspruch auf Bezahlung des Kaufpreises gem. § 433 Abs. 2 haben.

1. Voraussetzung für diesen Anspruch ist, dass zwischen K und V ein wirksamer **181**
Kaufvertrag zustande gekommen ist. Indem V vorschlägt, dass K den DVD-Player für 300,– € kaufen solle, macht V dem K ein gültiges Angebot, das K, indem er sich mit V »einigt«, tatsächlich auch annimmt (vgl. §§ 145, 151 S. 1).

a) Fraglich ist, ob die von K abgegebene Annahmeerklärung wirksam war. K ist als 13jähriger gem. §§ 106, 2 beschränkt geschäftsfähig, so dass er nach § 107 zu einer Willenserklärung, die ihm nicht lediglich einen rechtlichen Vorteil bringt, der Einwilligung, d. h. der vorherigen Zustimmung (§ 183), seines gesetzlichen Vertreters bedarf. Nach dem klaren Gesetzeswortlaut des § 107 reicht nur ein wirtschaftlicher Vorteil, den der beschränkt Geschäftsfähige erlangen würde, nicht aus, um die Einwilligung des gesetzlichen Vertreters entbehrlich zu machen. Da K sich mit seiner Annahmeerklärung (rechtlich) *verpflichtet*, den Kaufpreis zu zahlen, liegt darin ein rechtlicher Nachteil, so dass es gem. § 107 grundsätzlich der Einwilligung des gesetzlichen Vertreters bedurfte, d. h. in diesem Fall der Einwilligung seiner Eltern (vgl. §§ 1626, 1629). Diese Einwilligung lag aber nicht vor; insbesondere kann in der grundsätzlichen Bereitschaft der Eltern, dem K den Wunsch nach einem DVD-Player zu erfüllen, keine Einwilligung in einen konkreten Vertragsschluss gesehen werden.

b) Grundsätzlich kann der Vertragsschluss eines beschränkt Geschäftsfähigen **182**
auch ohne Zustimmung des gesetzlichen Vertreters gem. § 110 wirksam werden, wenn der Minderjährige seine vertragsgemäße Leistung mit Mitteln bewirkt, die ihm zu diesem Zweck oder zur freien Verfügung überlassen worden sind (»Taschengeld«). »Bewirkung« der Leistung heißt, dass die Leistung bereits vollständig erbracht ist; erst dann kann das Schuldverhältnis (gem. § 362 Abs. 1) erlöschen. Hier hat K aber die 300,– € noch nicht an V gezahlt, so dass schon diese Voraussetzung des § 110 nicht erfüllt ist.

c) Es bleibt somit bei der Einwilligungsbedürftigkeit für den Vertrag gem. § 107. **183**
Da die Einwilligung nicht vorlag, war der Vertrag zunächst gem. § 108 Abs. 1 schwebend unwirksam, d. h., die Wirksamkeit des Vertrags hing von der Genehmigung (= nachträgliche Zustimmung, § 184 Abs. 1) der Eltern ab. Zwar haben die Eltern diese Zustimmung dem K gegenüber erteilt, doch gem. § 108 Abs. 2 S. 1 konnte die Genehmigung des Vertrags auf die erfolgte Anfrage des V nur diesem gegenüber erklärt werden. Dem V gegenüber haben die Eltern die Genehmigung jedoch verweigert, so dass der Vertrag endgültig unwirksam war.

4. Hat man festgestellt, dass die Voraussetzungen für den vermuteten bzw. geltend gemachten Anspruch nicht vorliegen, ist als *Ergebnis* festzuhalten, dass der Anspruch nicht begründet ist **(vgl. Ausarbeitung I 2).**

Exkurs:

184 Ausgangspunkt für die Lösung eines Falles ist nach sorgfältiger Erfassung des Sachverhaltes (s. o. »Allgemeine Vorüberlegungen«) die *Fallfrage*! *Hier* ist eine *direkte* Frage klar gestellt worden: »Kann V von K *oder* dessen Eltern den Kaufpreis verlangen?« Trotz der (eigentlich unnötigen) hilfreichen Hervorhebung des Wörtchens »oder« hatten die meisten Bearbeiter dieser Klausur nicht erkannt, dass nach *zwei verschiedenen* Ansprüchen des V gegen verschiedene Anspruchsgegner gefragt war, die getrennt zu prüfen waren! Der (leider) typische erste Satz des Gutachtens »V könnte einen Anspruch auf Kaufpreiszahlung gegen K *und* (!) dessen Eltern gem. § 433 Abs. 2 haben« zeugt *entweder* von sehr oberflächlicher Sachverhaltslektüre *oder* reichlichem Unverständnis des Minderjährigenrechts! Das Minderjährigenrecht bezweckt in erster Linie den Schutz der Minderjährigen, soll sie aber auch – wenn es um Vertragsschlüsse geht – zum alleinigen Vertragspartner werden lassen, wenn der Schutz [= »Zustimmung« des gesetzlichen Vertreters (Regelfall: Eltern)] nicht erforderlich ist! Letzteres war jedoch nicht der Fall; und da die Eltern die *erforderliche* (§ 107) *Einwilligung* ebenso wie die *mögliche* (§ 108) *Genehmigung* nicht erteilt hatten, war der Vertrag des V mit K unwirksam! Also war die Frage zu beantworten, ob V möglicherweise einen *Anspruch gegen die Eltern* hat.

185 5. Da es um den Anspruch auf Kaufpreiszahlung (§ 433 Abs. 2) geht, müssten die *Eltern statt* des K Vertragspartner von V geworden sein! Daran fehlt es! Das musste angesichts der klar gestellten Fallfrage kurz unter Prüfung der Voraussetzungen begründet werden **(vgl. Ausarbeitung II 1 und 2).**

6. Ergebnis dieser Prüfung festhalten = **vgl. Ausarbeitung II 3.**

186 7. **Prüfungsschema: Wirksamkeit der Willenserklärung beschränkt Geschäftsfähiger (§§ 106 ff.) – Voraussetzungen:**
- Beschränkt geschäftsfähiger Minderjährige(r) – §§ 106, 2
- § 107 – lediglich *rechtlicher* Vorteil? Wenn nicht:
- § 107 – Einwilligung (*vorherige* Zustimmung – § 183) des gesetzl. Vertreters? Wenn nicht, ggf.:
- § 110 – Leistung mit »Taschengeld« *bewirkt*? Wenn nicht:
- § 108 Abs. 1 – Genehmigung (*nachträgliche* Zustimmung – § 184 Abs. 1) des gesetzlichen Vertreters?

Aufgabe II, 1. Frage

187 1. Die Ausgangsfrage der Vorüberlegungen »*Wer* will *was von wem warum woraus?*« führt hier wieder zur *Anspruchsgrundlage* des § 433 Abs. 2, die dem Gutachten *voranzustellen* ist **(Ausarbeitung 1).**

2. Voraussetzung der Anspruchsgrundlage nennen *(Ausarbeitung 2).* Da K nicht selbst handelte, sofort prüfen, ob S wirksam für K handeln konnte, d. h. rechtlich: ihn *vertreten* konnte **(Ausarbeitung 2 a).**

a) Voraussetzungen einer wirksamen Vertretung (§ 164 Abs. 1 S. 1) schrittweise prüfen = subsumieren! **(Ausarbeitung 2 b aa–cc)**

2. *Ergebnis*
Mangels eines wirksamen Kaufvertrags hat V gegen K keinen Anspruch auf Bezahlung der 300,– € aus § 433 Abs. 2.

II. Ein Anspruch auf Bezahlung des Kaufpreises von 300,– € gegenüber den Eltern könnte sich ebenfalls aus § 433 Abs. 2 ergeben. **188**

1. Auch hierfür ist ein wirksamer Kaufvertrag durch Angebot und Annahme erforderlich. Zwar lässt sich das Angebot des V gegenüber K durchaus so verstehen, als solle es auch für den Fall gelten, dass die Eltern anstelle des K selbst als Vertragspartner eintreten wollen.

2. Da die Eltern aber in keiner Weise zu erkennen gegeben haben, dass sie dieses Angebot angenommen haben, fehlt es an der wirksamen Vertragsannahme und somit an einem wirksamen Kaufvertrag.

3. *Ergebnis*
V hat daher keinen Anspruch auf Zahlung des Kaufpreises gem. § 433 Abs. 2 gegen die Eltern.

Aufgabe II, 1. Frage

1. V könnte gegen K einen Anspruch auf Bezahlung der »Mutzenbacher« gem. § 433 Abs. 2 haben. **189**

2. Voraussetzung ist, dass zwischen V und K ein wirksamer Kaufvertrag geschlossen wurde.

a) Hier hat aber nicht K selbst, sondern S mit V verhandelt. Das Kaufangebot (Willenserklärung des S) ist daher gem. § 164 nur wirksam, wenn S den K wirksam vertreten hat.

b) Eine wirksame Stellvertretung i. S. d. § 164 Abs. 1 S. 1 ist unter folgenden Voraussetzungen gegeben:

aa) S muss eine eigene Willenserklärung abgegeben haben. Da S bezüglich des Kaufangebots einen Entscheidungsspielraum hatte, ist diese Voraussetzung erfüllt: Er sollte das Buch »irgendwo preisgünstig« besorgen. **190**

bb) S muss seine Willenserklärung in fremdem Namen abgegeben haben. Indem S ausdrücklich im Namen des K handelte, war für V ersichtlich, dass S als Vertreter auftrat.

cc) Schließlich muss S »innerhalb der ihm zustehenden Vertretungsmacht« gehandelt haben. Ob dies der Fall ist, richtet sich nach dem Inhalt der erteilten Vollmacht (§§ 167 Abs. 1; 166 Abs. 2 S. 1). Diese enthält die Weisung, den »Larenz« zu kaufen, nicht die »Mutzenbacher«. Indem S die »Mutzenbacher« kaufte, hat er seine Vertretungsmacht überschritten, so dass die Voraussetzungen von § 164 Abs. 1 S. 1 nicht erfüllt sind. S ist daher so zu behandeln, als ob er ohne Vertretungsmacht gehandelt hätte.

b) Wenn jemand als »Vertreter ohne Vertretungsmacht« (§ 177) gehandelt hat, ist stets zu prüfen, ob der Vertretene eine Genehmigung (§ 184 = nachträgliche Zustimmung) erteilt hat. **(Ausarbeitung 2 b dd)**. Wird diese verweigert, ist der nach § 177 Abs. 1 zunächst schwebend unwirksame Vertrag endgültig unwirksam.

c) Ergebnis der Prüfung festhalten **(Ausarbeitung 3)**.

191 3. **Prüfungsschema: Stellvertretung gem. § 164 Abs. 1 S. 1**
- *Eigene* Willenserklärung des Vertreters?
- In fremdem Namen (= des Vertretenen)?
- Innerhalb der zustehenden Vertretungsmacht?
  - Vollmachtserteilung (§ 167)?
  - Vollmachtsrahmen eingehalten?
- Falls keine Vertretungsmacht: § 177 I – Genehmigung des Vertretenen? Wenn nicht, ggf.:
  - Duldungs- oder Anscheinsvollmacht?

Aufgabe II, 2. Frage

192 1. Die Fragestellung »*Wer* will *was von wem warum woraus?*« ergibt, dass V zweierlei will: Kaufpreis und Fahrtkosten.

Kaufpreiszahlung regelt – s. o. – § 433 Abs. 2. Also – nach Voranstellung der ausformulierten *Anspruchsgrundlage* – prüfen, ob Voraussetzung (Kaufvertragsschluss V – S) gegeben ist **(Ausarbeitung 1)**.

Das ist nicht der Fall; also prüfen, ob weitere Anspruchsgrundlage in Betracht kommt.

Die Fallfrage fragt nach dem *Betrag* des Kaufpreises, nicht nach dem Kaufpreis selbst. Allgemeiner ausgedrückt: Kann V etwas von S verlangen, das der vertraglichen Leistung (= Erfüllung) *entspricht*? Einen solchen Anspruch enthält § 179 Abs. 1.

Diese Anspruchsgrundlage nennen **(vgl. Ausarbeitung 2)**.
Da das Fehlen der Vertretungsmacht (Voraussetzung für den Anspruch aus § 179 Abs. 1) oben bereits festgestellt (vgl. soeben Aufgabe II, Ausarbeitung 2 b) wurde, genügt es, gleich die Rechtsfolgen zu nennen.

193 **Prüfungsschema: Haftung des Vertreters ohne Vertretungsmacht (§ 179 Abs. 1)**
- Vertragsschluss des Vertreters ohne Vertretungsmacht
- Keine Genehmigung durch Vertretenen
- Keine Einschränkung durch § 179 Abs. 2 oder Abs. 3

194 2. Nun klären, was die einzelnen Rechtsfolgen im konkreten Fall bedeuten **(vgl. Ausarbeitung 2 a–c)**.

Dass die Fahrtkosten nicht zum Erfüllungsinteresse gehören können, folgt aus der vertraglichen Vereinbarung: Der Vertrag selbst verpflichtet nur zur Kaufpreiszahlung, nicht zum Ersatz der Fahrtkosten; also kann Schadensersatz nach § 179 Abs. 1, 2. Var. nur Zahlung eines dem Kaufpreis entsprechenden Betrags bedeuten.

dd) Gem. § 177 Abs. 1 ist der Kaufvertrag zwischen K und V »schwebend unwirksam«, solange K nicht genehmigt hat. Da K die Genehmigung (§§ 182, 184) – konkludent (er will das Buch nicht haben) – verweigert, ist der Vertrag endgültig unwirksam.

3. *Ergebnis*
V hat keinen Anspruch gegen K aus § 433 Abs. 2.

Aufgabe II, 2. Frage

1. Ein Anspruch des V aus § 433 Abs. 2 könnte aber gegen S begründet sein, wenn zwischen S und V ein wirksamer Kaufvertrag geschlossen wurde. S hat indessen – für V erkennbar (daher nicht: § 164 Abs. 2) – ausdrücklich im Namen des K gehandelt, also kein eigenes Kaufangebot abgegeben. Ein Kaufvertrag zwischen S und V liegt somit nicht vor. Ein Anspruch aus § 433 Abs. 2 auf Zahlung des Kaufpreises des V gegen S ist nicht begründet. **195**

2. S handelte aber (Aufgabe II, 1. Frage 2 b, cc) wie ein Vertreter ohne Vertretungsmacht. Da keine Genehmigung des Vertrags durch K gem. § 177 Abs. 1 (s. o. dd) erfolgte, haftet S aus § 179 Abs. 1. Danach ist S zur Erfüllung (1. Var.) oder zum Schadensersatz (2. Var.) verpflichtet.

a) Wählt V Erfüllung nach § 179 Abs. 1, 1. Var., wird S so behandelt, als sei ein wirksamer Kaufvertrag zwischen ihm und V geschlossen, d. h., er ist zur Zahlung des Kaufpreises verpflichtet und kann bzw. muss die »Mutzenbacher« behalten. **196**

b) Wählt V Schadensersatz nach § 179 Abs. 1, 2. Var., ist er so zu stellen, wie er bei ordnungsgemäßer Erfüllung eines wirksam geschlossenen Vertrags gestanden hätte (= Erfüllungsinteresse/positives Interesse). Im Ergebnis heißt das: Zahlung eines dem Kaufpreis entsprechenden Betrags abzüglich des tatsächlichen Werts des Buchs. Von diesem Wahlrecht wird V nur Gebrauch machen, wenn der Kaufpreis höher ist als der Wert des Buchs.

c) Die Fahrtkosten dagegen sind nicht von diesem Schadensersatz umfasst, da V Fahrtkosten auch hätte zahlen müssen, wenn der Vertrag ordentlich erfüllt worden wäre. **197**

3. *Ergebnis*
S muss gem. § 179 Abs. 1, 1. Var. den Kaufpreis an V zahlen.

Literatur zur Vertiefung:

Alpmann u. Schmidt	BGB AT 1, 4. Teil; AT 2, 1. Teil, 1. Abschn.
Brehm	§§ 9, 15
Brox/Walker	AT, §§ 5, 12, 23–27
Chiusi	Geschäftsfähigkeit im Recht der Stellvertretung, JURA 2005, 532
Däubler	BGB, Kap. 10 und 12
Hirsch	AT, Rdnrn. 483–507, 839–1062
Köhler	§§ 10, 11
Larenz/Wolf	AT, §§ 6 I–III, 30–32
Medicus	AT, §§ 38, 39 und 54–59
Mock	Grundfälle zum Stellvertretungsrecht, JuS 2008, 309, 391 u. 486
Petersen	Die Abstraktheit der Vollmacht, JURA 2004, 829
ders.	Die Geschäftsfähigkeit, JURA 2003, 97
ders.	Insichgeschäfte, JURA 2007, 418
ders.	Unmittelbare und mittelbare Stellvertretung, JURA 2003, 744
Rüthers/Stadler	§§ 23, 29–32
Wörlen	BGB AT, Rdnrn. 105–117, 301–347

Raum für eigene Notizen:

Fall 8 Stellvertretung, Anfechtung

»Graf Karl G. und der Daumier«

V in Hamburg, der dringend Geld benötigt, will seine Daumier-Zeichnung »Conversations d'Avocats« verkaufen. Da er verreisen muss, bittet er seinen Freund S, dies für ihn zu tun. 198

S setzt sich daraufhin mit mehreren Kunsthändlern in Verbindung und bietet diesen das Bild an, hat aber die Zeichnung, als V zwei Wochen später zurückkommt, immer noch nicht verkauft. Auf seiner Reise hat V jedoch einen Interessenten kennengelernt und sagt nun zu S, von dem er sich das Bild aushändigen lässt, er solle sich nicht weiter bemühen, da er, V, die Sache nun selbst in die Hand nehmen wolle.

Dennoch verkauft S zwei Tage später den »Daumier« im Namen des V an den Kunsthändler und vermögenden Grafen Karl G. (K), der auf das Angebot von S eigens von München nach Hamburg gereist war, um das Bild zu kaufen. Er hatte die Möglichkeit, das Bild mit einem Gewinn von 400,– € weiterzuverkaufen. K ist der Meinung, dass das Bild ihm zustehe, zumindest aber müssten ihm die Fahrtkosten und die 400,– € ersetzt werden.

Kann K das Bild verlangen und ggf. von wem? Hat K Ersatzansprüche?

Abwandlung:

Wie wäre es, wenn V sich zur Vorleistung verpflichtet hätte und dem K gegenüber zunächst erklärt, das Handeln des S »ginge in Ordnung«, er aber, nachdem er erfahren hat, dass K ein vermögensloser Hochstapler ist, diesem nun mitteilt, er denke nicht daran, das Bild zu liefern? 199

(Bearbeitungszeit: 3 Std.)

Besondere Vorüberlegungen
(gehören nicht in die Ausarbeitung)

A. Ausgangsfall

1. *Ausgangsfrage: »Wer* will *was von wem warum woraus?«*

200 Bevor diese Frage auf den vorliegenden Sachverhalt übertragen werden kann, muss man den Geschehensablauf völlig erfasst haben. Dies wird regelmäßig etwas schwieriger, wenn – wie hier mit V, S und K – mehr als zwei Personen am Geschehen beteiligt sind. Hier ist bedeutsam, dass das Bild sich inzwischen wieder beim ursprünglichen Eigentümer V (V hat sich das Bild von S wieder aushändigen lassen!) befindet. Der Anspruchsteller K wird sich mit seinem in der Fallfrage konkret formulierten Begehren sinnvollerweise zunächst an V, in dessen Namen S das Bild verkauft hat, wenden. Die Antwort auf die Ausgangsfrage ergibt: K will von V Übergabe des Bildes und Verschaffung des Eigentums daran, weil er meint, dass zwischen ihm und V über S ein entsprechender Vertrag geschlossen sei. Die Rechtsfolge »Übergabe und Eigentumsverschaffung« enthält § 433 Abs. 1 S. 1. Damit ist auch geklärt, »woraus« K sein Begehren herleiten will, d. h., § 433 Abs. 1 S. 1 ist *Anspruchsgrundlage* und deshalb – als hypothetisches Ergebnis formuliert – *der Falllösung voranzustellen* **(vgl. Ausarbeitung A I).**

201 2. Nunmehr sind die Voraussetzungen der Anspruchsgrundlage zu prüfen; bei § 433 also das Vorliegen eines wirksamen Kaufvertrags zwischen dem Anspruchsteller (K) und Anspruchsgegner (V) **(vgl. Ausarbeitung A I 1).**

Überflüssig (und deshalb *falsch*) wäre es, allgemeine Ausführungen darüber zu machen, dass ein Kaufvertrag durch zwei sich deckende Willenserklärungen, Angebot und Annahme, zustande kommt etc., da das ganz offensichtlich kein »Problem« der Arbeit ist und einer »stringenten« Lösung entgegensteht. Entscheidend für die Lösung ist, ob S – nur dieser verhandelte mit K – den V wirksam vertreten kann, da dann die gleichen Rechtsfolgen eintreten, als ob V selbst mit K verhandelt hätte. Deshalb sofort das Problem beim Namen nennen, d. h., die entscheidende Vertretungsvorschrift (= § 164 Abs. 1 S. 1) **(vgl. Ausarbeitung A I 2)** zitieren.

Nun die Voraussetzungen für wirksame Vertretung prüfen: »eigene Willenserklärung«, »in fremdem Namen« und »Vertretungsmacht« **(Ausarbeitung A I 2 a, b, c).**

3. **Zu Ausarbeitung A I 2 c:**

202 Dass Vertretungsmacht zum Zeitpunkt der Abgabe der Willenserklärung vorliegen muss, ergibt sich zwingend aus dem Wortlaut des Gesetzes (§ 164 Abs. 1 S. 1: »abgibt«). Da V seinen Auftrag widerrufen hat, musste die Vorschrift genannt werden, die ihm das Recht zum Widerruf gibt (§ 671 Abs. 1), und die Auswirkung auf die Vollmacht nach § 168 S. 1 dargestellt werden **(Ausarbeitung A I 2 d).**

Nicht nötig war es, sich darüber auszulassen, dass der Widerruf eine Willenserklärung ist und dass er, wie alle Willenserklärungen, nicht ausdrücklich geäußert werden muss, sondern auch konkludent erfolgen kann. Dass dies so ist und dass Sie das wissen, zeigen Sie, wenn Sie eine Formulierung, wie hier geschehen, wählen: In der *Ausarbeitung* wurde *im Satz vor »d«* gesagt, dass V dem S bereits mitgeteilt habe, er wolle die Sache selbst in die Hand nehmen. Aus dem dann folgenden Wort »damit« und dem Zitat der nachfolgenden Vorschriften (§§ 167 ff.) geht hervor, dass dieses Geschehen rechtlich richtig eingeordnet (= subsumiert) wurde!

4. **Zu Ausarbeitung A I 3 und 4:**

203 Der Hinweis auf das Nichtvorliegen von Duldungs- und Anscheinsvollmacht ist nicht unbedingt notwendig, hier aber – in dieser Kürze! – angebracht, um zu zeigen, dass man diese Möglichkeit erwogen hat und weiß, worauf es dabei ankommt (»Wissen« = bewusstes Dulden; »Wissen können« = fahrlässiges Dulden). Gleiches gilt für den Hinweis auf §§ 177 Abs. 1, 182, 184 Abs. 1.

Lösung (Ausarbeitung):

A. Ausgangsfall

I. K könnte gegen V einen Anspruch auf Übergabe des Bilds und Verschaffung des Eigentums daran gem. § 433 Abs. 1 S. 1 haben. 204

1. Voraussetzung ist, dass zwischen V und K ein wirksamer Kaufvertrag zustande gekommen ist.

2. Da K nicht mit V selbst, sondern nur mit S verhandelt hatte, ist dies nur mög- 205
lich, wenn S bei den Vertragsverhandlungen als Stellvertreter des V i. S. d. § 164 Abs. 1 S. 1 gehandelt hätte. Nach dieser Vorschrift wirken, sofern die Voraussetzungen einer wirksamen Vertretung vorliegen, die Willenserklärungen des Vertreters unmittelbar für und gegen den Vertretenen.

a) Dann muss S eine eigene Willenserklärung abgegeben haben. Diese liegt im Verkaufsangebot des S an K. Dabei handelt es sich um eine eigene Willenserklärung des S, da er sich entsprechend dem ursprünglichen Auftrag des V bezüglich Preis und Käufer selbst entscheiden konnte.

b) Diese Willenserklärung, das Angebot, muss S auch in fremdem Namen abgegeben haben. Indem S ausdrücklich »im Namen des V« verkaufte, ist auch die zweite Voraussetzung von § 164 Abs. 1 S. 1 erfüllt.

c) Schließlich muss S gem. § 164 Abs. 1 S. 1 innerhalb der ihm zustehenden Vertretungsmacht gehandelt haben. Ursprünglich hatte S eine entsprechende Vollmacht (vgl. § 166 Abs. 2 S. 1), da V ihn, indem er ihn bat, das Bild für ihn zu verkaufen, gem. § 167 Abs. 1 bevollmächtigte, den Verkauf vorzunehmen. Diese Vertretungsmacht müsste noch zum Zeitpunkt der Abgabe der Willenserklärung des Vertreters, also zum Zeitpunkt des Verkaufsangebots durch S und dessen Annahme durch K, vorgelegen haben. Zu diesem Zeitpunkt aber hatte V dem S bereits mitgeteilt, dieser solle sich nicht weiter bemühen, da er, V, die Sache nun selbst in die Hand nehmen wolle.

d) Damit hat V den der Vollmacht zugrunde liegenden Auftrag (§ 662) gem. 206
§ 671 Abs. 1 widerrufen. Dadurch ist die Vollmacht des S nach § 168 S. 1 erloschen. S handelte also ohne Vollmacht, d. h. als Vertreter ohne Vertretungsmacht, als er das Bild verkaufte. Die Voraussetzungen für eine wirksame Vertretung des V durch S sind somit nicht gegeben.

3. Auch die ausnahmsweise entsprechende Anwendung der Vertretungsvorschriften nach den Grundsätzen über die Duldungs- oder Anscheinsvollmacht kommt nicht in Betracht, da nicht ersichtlich ist, dass V von dem Handeln des S wusste oder hätte wissen können.

4. V hat den Vertrag auch nicht gem. §§ 177 Abs. 1, 182, 184 Abs. 1 genehmigt, so dass der Vertrag endgültig unwirksam ist.

5. **Zu Ausarbeitung A I 5:**

207 Eine andere Anspruchsgrundlage gegen V als § 433 Abs. 1 S. 1 ist nicht ersichtlich. Dies braucht aber in der Ausarbeitung nicht gesagt zu werden; es ergibt sich daraus, dass keine neue Anspruchsgrundlage geprüft wird und das Ergebnis (= kein Anspruch) der gesamten gutachtlichen Prüfung festgehalten wird.

6. **Zu Ausarbeitung A II:**

208 Mit dieser Formulierung zeigt man, dass man die Fallfrage (»von wem kann K das Bild verlangen«?) richtig verstanden hat.

Um Längen zu vermeiden, kann man – da die Anspruchsgrundlage § 433 Abs. 1 S. 1 ausführlich in der Ausarbeitung unter I schon geprüft wurde – die Anspruchsgrundlage und ihre Voraussetzungen gleich in einem Satz formulieren.

7. **Zu Ausarbeitung A III:**

209 a) Nachdem vorher kurz (da »unproblematisch«) festgestellt wurde, dass die Voraussetzungen für eigenen Vertragsschluss durch S nicht gegeben sind, S also Vertreter ohne Vertretungsmacht war, sind nun die Rechtsfolgen zu nennen, die sich daraus ergeben (§ 179). Da § 179 Abs. 1 von Verweigerung der Genehmigung handelt, war es angebracht, die Vorschriften zu nennen, die sich mit der Erteilung der Genehmigung (§ 177) und mit der Genehmigung selbst (§ 184) befassen.

b) Dass V die Genehmigung *nicht* erteilt, ergibt sich aus dem Sachverhalt: *Hätte* er sie (konkludent oder ausdrücklich) erteilt, käme es gar nicht zum Streit = aus dem Verlangen des K geht zwingend hervor, dass V ihm das Bild nicht – freiwillig – geben will. Unrichtig wäre es gewesen, spitzfindig festzustellen, da V noch nicht genehmigt habe, könne er dies noch tun, und dann sei der Vertrag V – K gültig usw.

Schon gar nicht durfte man hier etwa unterstellen, dass V »mangels anderer Anhaltspunkte im Sachverhalt« genehmigt habe und deshalb der Vertrag gültig sei. Solche Unterstellungen (in Übungsklausuren durchaus vorgekommen) sind unzulässig und zeigen, dass der Bearbeiter nicht verstanden hat, worauf es ankommt.

c) Schließlich sind die sich aus § 179 Abs. 1 ergebenden Rechtsfolgen *(Ausarbeitung A III 1 und 2)* im Einzelnen zu prüfen, und dann ist festzustellen, ob und wie sie durchgreifen. Dabei realistischerweise am konkreten Fall bleiben: Da S das Bild nicht herausgeben kann, wäre die Lösung unvollständig (= »falsch«), wenn man nur den Anspruch auf Erfüllung (§ 179 Abs. 1, 1. Var.) als Ergebnis festhielte, ohne auf Schadensersatz einzugehen.

Literatur zur Vertiefung:

Alpmann u. Schmidt	BGB AT 1, 4. Teil
Brehm	§ 15
Brox/Walker	AT, §§ 23–27
Däubler	BGB, Kap. 12
Hirsch	AT, Rdnrn. 849–1062
Köhler	§ 11
Larenz/Wolf	AT, §§ 30–32
Medicus	AT, §§ 54–59
Mock	JuS 2008, 309, 391 u. 486
Petersen	JURA 2003, 744
ders.	JURA 2004, 829
Rüthers/Stadler	§§ 29–32
Wörlen	BGB AT, Rdnrn. 301–347

5. *Ergebnis*
Mangels einer wirksamen Vertretung des V durch S kam zwischen K und V kein Kaufvertrag zustande. K hat keinen Anspruch gegen V aus § 433 Abs. 1 S. 1.

II. Ein Anspruch des K auf Übereignung des Bilds aus § 433 Abs. 1 S. 1 könnte aber gegen S begründet sein, wenn zwischen S und K ein Kaufvertrag geschlossen worden wäre. S verkaufte jedoch ausdrücklich im Namen des V. S gab keine auf einen Vertragsabschluss mit K gerichtete Willenserklärung ab, sondern handelte wie ein Vertreter des V, was für K auch erkennbar war, so dass § 164 Abs. 2 nicht eingreift. 210

III. Da S ohne Vertretungsmacht handelte (s. o.) und V keine Genehmigung (§§ 177 Abs. 1, 182, 184 Abs. 1) erteilte, könnte S dem K auf Erfüllung oder Schadensersatz gem. § 179 Abs. 1 haften. 211

1. Danach könnte K zwar das Bild (= Erfüllung) von S verlangen, doch ist die Realisierung des Anspruchs nicht möglich, wenn V, der Eigentümer des Bilds, dieses nicht hergibt.

2. In diesem Fall wird K daher Schadensersatz wählen. Er ist dabei so zu stellen, als ob ordnungsgemäß erfüllt worden wäre (sog. positives Interesse oder Erfüllungsinteresse), d. h., S muss dem K die 400,– € (vgl. § 252) ersetzen, nicht aber die Fahrtkosten, da diese auch bei ordnungsgemäßer Erfüllung angefallen wären.

3. *Ergebnis*
K hat also einen Anspruch gegen S auf Schadensersatz in Höhe von 400,– € aus § 179 Abs. 1, 2. Var.

B. Abwandlung

212 1. Spätestens beim Lesen der Zusatzfrage musste der Bearbeiter merken, dass im Ausgangsfall *keine* Genehmigung erteilt war.

Bis zu diesem Zeitpunkt, zu dem V erklärt, das Handeln des S ginge in Ordnung, ändert sich an der Falllösung gegenüber dem Ausgangsfall nichts. Dies ist daher in der Ausarbeitung unter Voranstellung der Anspruchsgrundlage festzustellen **(vgl. Ausarbeitung B I)**.

213 2. a) Nun ist darzulegen, worin die Änderung zum Ausgangsfall liegt, und diese Änderung ist unter die entsprechenden Rechtsvorschriften zu subsumieren **(vgl. Ausarbeitung B I 1 a)**. Zu prüfen sind also Möglichkeiten des V, sich gegen den Anspruch des K zu wehren (»Regel-Ausnahme-Prinzip«).

Regel: Sind die Voraussetzungen erfüllt, ist Anspruch entstanden; *Ausnahme:* Anspruchsgegner kann durch Einwendungen Anspruch an Entstehung hindern bzw. zum Erlöschen bringen.

b) Der den Anspruch begründende Vertrag wurde wirksam durch Genehmigung des V **(vgl. Ausarbeitung B I 2)**. Daher stellte sich die Frage, ob V die Genehmigung wieder beseitigen kann (nicht möglich durch Widerruf! – *siehe Ausarbeitung B I 1 b*); Möglichkeit aber: Anfechtung des Kaufvertrags bzw. der zum Abschluss des genehmigten Vertrags führenden WE des S (vgl. z. B. § 119). Nochmals: *Vorschriften immer lesen*!

214 3. Daher fragen, ob Anfechtung möglich ist *(Ausarbeitung B I 3)*. Also zunächst Voraussetzungen prüfen: *Anfechtungsgrund (Ausarbeitung B I 3 a)*. Hier konnte man direkt auf § 119 Abs. 2 kommen; es war aber auch nicht falsch, sondern zur Abgrenzung durchaus angebracht, mit einem Satz zu sagen, warum die Irrtumsarten des § 119 Abs. 1 nicht in Betracht kamen **(vgl. Ausarbeitung B I 3 a aa)**.

Liegt (wie unter **Ausarbeitung B I 3 a bb** festgestellt) ein Anfechtungsgrund vor, sind weitere Voraussetzungen für die Wirksamkeit der Anfechtung zu nennen. Zunächst also die Anfechtungserklärung **(Ausarbeitung B I 3 b)**.

215 **Prüfungsschema: Anfechtung von Willenserklärungen (§§ 119–124)**

- Anfechtungsgrund?
  - Inhaltsirrtum (§ 119 Abs. 1, 1. Var.)
  - Erklärungsirrtum (§ 119 Abs. 1, 2. Var.)
  - Eigenschaftsirrtum (§ 119 Abs. 2)
  - Falsche Übermittlung (§ 120)
  - Arglistige Täuschung (§ 123 Abs. 1, 1. Var.)
  - Widerrechtliche Drohung (§ 123 Abs. 1, 2. Var.)
- Anfechtungserklärung (§ 143)?
- Anfechtungsfrist (§§ 121, 124)?

B. Abwandlung

I. K könnte gegen V einen Anspruch aus § 433 Abs. 1 S. 1 auf Übergabe des Bilds und Verschaffung des Eigentums daran haben. **216**

Ob dieser Anspruch begründet ist, hängt u. a. davon ab, ob V durch S beim Vertragsschluss mit K wirksam vertreten wurde. Dies war – wie oben (unter A I 2 a–d) dargestellt – nicht der Fall, d. h., S handelte als Vertreter ohne Vertretungsmacht.

1.a) Gem. § 177 Abs. 1 hat V aber die Möglichkeit, den Vertragsschluss durch S zu genehmigen (vgl. §§ 184, 182). Dies hat V getan, indem er erklärte, das Handeln des S »ginge in Ordnung«. **217**

b) V konnte diese Genehmigung nicht widerrufen, da ein Widerruf nur bei Einwilligung möglich ist (arg. aus Vergleich §§ 183 und 184).

2. Der zunächst schwebend unwirksame Vertrag zwischen V und K wurde damit wirksam. Ein Anspruch des K gegen V auf Übereignung des Bilds gem. § 433 Abs. 1 S. 1 wäre danach begründet.

3. V könnte den Kaufvertrag aber möglicherweise durch Anfechtung (§ 142 Abs. 1) beseitigen. **218**

a) Dann muss er einen Anfechtungsgrund haben.

aa) Als solcher scheiden ein Erklärungs- oder Inhaltsirrtum i. S. d. § 119 Abs. 1 aus, da V, als er die Genehmigung aussprach, nicht ein anderes Erklärungszeichen benutzt hat, als er beabsichtigte, und die Erklärung auch nichts anderes bedeutete, als er gemeint hatte.

bb) In Betracht kommt aber ein Irrtum des S – nur seine Fehlvorstellungen sind bei der Beurteilung des Irrtums entscheidend (vgl. § 166 Abs. 1) – gem. § 119 Abs. 2, ein sog. Eigenschaftsirrtum. **219**

S müsste sich dann über eine Eigenschaft in der Person des K geirrt haben, die im Verkehr als wesentlich angesehen wird. Als eine solche Eigenschaft gilt bei einem Vorleistungsgeschäft auch die Zahlungsfähigkeit einer Person, die in der Regel bei einem Hochstapler nicht gegeben ist.

S unterlag somit einem Irrtum gem. § 119 Abs. 2, der dem Inhaltsirrtum gleichgesetzt ist und zur Anfechtung berechtigt. Ein Anfechtungsgrund liegt mithin vor.

b) Damit die Anfechtung wirksam ist, muss eine Anfechtungserklärung (§ 143 Abs. 1) gegenüber dem »Vertragspartner« K als richtigem Anfechtungsgegner (§ 143 Abs. 2) erfolgen. Dies ist im vorliegenden Fall dadurch, dass V die Erfüllung des Kaufvertrags verweigert, konkludent geschehen. **220**

Sodann die Anfechtungsfrist (**Ausarbeitung B I 3 c**).

221 4. Liegen alle Voraussetzungen für die Wirksamkeit des Einwands vom Anspruchsgegner vor, so greifen die Rechtsfolgen dieses Einwands, hier der Anfechtung, ein. D. h.: Im vorliegenden Fall ist der Vertrag nichtig (§ 142 Abs. 1) = ein Anspruch des K aus Kaufvertrag besteht deshalb nicht.

Dieses Ergebnis formulieren (**vgl. Ausarbeitung B I 4**).

5. Zu Ausarbeitung B II:

222 Dass K als Hochstapler gegenüber V keinerlei Ansprüche hat, ist eigentlich selbstverständlich; dennoch ist ein Hinweis auf die Vorschrift des § 122 angebracht, um zu zeigen, dass man diese Vorschrift, die zu den Anfechtungsregeln gehört, nicht übersehen hat.

Literatur zur Vertiefung:

Alpmann u. Schmidt	BGB AT 1, 4. Teil; AT 2, 1. Teil, 4. Abschn.
Brehm	§ 8
Brox/Walker	AT, §§ 16–20
Coester-Waltjen	Die Anfechtung von Willenserklärungen, JURA 2006, 348
Däubler	BGB, Kap. 9
Hirsch	AT, Rdnrn. 560–735
Köhler	§ 7
Larenz/Wolf	AT, §§ 20, 23 V
Medicus	AT, §§ 47–50
Mock	JuS 2008, 309, 391 und 486
Petersen	Der Irrtum im Bürgerlichen Recht, JURA 2006, 660
ders.	JURA 2003, 744
ders.	JURA 2004, 829
Rüthers/Stadler	§ 25
Wörlen	BGB AT, Rdnrn. 196–242 e

c) Schließlich muss die Anfechtungsfrist des § 121 Abs. 1 eingehalten sein, d. h., die Anfechtung muss »unverzüglich« nach Kenntnis vom Anfechtungsgrund erfolgen.

Indem V dem K nach Kenntnis von dessen Hochstaplereigenschaft mitteilte, dass er das Bild nicht liefern wolle, hat V diese Frist eingehalten.

Zur Annahme eines schuldhaften Zögerns (§ 121 Abs. 1 S. 1) gibt der Sachverhalt keinen Anlass.

4. Damit sind alle Voraussetzungen für eine wirksame Anfechtung gegeben. V's **223** Genehmigung – und damit der Kaufvertrag zwischen V und K – ist gem. § 142 Abs. 1 als von Anfang an nichtig anzusehen.

5. *Ergebnis*

Ein Anspruch des K gegen V auf Übereignung des Bilds gem. § 433 Abs. 1 S. 1 besteht somit nicht.

II. Auch ein Anspruch des K gegen V auf Schadensersatz (= Vertrauensschaden) aus § 122 Abs. 1 scheidet aus, da K als Hochstapler den Grund der Nichtigkeit bzw. der Anfechtbarkeit wohl kannte oder zumindest hätte kennen müssen (§ 122 Abs. 2).

Raum für eigene Notizen:

Fall 9 Anfechtung, Dissens, Auslegung

»Ein Zimmer für zwei«

Die Pensionswirtin Vera (V) schreibt auf Anfrage ihrer Bekannten Martha (M), die mit ihrer Tochter bei V zehn Tage Urlaub machen möchte, folgendes Angebot: »Du kannst ein Doppelzimmer bekommen. Preis (Übernachtung und Frühstück) 35,– oder 40,– € (Letzteres Balkonzimmer), alles inklusive.« M hält das Angebot für sehr günstig, da sie irrtümlich davon ausgeht, der Preis beziehe sich auf das ganze Zimmer und nicht, was in der Hotelbranche verkehrsüblich ist, auf jede Person. M nimmt das Angebot der V bezüglich des Doppelzimmers mit Balkon an und zieht, ohne mit V nochmals über den Preis zu sprechen, mit ihrer Tochter ein. Als die beiden nach zehn Tagen wieder aufbrechen und V 800,– € Miete verlangt, verweigert M die Bezahlung. Sie ist der Meinung, sie habe nur ein Angebot über insgesamt 400,– € Miete für das Doppelzimmer angenommen. **224**

1. Welchen Gesamtpreis kann V von M verlangen?

2. Kann M den Vertrag anfechten?

(Bearbeitungszeit: 90 Minuten)

Besondere Vorüberlegungen

(gehören nicht in die Ausarbeitung)

I. Frage 1

225 1. Die Ausgangsfrage, die man sich nach Erfassung des Geschehens (Sachverhalt mindestens zweimal durchlesen!) zu stellen hat, »*Wer will was von wem warum woraus?*«, lässt sich im vorliegenden Fall leicht auf den Sachverhalt übertragen: V will von M 800,– € Miete, weil sie meint, in dieser Höhe habe sie einen Mietvertrag mit M geschlossen (Falls Sie – noch – nicht wussten, dass der Mietvertrag in § 535 geregelt ist, mussten Sie im Index suchen!). Da V als Anspruchstellerin 800,– € verlangt, beginnt man sinnvollerweise mit diesem Anspruchsbegehren: § 535 Abs. 2 wird der Lösung – als hypothetisches Ergebnis formuliert – dabei als *Anspruchsgrundlage vorangestellt* **(vgl. Ausarbeitung A I).**

Da es gewiss kein Problem der Arbeit war, herauszufinden, um welche Anspruchsgrundlage und um welchen Vertragstypus es sich hier handelt, wäre ein separater Satz wie »V könnte gegen M einen Anspruch auf Zahlung von 800,– € aus § 535 Abs. 2 haben« zu schematisch gewesen. Indem man die Voraussetzungen (wie in der **Ausarbeitung unter A I** geschehen) des Anspruchs sofort nennt, steuert man direkt auf das Wesentliche zu.

226 2. Nunmehr ist zu prüfen, ob die Voraussetzungen tatsächlich vorliegen. Da – scheinbar – verschiedene Willenserklärungen der Vertragspartner (V = 800,– € Miete, M = 400,– €) vorliegen, ist der allgemeine Hinweis, dass ein Vertrag nur bei zwei kongruenten Willenserklärungen zustande kommt, nicht überflüssig **(vgl. Ausarbeitung A I 1);** denn nun ist zu prüfen, ob wirklich zwei objektiv verschiedene Willenserklärungen vorliegen, was zu einem Dissens führen würde **(vgl. Ausarbeitung A I 2).**

227 3. Bevor ein solcher Dissens bejaht werden kann, ist jedoch die objektive Bedeutung der Willenserklärungen zu ermitteln, d. h. zunächst des Angebots der V (es handelt sich nicht um eine sog. »invitatio ad offerendum« der V! Diese wurde vielmehr von M gemacht = M fragte bei V an!), welches M, »ohne mit V nochmals über den Preis zu sprechen«, annahm. Die Willenserklärung der V ist also *auszulegen* **(vgl. Ausarbeitung A II 1).**

228 4. Ist die Auslegung vollzogen, wobei jeder Hinweis im Sachverhalt beachtet werden musste, sind nach Feststellung des Ergebnisses der Auslegung dessen Folgen darzulegen **(vgl. Ausarbeitung A II 2).** Hier wurde es Ihnen dadurch einfach gemacht, dass angegeben wurde, welches die Verkehrssitte bei Zimmervermietungen in der Hotelbranche ist.

Lösung (Ausarbeitung):

A. Frage 1

I. V könnte gegen M einen Anspruch auf Zahlung von 800,– € Miete aus § 535 Abs. 2 haben, wenn zwischen beiden ein Mietvertrag mit einer in dieser Höhe vereinbarten Miete zustande gekommen wäre. **229**

1. Ein Mietvertrag läge vor, wenn V und M zwei sich deckende Willenserklärungen abgegeben hätten, wenn V also ein Angebot über 800,– € abgegeben und M dieses angenommen hätte.

2. Für sich betrachtet scheint das Angebot der V mehrdeutbar: entweder 10 x 40,– € pro Doppelzimmer oder 10 x 40,– € pro Person. Da M von Ersterem, V aber von Letzterem ausging, könnte man an einen Dissens denken, mit der Folge, dass der Vertrag im Zweifel nicht geschlossen wäre (§§ 154, 155). **230**

Ein »offener Dissens« i. S. v. § 154 kommt nicht in Betracht, da dieser voraussetzt, dass die Parteien sich »bewusst uneinig« sind, während V und M überzeugt waren, die Preisfrage sei geregelt. Allenfalls könnte ein »versteckter Dissens« gem. § 155 vorliegen. Dieser betrifft den Fall, dass die Parteien irrtümlich glauben, vollständig einig zu sein. Dann müssten beide Seiten nicht nur Verschiedenes gewollt, sondern auch tatsächlich erklärt haben. Ist dagegen der objektive Erklärungswert beider Willenserklärungen kongruent, liegt kein Dissens vor.

II. Dieser objektive Erklärungswert ist daher zu ermitteln, bevor ein Dissens angenommen werden kann; die beiden Willenserklärungen der Parteien müssen auf Übereinstimmung oder Auseinandergehen untersucht, d. h. gem. §§ 133, 157 ausgelegt werden. **231**

1. Zu prüfen ist dabei, wie der Empfänger die Erklärung verstehen durfte bzw. musste. Maßgeblich ist der objektive Erklärungsinhalt und der wirkliche Wille des Erklärenden unter Berücksichtigung von Treu und Glauben und der Verkehrssitte vom Standpunkt eines objektiven Erklärungsempfängers aus. Der wirkliche Wille der V war eindeutig auf insgesamt 800,– € Miete gerichtet. Da es in der Hotelbranche Verkehrssitte ist, Doppelzimmer preislich pro Person anzubieten, lautete das Angebot der V auch aus der Sicht eines objektiven Erklärungsempfängers: 80,– € pro Nacht für das Doppelzimmer.

2. Subjektive Vorstellungen der M sind dabei nicht maßgeblich, vielmehr hat M, »ohne nochmals mit V über den Preis zu sprechen«, deren Angebot zumindest konkludent angenommen. Objektiv stimmen Angebot und Annahme überein, ein Dissens liegt nicht vor. Der Vertrag ist zu einer Gesamtmiete von 800,– € für 10 Übernachtungen zustande gekommen. Das Verlangen der V ist begründet. **232**

III. *Ergebnis*
V hat gegen M einen Anspruch auf Zahlung von 800,– € gem. § 535 Abs. 2.

II. Frage 2

233 Aufgrund dieser Fragestellung hätte man die richtige Antwort auf Frage 1 (800,– € Miete) schon ahnen müssen: Wäre der Mietvertrag zu 400,– € Miete zustande gekommen, wie M meint, wäre eine Anfechtung durch M sinnlos. Wären die beiden Fallfragen nicht so konkret gestellt worden, sondern hätte es statt dessen z. B. geheißen: »Wer hat Recht?«, hätte man nach Feststellung des zunächst entstandenen Anspruchs der V von selbst auf die Möglichkeit der Anfechtung durch M kommen müssen.

Es waren deshalb keine schwierigen Überlegungen notwendig, sondern es kam lediglich darauf an, dass man eine sorgfältige Prüfung der Anfechtungsvoraussetzungen vornahm **(vgl. Ausarbeitung B).** Nach den Folgen der Anfechtung sowie den Durchführungsvoraussetzungen für eine ordnungsgemäße Anfechtung war zwar nicht mehr direkt gefragt, es schadet aber nicht, wenn diese – in so knapper Form wie hier – kurz dargelegt werden.

Überflüssig war es bei dieser konkreten Fragestellung aber, noch eventuelle Ansprüche der V gegen M aus § 812 zu prüfen. Ebensowenig war nach einem möglichen Anspruch der V aus § 122 Abs. 1 gefragt.

Literatur zur Vertiefung:

Alpmann u. Schmidt	BGB AT 1, 2. Teil, 2. und 4. Abschn.; AT 2, 1. Teil, 4. Abschn.
Brox/Walker	AT, §§ 6, 11, 16–20
Coester-Waltjen	Die Anfechtung von Willenserklärungen, JURA 2006, 348
dies.	Schuldverhältnis – Rechtsgeschäfte – Vertrag, JURA 2003, 819
Däubler	Kap. 9 und 11
Hirsch	AT, Rdnrn. 332–353, 560–735
Köhler	§ 7; § 8, Rdnrn. 37–43
Larenz/Wolf	AT, §§ 19 II, 20, 27 III
Medicus	AT, §§ 29, 47–50
Petersen	Der Irrtum im Bürgerlichen Recht, JURA 2006, 660
ders.	Die Auslegung von Rechtsgeschäften, JURA 2004, 536
ders.	Täuschung und Drohung im Bürgerlichen Recht, JURA 2006, 904
Rüthers/Stadler	§ 19, Rdnrn. 36–44; § 25
Wörlen	BGB AT, Rdnrn. 196–242 e, 289–299

B. Frage 2

M kann den Vertrag anfechten, wenn sie einen Anfechtungsgrund i. S. d. §§ 119 ff. hat. In Betracht kommt ein Erklärungs- oder ein Inhaltsirrtum i. S. v. § 119 Abs. 1. Da M nicht ein anderes Erklärungszeichen benutzte, als sie wollte, scheidet ein Erklärungsirrtum aus. M irrte vielmehr über die Bedeutung des Inhalts dessen, was sie erklärte. Sie erklärte: »Doppelzimmer zu 40,– €« im Glauben, 40,– € für die Übernachtung von zwei Personen zahlen zu müssen, während diese Erklärung tatsächlich bedeutete »40,– € pro Person«. Somit liegt ein Inhaltsirrtum vor und damit ein Anfechtungsgrund i. S. v. § 119 Abs. 1, 1. Var. M kann den Vertrag anfechten mit der Folge, dass der Vertrag – sofern die übrigen Anfechtungsvoraussetzungen [Anfechtungserklärung gegenüber dem richtigen Anfechtungsgegner (§ 143) und Einhaltung der Anfechtungsfrist (§ 121)] erfüllt werden – gem. § 142 Abs. 1 von Anfang an nichtig ist. 234

Raum für eigene Notizen:

Fall 10 Leistungsstörungen: Unmöglichkeit, Gattungsschuld

»Ein Apfel kommt selten allein«

K, der einen Lebensmittelladen betreibt, kauft beim Obsthändler V einen Zentner **235**
»Delicious«-Äpfel. Die Vertragspartner vereinbaren, dass V die Äpfel auf Kosten des K an diesen versenden soll. V gibt die Äpfel ordnungsgemäß verpackt als Bahnfracht auf. Unterwegs geht die Ware verloren, ohne dass V ein Verschulden daran trifft. K verlangt Lieferung eines neuen Zentners »Delicious«-Äpfel.

Zu Recht?

(Bearbeitungszeit: 60 Minuten)

Besondere Vorüberlegungen
(gehören nicht in die Ausarbeitung)

1. »*Wer* will *was von wem warum woraus?*«

236 K will von V Lieferung eines Zentners Delicious-Äpfel, weil er meint, dass V auch nach dem Verlust der abgesandten Bahnfracht zur Lieferung verpflichtet sei. Rechtlich bedeutet Lieferung der Kaufsache: Übergabe und Eigentumsverschaffung dieser Sache. Diese Rechtsfolge enthält § 433 Abs. 1 S. 1. Diese Vorschrift kommt als *Anspruchsgrundlage* für das Verlangen des K in Betracht und ist – als hypothetisches Ergebnis formuliert – der Falllösung voranzustellen **(vgl. Ausarbeitung I).** Darauf, dass V und K beide Unternehmer i. S. v. § 14 sind, so dass die Sonderregelungen über den Verbrauchsgüterkauf (§§ 474 ff.) nicht zu berücksichtigen sind, muss man in der Ausarbeitung nicht eingehen.

2. *Prüfung der Voraussetzungen der Anspruchsgrundlage*

237 Für einen Anspruch aus Vertrag ist bekanntlich sein wirksames Zustandekommen Voraussetzung = Angebot und Annahme. Man darf sich jedoch nur darüber auslassen, wenn der Sachverhalt dazu wirklich Anlass gibt, z. B. wenn Hinweise auf Geschäftsunfähigkeit eines Partners oder Anzeichen von Sittenwidrigkeit (§ 138) oder sonstige Nichtigkeitsgründe vorliegen.

In unserem Fall unproblematisch (Formulierung Sachverhalt: »kauft«), daher genügt ein kurzer Satz dazu **(vgl. Ausarbeitung I 1).**

238 3. a) Liegen die Voraussetzungen nicht vor, ist der Anspruch nicht entstanden = Prüfung abbrechen, nächste in Betracht kommende Anspruchsgrundlage prüfen.

b) Liegen – wie hier – die Voraussetzungen vor, ist *Rechtsfolge*, dass der Anspruch entstanden ist (**Ausarbeitung I 2**); es sei denn, der Anspruchsgegner kann eine Einwendung erheben, die den Anspruch zum Erlöschen bringt oder eine Einrede entgegenhalten, die die Durchsetzbarkeit des Anspruches verhindert (sog. »Regel-Ausnahme-Prinzip«) **(vgl. Ausarbeitung II).**

c) Prüfung der Voraussetzungen der in Betracht kommenden Einwendungen (**Ausarbeitung II 1 und 2** = »Regel-Ausnahme«).

239 4. a) Wenn die Voraussetzungen der Einwendung nicht vorliegen, ist der Anspruch begründet, d. h., nicht erloschen.

b) Wenn die Voraussetzungen vorliegen, ist zu prüfen, ob der Anspruchsteller sich auf Vorschriften stützen kann, die wiederum die Einwendung des Anspruchsgegners vernichten könnten **(Ausarbeitung II 3).** Dabei ist immer Bezug zum Fall zu halten, d. h., nur das zu prüfen, was für die Lösung von Bedeutung ist. Z. B. wäre es überflüssig gewesen, Hol- und Bringschuld ausführlich zu definieren – ebenso wie es z. B. oben überflüssig gewesen wäre, lange und breite Ausführungen darüber zu machen, dass ein Vertrag durch zwei wirksame Willenserklärungen, Angebot und Annahme, zustande kommt, etc.

c) Ergebnis des Gutachtens in einem Satz unter Beantwortung der Fallfrage festhalten. Gefragt ist hier *nur* nach dem Anspruch auf Lieferung! **(Vgl. Ausarbeitung II 4).**

Den Anspruch des Verkäufers auf die Gegenleistung (Zahlung des Kaufpreises) behält dieser unter den Voraussetzungen von § 326 Abs. 2 (vgl. Fall 10).

Lösung (Ausarbeitung):

I. K könnte gegen V einen Anspruch auf Lieferung eines Zentners Delicious-Äpfel gem. § 433 Abs. 1 S. 1 haben. 240

1. Voraussetzung für diesen Anspruch ist ein wirksamer Kaufvertrag, welcher zwischen K und V geschlossen wurde.

2. Der Anspruch des K gegen V gem. § 433 Abs. 1 S. 1 ist danach entstanden.

II. Der Anspruch könnte jedoch gem. § 275 Abs. 1 erloschen sein, wenn die Leistungspflicht des V wegen des Verlusts der Ware ausgeschlossen ist.

1. Grundsätzlich wird der Schuldner, dessen Leistung unmöglich ist, gem. § 275 Abs. 1 von der Verpflichtung zur Leistung frei.

2. Ob Unmöglichkeit der Leistung des V vorliegt, richtet sich nach der Art der vereinbarten Leistung hinsichtlich des Leistungs*gegenstands*. Bei einem Zentner Delicious-Äpfel, die ein Obsthändler zu liefern hat, handelt es sich grundsätzlich um eine Gattungsschuld i. S. d. § 243 Abs. 1. Danach hat V nicht einzelne, ganz konkret bestimmte Delicious-Äpfel zu liefern, sondern eine bestimmte Menge (einen Zentner) solcher Äpfel von mittlerer Art und Güte. Eine derartige Leistung des V ist nicht unmöglich geworden, da er sich einen Zentner Delicious-Äpfel jederzeit andernorts beschaffen könnte. 241

Das Beschaffungsrisiko i. S. v. § 276 Abs. 1 S. 1 trägt bei der Gattungsschuld grundsätzlich der Schuldner.

3. Die Leistungspflicht des V könnte jedoch ausgeschlossen sein, wenn sich die ursprüngliche Gattungsschuld des V bereits gem. § 243 Abs. 2 zur Stückschuld konkretisiert hat. Ob dies der Fall ist, d. h., ob der Schuldner das zur Leistung seinerseits Erforderliche getan hat, hängt von dem Inhalt des Schuldverhältnisses ab, d. h., welche Art der Schuld hinsichtlich des Leistungs*orts*, z. B. Bring-, Schick- oder Holschuld, die Vertragspartner vereinbart haben. Hier haben V und K eine Schickschuld vereinbart, da V die Ware auf Kosten des K an dessen Wohnsitz senden sollte. Bei der Schickschuld konkretisiert sich die Gattungsschuld zur Stückschuld, wenn der Schuldner die Sache ordnungsgemäß abgesandt hat (arg. aus § 447). Dies ist durch Aufgabe der Äpfel als ordnungsgemäß verpackte Bahnfracht geschehen. 242

Somit hatte V bereits alles zur Leistung der Äpfel seinerseits Erforderliche getan. Gem. § 243 Abs. 2 beschränkte sich das Schuldverhältnis nur noch auf einen konkret bestimmten Zentner Delicious-Äpfel, nämlich den von V zur Bahn gebrachten. Die Lieferung dieser Äpfel ist dem V unmöglich geworden. Somit liegen die Voraussetzungen von § 275 Abs. 1 vor.

4. *Ergebnis*
Der Anspruch des K aus § 433 Abs. 1 S. 1 ist folglich ausgeschlossen; K verlangt die Lieferung zu Unrecht.

Literatur zur Vertiefung:

Alpmann u. Schmidt	SchR AT 1, 4. Teil, 1. Abschn.
Brox/Walker	SchR AT, §§ 8, 22
Canaris	Die Bedeutung des Übergangs der Gegenleistungsgefahr im Rahmen von § 243 II BGB und § 275 II BGB, JuS 2008, 793
Coester-Waltjen	Die Gegenleistungsgefahr, JURA 2007, 110
dies.	Verzögerungsgefahr, Sachgefahr, Leistungsgefahr, JURA 2006, 829
Däubler	BGB, Kap. 13 und 16
Fikentscher/Heinemann	§§ 28, 43
Hirsch	SchR AT, Rdnrn. 104–126
Larenz	SchR AT, § 11
Looschelders	AT, §§ 15, 23
Mattheus	Schuldrechtsmodernisierung 2001/2002: Die Neuordnung des Leistungsstörungrechts, JuS 2002, 209
Medicus	SchR AT, §§ 19 I–IV
Meier	Neues Leistungsstörungsrecht: Nachträgliche Unmöglichkeit und nachträgliches Unvermögen in der Fallbearbeitung, JURA 2002, 118
dies.	Neues Leistungsstörungsrecht: Anfängliche Leistungshindernisse, Gattungsschuld und Nichtleistung trotz Möglichkeit, JURA 2002, 187
Otto	Die Grundstrukturen des neuen Leistungsstörungsrechts, JURA 2002, 1
Schwarze	Unmöglichkeit, Unvermögen und ähnliche Leistungshindernisse im neuen Leistungsstörungsrecht, JURA 2002, 73
Wörlen	SchR AT, Rdnrn. 81–84, 173–178, 192–208, 222–230a

Raum für eigene Notizen:

Fall 11 Leistungsstörungen: Unmöglichkeit, Gläubigerverzug

»Tränen sind immer das Ende«

Privatier K aus Freiburg bestellt im März bei dem Weingut V in Breisach 50 Flaschen Weißwein »Kaiserstühler Tränenberg«. Es wurde vereinbart, dass V den Wein am 11.05. persönlich liefern und K ihn gleich bei Lieferung bezahlen sollte. Am 01.05. reiste K für vier Wochen zur Erholung nach Spanien. Die Weinbestellung hatte er vergessen. Als V den Wein am 11.05. mit seinem Lieferwagen zur Wohnung des K brachte, fand er diese verschlossen und erfuhr von den Nachbarn, dass K erst in 14 Tagen wieder zurückkommen werde. Aus Ärger über die nutzlose Fahrt fuhr V auf dem Rückweg etwas zu schnell und konnte deshalb den Zusammenstoß mit einem auf der falschen Straßenseite entgegenkommenden Wagen, dessen Fahrer betrunken war, nicht mehr verhindern. Bei dem Unfall gingen die 50 Flaschen Wein zu Bruch. **243**

K, vom Urlaub zurückgekehrt, besteht auf Lieferung des bestellten Weins bzw. Schadensersatz, V dagegen verlangt Bezahlung, ohne nochmals liefern zu wollen.

Wer hat Recht?

(Bearbeitungszeit: 2 Std.)

Besondere Vorüberlegungen
(gehören nicht in die Ausarbeitung)

I. Ansprüche K gegen V

1. *Ausgangsfrage: »Wer* will *von wem was warum woraus?«*

244 Die allgemeine, bei jeder Klausur-Lösung zu berücksichtigende Frage ist nun unter Heranziehung der speziellen Fallfrage auf den vorliegenden Sachverhalt zu übertragen und zu beantworten. Die Fallfrage »Wer hat Recht?« ist noch konkretisierungsbedürftig, d. h. hier: »Wer von den beiden Beteiligten hat einen (welchen) Anspruch gegen den anderen?« Da beide – K und V – etwas verlangen, ergeben sich zwei Fragen:
(1) Kann K von V Lieferung
und
(2) Kann V von K Bezahlung des Weins verlangen?
Da der Sachverhalt keinen besonderen Anlass dazu gibt, die Reihenfolge der Ansprüche zu ändern, ist die von der Fallfrage in Verbindung mit den beiden vorhergehenden Sätzen vorgegebene Reihenfolge [(I) K gegen V, (II) V gegen K] einzuhalten.

Die Beantwortung der allgemeinen Ausgangsfrage, übertragen auf den Sachverhalt und in Verbindung mit der speziellen Fallfrage, ergibt somit zu I: K (»wer«) will von V (»von wem«) Lieferung des Weins (»was«), weil er glaubt, dass zwischen ihm und V ein Kaufvertrag zustande gekommen sei (»warum«), aus dem (»woraus«) V zur Lieferung verpflichtet sei. Lieferung einer Sache im juristischen Sinne bedeutet »Übergabe und Verschaffung des Eigentums« an der Sache. Dies ist in § 433 Abs. 1 S. 1 geregelt.

Diese Vorschrift ist *Anspruchsgrundlage*, aus der K sein Begehren herleiten könnte und – als hypothetisches Ergebnis formuliert – der Ausarbeitung *voranzustellen* **(vgl. Ausarbeitung A I).**

2. *Prüfung der Voraussetzungen der Anspruchsgrundlage*

245 Da ein Kaufangebot nicht ausdrücklich im Sachverhalt angesprochen wird – es ist nur von »Bestellung« die Rede –, ist ein kurzer Satz zu Angebot und Annahme erforderlich **(vgl. Ausarbeitung I 1).** Mehr aber auch nicht, da der Vertragsschluss unter den Parteien nicht streitig ist: Beide wollen ja Erfüllung dieses Vertrags!

3. a) Liegen die Voraussetzungen nicht vor, ist der Anspruch nicht entstanden = Prüfung abbrechen und nächste in Betracht kommende Anspruchsgrundlage prüfen (hier nicht einschlägig).

246 b) Liegen – wie hier – die Voraussetzungen vor, ist Rechtsfolge, dass der Anspruch entstanden ist **(vgl. Ausarbeitung A I 2).**

Nunmehr ist zu überlegen, ob der Anspruchsgegner (hier V) Einwendungen entgegenhalten kann, die den Anspruch zum Erlöschen bringen können. Der Bearbeiter muss sich in die Lage des V versetzen. Allein der Annahmeverzug des K, an den man beim Lesen des Sachverhalts sofort denken mag, beseitigt die Lieferpflicht des V noch nicht = Argument aus § 304, der die Möglichkeit der Lieferung des geschuldeten Gegenstands voraussetzt.

Merke: Keine Vorschrift der §§ 293 ff. (*»Gläubigerverzug«*) ergibt, dass der Lieferungsanspruch des Gläubigers bzw. die Leistungspflicht des Schuldners entfällt! Als Vorschrift, nach der V von der Leistung frei werden kann, kommt nur § 275 in Betracht.

c) In der Klausur sind diese Überlegungen selbstverständlich nicht auszusprechen; vielmehr ist sofort die mögliche Einwendung des Anspruchsgegners zu zitieren, wobei es sinnvoll ist, gleich auch ihre Voraussetzung zu nennen **(vgl. Ausarbeitung A I 3).**

Diese Voraussetzung ist nun zu prüfen: Nachträgliche objektive Unmöglichkeit **(vgl. Ausarbeitung A I 3 a–c).** Dabei Schritt für Schritt vorgehen und den Sachverhalt unter rechtliche Begriffe subsumieren: Unmöglichkeit grundsätzlich nur bei Stückschuld, nicht bei Gattungsschuld; liegt Gattungsschuld vor, Konkretisierung zur Stückschuld möglich; Zeitpunkt der Konkretisierung richtet sich nach Art des Erfüllungs- bzw. Leistungsorts. Das ist der Ort, an dem der Schuldner seine Leistungshandlung zu erbringen hat, um das »seinerseits Erforderliche« i.S.v. § 243 Abs. 2 getan zu haben. Davon zu unterscheiden ist der *Erfolgsort*, an dem die Erfüllung eintritt. Die Orte können je nach Art der Schuld (Holschuld, Bringschuld, Schickschuld) auseinander- oder zusammenfallen. Falls Sie das nicht (mehr) gewusst haben, lesen Sie in der nachfolgenden »Literatur zur Vertiefung« nach.

Lösung:

A. Ansprüche K gegen V

I. K könnte gegen V einen Anspruch auf Lieferung des bestellten Weins aus § 433 Abs. 1 S. 1 haben. **247**

1. Voraussetzung ist, dass zwischen K und V ein wirksamer Kaufvertrag geschlossen wurde. Das dazu erforderliche Angebot i. S. v. §§ 145 ff. liegt in der Bestellung des K; die Annahme durch V erfolgt mit Vereinbarung der Lieferungsmodalitäten.

2. Der Anspruch des K gem. § 433 Abs. 1 S. 1 ist somit entstanden.

3. Der Anspruch des K könnte aber erloschen sein, wenn dem V die Lieferung der bestellten 50 Flaschen Wein unmöglich ist (§ 275 Abs. 1). **248**
a) Unmöglichkeit der Lieferung könnte dadurch eingetreten sein, dass die von V am 11.05. zu K gebrachten Flaschen Wein auf der Rückfahrt zerstört wurden.

Dann muss es sich bei den 50 Flaschen Wein um eine Stückschuld handeln, da im Falle, dass es sich um eine Gattungsschuld i. S. d. § 243 Abs. 1 handeln würde, die Lieferung solcher Flaschen Wein gleicher Art und Güte noch möglich wäre und V das Beschaffungsrisiko (§ 276 Abs. 1 S. 1) zu tragen hätte.

b) Bei 50 Flaschen Weißwein einer bestimmten Sorte handelt es sich grundsätzlich um eine Gattungsschuld i. S. d. § 243 Abs. 1, da zunächst eine bestimmte Weinsorte mittlerer Art und Güte geschuldet wird. Gem. § 243 Abs. 2 wandelt sich aber die Gattungsschuld in eine Stückschuld um, wenn der Schuldner alles seinerseits Erforderliche getan hat, um seine Leistung zu erbringen. **249**

c) Zu welchem Zeitpunkt diese Konkretisierung der Gattungsschuld zur Stückschuld eintritt, richtet sich nach dem Inhalt des vereinbarten Schuldverhältnisses hinsichtlich des Leistungsorts, d. h., entscheidend ist, ob eine Bring-, Schick- oder Holschuld vereinbart wurde. Aus der Vereinbarung, dass V dem K den Wein persönlich liefern sollte, ist auf eine Bringschuld zu schließen. Danach hat V mit der versuchten Lieferung am 11.05. das seinerseits Erforderliche getan, um seine Leistung zu erbringen. Somit hat sich die Gattungsschuld vor der Zerstörung der Flaschen bei dem Unfall zur Stückschuld konkretisiert (§ 243 Abs. 2). Die Lieferung dieser 50 Flaschen Wein ist dem V unmöglich geworden, so dass § 275 Abs. 1 zur Anwendung kommt.

4. *Ergebnis*
Somit ist V von seiner ursprünglichen Leistungspflicht frei geworden, d. h. der Anspruch des K aus § 433 Abs. 1 S. 1 auf Lieferung der bestellten 50 Flaschen Wein ist gem. § 275 Abs. 1 ausgeschlossen.

4. Zu Ausarbeitung A II 1 und 2:

250 Da V auf der Heimfahrt etwas zu schnell fuhr, liegt der Gedanke nahe, dass er die Unmöglichkeit der Leistung verschuldet und die Pflichtverletzung daher zu »vertreten« hat. Diesen Fall erfasst zunächst § 280 Abs. 1, auf den § 275 Abs. 4 ebenso verweist wie auf § 283. Da bereits festgestellt wurde, dass V nach § 275 Abs. 1 nicht zu leisten braucht, kommt grundsätzlich ein Anspruch des K aus § 283 (auf den auch § 280 Abs. 3 verweist) in Betracht, d. h. genauer: ein Anspruch aus § 283 S. 1 »unter den Voraussetzungen des § 280 Abs. 1«. Diese Paragrafenkette bildet somit die Anspruchsgrundlage, deren *Voraussetzungen* im Folgenden zu *prüfen* sind.

251 **Prüfungsschema: Schadensersatz statt der Leistung bei nachträglicher Unmöglichkeit (§ 280 Abs. 1 und 3 i. V. m. § 283)**

- Wirksames Schuldverhältnis (§ 280 Abs. 1 S. 1)
- Pflichtverletzung durch den Schuldner infolge nachträglicher Unmöglichkeit (§§ 280 Abs. 1 S. 1, § 275 Abs. 1 oder Abs. 2 oder Abs. 3)
- Vertretenmüssen (§ 280 Abs. 1 S. 2 i. V. m. § 276 oder § 278)
- Kausaler Schaden beim Gläubiger (§ 280 Abs. 1 S. 1)

Umfang des Schadensersatzes: §§ 249 ff.

5. Zu Ausarbeitung A II 3:

252 Die Grundregel des Vertretenmüssens enthält § 276. Auch hier gilt (wie immer!): Gesetz genau *lesen*! Die Formulierung in § 276 Abs. 1 »sofern nicht ein anderes bestimmt ist« führt zur Frage nach dem Eingreifen einer Sondervorschrift, hier z. B. einer Verzugsvorschrift (vgl. § 300 Abs. 1). Erst an *dieser* Stelle wird der Gläubigerverzug des K bedeutsam!

253 **Prüfungsschema: Annahmeverzug des Gläubigers (§§ 293 ff.)**

- Erfüllbarkeit der Leistung (§ 271)
- Ordnungsgemäßes Leistungsangebot (§§ 294–296)
- Leistungswille und Leistungsvermögen (§ 297)
- Nichtannahme der Leistung (§ 293) sowie keine nur vorübergehende Annahmeverhinderung (§ 299)

Diese Voraussetzungen muss man kennen und gedanklich prüfen, aber nicht *jede* in *jedem* Fall schriftlich abhandeln. Hier genügte es, die Nichtannahme durch K (§ 293) und das tatsächliche und ordnungsgemäße Angebot des V (§ 294) hervorzuheben **(vgl. Ausarbeitung A II 3a bis c).**

II. K könnte aber gegen V einen Anspruch auf Schadensersatz statt der Leistung gem. §§ 280 Abs. 1 und 3, 283 S. 1 haben. 254

1. Dann muss zwischen V und K ein wirksames Schuldverhältnis vorliegen. Diese Voraussetzung ist mit dem zwischen V und K geschlossenen Kaufvertrag i. S. v. § 433 erfüllt.

2. Weiterhin muss der Schuldner gem. § 280 Abs. 1 S. 1 eine Pflichtverletzung begangen haben. V war gem. § 433 Abs. 1 S. 1 verpflichtet, dem K 50 Flaschen Wein zu liefern. Diese Flaschen wurden zerstört. Folglich kann V seine Leistungspflicht aufgrund nachträglicher Unmöglichkeit (§ 275 Abs. 1) nicht mehr erfüllen.

Somit liegt eine Pflichtverletzung durch V vor.

3. V muss diese Pflichtverletzung gem. § 280 Abs. 1 S. 2 zu vertreten haben. 255
Nach § 276 Abs. 1 S. 1 hat der Schuldner Vorsatz und Fahrlässigkeit zu vertreten, wenn eine strengere oder mildere Haftung nicht ersichtlich ist. V fuhr etwas zu schnell und hat damit die im Verkehr erforderliche Sorgfalt missachtet und somit fahrlässig gem. § 276 Abs. 2 gehandelt. Hier könnte sich aber zu Gunsten des V eine mildere Haftung aus § 300 Abs. 1 ergeben. Danach hat der Schuldner nur Vorsatz und grobe Fahrlässigkeit zu vertreten, wenn sich der Gläubiger (bei Eintritt der Unmöglichkeit) im Annahmeverzug befindet.

a) Indem K die Leistung des V nicht angenommen hat, könnte er in Annahmeverzug (§ 293) gekommen sein.

b) Die Leistung war am 11.05. erfüllbar (§ 271). Ebenso bestand zu diesem Zeitpunkt noch die Möglichkeit zur Leistungserbringung (§ 297).

c) Fraglich ist, ob V die Leistung ordnungsgemäß angeboten hat (§ 294). Ein 256
ordnungsgemäßes Angebot nach § 294 setzt voraus, dass die Leistung zur richtigen Zeit (§ 271) am richtigen Ort (§§ 269, 270) vom Schuldner dem Gläubiger tatsächlich angeboten wird. Beide vereinbarten, dass der Wein am 11.05. bei K anzuliefern sei, also eine Bringschuld. Folglich konnte die Leistung nur am Wohnort des K erbracht werden. V war am 11.05. am Wohnort des K mit den 50 Flaschen Wein. Allerdings nahm K die Flaschen nicht an, weil er nicht anwesend war. Dies spielt nach § 299 aber nur eine Rolle, wenn es sich um eine vorübergehende Annahmeverhinderung handelt. Als Liefertermin war der 11.05. vereinbart, so dass kein Fall der Annahmeverhinderung nach § 299 vorliegt. Somit hat V die Leistung dem K tatsächlich und ordnungsgemäß nach § 294 angeboten. K befand sich also im Annahmeverzug.

6. Hinweise zu §§ 294–296 (»ordnungsgemäßes Angebot«)

Die Leistung muss *grundsätzlich* tatsächlich angeboten werden (§ 294). Ein tatsächliches Angebot setzt voraus, dass der Schuldner alles getan hat, was ohne Mitwirkung des Gläubigers möglich ist; er muss also die von ihm zu erbringende (ordnungsgemäße) Leistungshandlung soweit vorgenommen haben, dass der Gläubiger nur noch »zugreifen« und die Leistung anzunehmen braucht. Die konkreten Anforderungen an die Leistungshandlung richten sich danach, ob Bring-, Schick- oder Holschuld vereinbart wurde (dazu Rdnr. 246).

Ausnahmsweise genügt ein wörtliches Angebot (§ 295), wenn der Gläubiger erklärt, er werde die Leistung nicht annehmen (1. Var.), oder der Gläubiger die geschuldete Leistung abzuholen hat (2. Var.). Im Fall des § 295 S. 1, 2. Var. ist auch ein wörtliches Angebot entbehrlich, wenn der Zeitpunkt für die Mitwirkungshandlung nach dem Kalender bestimmt ist (§ 296).

7. Hinweis zu § 300 Abs. 1 (»grob fahrlässig«):

257 Wenn Annahmeverzug bejaht wird, muss im Anschluss überprüft werden, ob »grobe« Fahrlässigkeit vorliegt. Grobe Fahrlässigkeit bedeutet, dass die im Verkehr erforderliche Sorgfalt in besonders hohem Maße außer Acht gelassen wird. Wenn dies bei V bejaht würde, so erschiene das etwas lebensfremd, zumal dann für »einfache« Fahrlässigkeit, die dem Schuldner im Verzug des Gläubigers gerade nicht vorzuwerfen ist, kein Platz mehr wäre **(Ausarbeitung A II 4).**

II. Ansprüche V gegen K

1. *»Wer* will *von wem was warum woraus?«:*

258 V will von K Bezahlung des Weins, weil er glaubt, dass K trotz Nichtlieferung aufgrund des wirksamen Kaufvertrags aus § 433 Abs. 2 dazu verpflichtet sei.

2. Anspruchsgrundlage § 433 Abs. 2 voranstellen **(Ausarbeitung B I).**

3. Voraussetzungen der Anspruchsgrundlage prüfen bzw. hier, da Kaufvertrag schon oben bejaht wurde, nur kurz auf ihr Vorliegen hinweisen **(Ausarbeitung B I 1).**

4. Vorschrift suchen, die aus der Sicht des Anspruchs*gegners* (nun K) den Anspruch vernichten kann. Dabei den ganzen Fall im Auge behalten: Unmöglich wurde die Leistung des V; die Bezahlung ist also die *Gegenleistung* zur unmöglich gewordenen Leistung. Von dieser Gegenleistung ist nicht in §§ 275 ff., sondern nur in §§ 320 ff. die Rede!

5. Da der Schuldner V, wie festgestellt, nach § 275 Abs. 1 nicht zu leisten braucht, ist zunächst an § 326 Abs. 1 S. 1 zu denken **(Ausarbeitung B II 1)**, sofern nicht eine Sondervorschrift eingreift: K war bezüglich der unmöglich gewordenen Leistung *Gläubiger* und als solcher in Annahmeverzug (s. o.), so dass § 326 Abs. 2 S. 1, 2. Var. bzw. im Kaufrecht § 446 S. 3 eingreift **(Ausarbeitung B II 2).**

259 6. Die Rechtsfolgen des § 446 S. 3 sind die gleichen wie die des § 326 Abs. 2 S. 1, 2. Var. K bleibt zur Zahlung verpflichtet. Dieses Ergebnis ist abschließend zu formulieren **(Ausarbeitung B III).**

Merke: § 326 Abs. 2 und § 446 S. 3 sind keine »Anspruchsgrundlagen«, sondern nur *Rechtsfolgenregelungen*, die besagen, dass unter bestimmten Voraussetzungen (= bei alleiniger oder weit überwiegender Verantwortlichkeit des Gläubigers oder bei Annahmeverzug) der Anspruch des Schuldners auf die *Gegenleistung* bestehen bleibt. »Anspruchsgrundlage« ist – beim Kaufvertrag! – *allein* § 433 Abs. 2. Richtiges Zitat ist daher: »... Anspruch aus § 433 Abs. 2«!

Hinweis für den Fall einer bereits geleisteten Anzahlung des Käufers:

260 Wenn die Leistung gem. § 275 unmöglich ist, entfällt grundsätzlich die Gegenleistungspflicht gem. § 326 Abs. 1 S. 1 Hs. 1. Ist die dann nicht geschuldete Gegenleistung aber bereits erbracht, kann sie nach § 326 Abs. 4 i.V.m. § 346 Abs. 1 zurückgefordert werden.

4. V handelte bei Eintritt der Unmöglichkeit auch nicht vorsätzlich oder grob fahrlässig, sondern nur leicht fahrlässig. Er fuhr lediglich »etwas zu schnell«, womit er die im Verkehr erforderliche Sorgfalt nicht in besonders hohem Maß außer Acht gelassen hat, im Gegensatz zu seinem Unfallgegner, der unter Einfluss von Alkohol auf der falschen Straßenseite fuhr. Somit hat V die Pflichtverletzung nicht zu vertreten (arg. aus § 300 Abs. 1). **261**

5. *Ergebnis*
Der Anspruch des K gegen V auf Schadensersatz statt der Leistung gem. §§ 280 Abs. 1 und 3, 283 S. 1 ist folglich nicht begründet.

B. Ansprüche V gegen K

I. Ein Anspruch des V gegen K auf Bezahlung des Weins könnte sich aus § 433 Abs. 2 ergeben.

1. Voraussetzung ist ein wirksamer Kaufvertrag, dessen Vorliegen bereits (unter A I 1) bejaht wurde. **262**

2. Der Zahlungsanspruch des V ist somit entstanden.

II. Fraglich ist, ob auch dieser Anspruch des V auf die Gegenleistung des K wegen der Unmöglichkeit der Leistung des V entfallen ist.

1. Dies ist gem. § 326 Abs. 1 S. 1 grundsätzlich der Fall, wenn der Schuldner – wie hier V – nach § 275 Abs. 1 (bis 3) nicht zu leisten braucht.

2. Ausnahmsweise kann der Anspruch auf die Gegenleistung nach § 326 Abs. 2, bei Annahmeverzug des Gläubigers nach § 326 Abs. 2 S. 1, 2. Var. trotz Entfallens der Leistungspflicht bestehen bleiben. Im Kaufrecht richtet sich der Übergang der Preisgefahr nach den Sondervorschriften §§ 446, 447 Abs. 1, 474 Abs. 2. Ist die Gefahr des zufälligen Untergangs auf den Käufer übergegangen, muss er den Kaufpreis zahlen, obwohl er keine Leistung mehr erhält (sog. Preisgefahr). **263**

Nach § 446 S. 1 geht die Gefahr für den zufälligen Untergang grundsätzlich mit der Übergabe der Sache auf den Käufer über. Eine Übergabe der 50 Flaschen Weißwein ist noch nicht erfolgt.
Der Übergabe ist nach § 446 S. 3 der Annahmeverzug (§§ 293 ff.) gleichgestellt. K befand sich zu dem Zeitpunkt des Unfalls als Gläubiger in Annahmeverzug nach § 293 (s. o. A II 3). Somit ist die Preisgefahr für den zufälligen Untergang nach § 446 S. 3 auf ihn übergegangen.

Literatur zur Vertiefung:

Alpmann u. Schmidt	SchR AT 1, 4. Teil, 1. u. 2. Abschn., 5. Teil
Brox/Walker	SchR AT, §§ 22, 26
Coester-Waltjen	JURA 2006, 82
dies.	JURA 2007, 110
Däubler	BGB, Kap. 16
Fikentscher/Heinemann	§§ 43, 45
Larenz	SchR AT, § 11 I, 14 IV
Looschelders	AT, §§ 22, 38
Mattheus	JuS 2002, 209
Medicus	SchR AT, §§ 33, 36, 42, 44
Meier	JURA 2002, 118; JURA 2002, 187
Otto	JURA 2002, 1
Schwarze	JURA 2002, 73
Tetenberg	Der Bezugspunkt des Vertretenmüssens beim Schadensersatz statt der Leistung, JA 2009, 1
Wörlen	SchR AT, Rdnrn. 80–84, 192–220

Zu prüfen ist, ob die Unmöglichkeit der Leistung zufällig eingetreten ist. Zufall bedeutet, dass keine Vertragspartei den Untergang zu vertreten hat. Zu vertreten hat man grundsätzlich Vorsatz und Fahrlässigkeit (§ 276 Abs. 1), wenn keine mildere oder strengere Haftung bestimmt ist. Zwar hat V nach § 276 Abs. 2 durch das »etwas zu schnelle« Fahren fahrlässig gehandelt. Aber nach § 300 Abs. 1 hat er während des Annahmeverzugs nur Vorsatz und grobe Fahrlässigkeit zu vertreten. Grob fahrlässig handelt, wer die im Verkehr erforderliche Sorgfalt in besonders schwerem, ungewöhnlich hohem Maße außer Acht lässt. Etwas zu schnelles Fahren zählt dazu jedenfalls nicht (s. o. A II 4). Somit hat V nicht grob fahrlässig gehandelt und das Leistungshindernis nicht zu vertreten.

Folglich ist der Anspruch auf Kaufpreiszahlung nicht erloschen (§ 446 S. 3).

III. *Ergebnis*

V hat gegen K einen Anspruch auf Kaufpreiszahlung aus § 433 Abs. 2.

Raum für eigene Notizen:

Fall 12 Leistungsstörungen: Unmöglichkeit, Aufrechnung

»Notschlachtung«

Der Landwirt Karl Kornfeld (K) aus Abenddorf kaufte am 3. März fernmündlich von dem Geflügelhändler Volkmar Vederfie (V) aus Berghausen, der ihn seit Jahren belieferte, 30 Junghühner der von V gezüchteten Rasse New Hampshire zum Preis von 5,– € pro Stück. V sollte die Tiere versandfertig verkisten und die an K adressierte Fracht bis spätestens 6. März ab Bahnhof Berghausen aufgeben; Zahlung war nach Erhalt der Sendung vereinbart. **264**

Am Morgen des 6. März verlud V die für K bestimmten Posten in seinen Pkw-Anhänger, zusammen mit seinen restlichen verkaufsfähigen Jungtieren, die er an andere Kunden versenden wollte. Auf dem Weg zum Bahnhof kam es zu einem schweren, von V unverschuldeten Unfall; sämtliche Hühner wurden getötet bzw. mussten noch am Unfallort notgeschlachtet werden. Die Versicherung des Unfallgegners bezahlte dem V je Tier 6,50 €.

Welche Ansprüche hat K gegen V?

(Bearbeitungszeit: 2 Std.)

Besondere Vorüberlegungen

(gehören nicht in die Ausarbeitung)

265 1. Suche nach der Anspruchsgrundlage: »*Wer* will *von wem was warum woraus?*« Auf den vorliegenden Sachverhalt übertragen, ergibt die Beantwortung dieser Frage: K will von V in erster Linie Lieferung (Übereignung) von 30 Junghühnern, weil er meint, dass V dazu aufgrund des am 3. März geschlossenen Kaufvertrags verpflichtet sei. Die Rechtsfolge »Übereignung« (= Übergabe und Eigentumsverschaffung) enthält § 433 Abs. 1 S. 1, welcher als *Anspruchsgrundlage* der Ausarbeitung *voranzustellen* ist **(vgl. Ausarbeitung I).**

2. *Prüfung der Voraussetzungen der Anspruchsgrundlage*

266 Hier: Abschluss eines wirksamen Kaufvertrags gem. § 433, der hier (K »kaufte«) vorliegt. Ausführungen darüber, dass ein Vertrag durch Angebot und Annahme zustande kommt etc., sind daher überflüssig. Es genügt, den Vertragsschluss mit seinen grundsätzlichen Folgen kurz darzustellen **(vgl. Ausarbeitung I 1).** Liegen die Voraussetzungen – wie in unserem Fall – vor, so ist die Rechtsfolge, dass der Anspruch besteht, sofern der Anspruchsgegner keine Einwendungen entgegenhalten kann, die den Anspruch zum Erlöschen bringen können (»Regel-Ausnahme-Prinzip«) **(vgl. Ausarbeitung I 2).**

267 3. Prüfung der Voraussetzung der möglichen Einwendung **(Ausarbeitung I 2 a–c).** Schwierigkeiten machte es einigen Bearbeitern zu erkennen, dass trotz Vorliegens einer Gattungsschuld Unmöglichkeit vorlag, weil es sich um eine »Vorratsschuld« **(vgl. Ausarbeitung I 2 c)** handelte. Die Vorratsschuld ist eine Form der Gattungsschuld, bei der eine Sache mittlerer Art und Güte (§ 243 Abs. 1) aus einem ganz bestimmten Vorrat geschuldet wird. Wenn dieser Vorrat nicht mehr vorhanden ist, ist die Leistungspflicht des Schuldners gem. § 275 Abs. 1 ausgeschlossen!

Lösung (Ausarbeitung):

I. K könnte gegen V einen Anspruch auf Übereignung von 30 Junghühnern gem. § 433 Abs. 1 S. 1 haben. **268**

1. Voraussetzung für diesen Anspruch ist, dass zwischen K und V ein wirksamer Kaufvertrag geschlossen wurde, was hier am 3. März geschehen ist. Der Anspruch des K gegen V gem. § 433 Abs. 1 S. 1 ist danach entstanden.

2. Der Anspruch könnte aber erloschen sein, wenn die Übereignung der Hühner dem V durch die Folgen des Unfalls unmöglich und die Leistungspflicht des V ausgeschlossen ist (§ 275 Abs. 1).

a) Ob Unmöglichkeit vorliegt, richtet sich zunächst nach der Art der vereinbarten Leistung bezüglich des Leistungsgegenstandes, d. h., danach, ob eine Stück- oder Gattungsschuld vorliegt, da im letzteren Fall § 276 Abs. 1 S. 1 zur Anwendung käme, wonach das Beschaffungsrisiko bei V läge. Bei Junghühnern aus einer bestimmten Rasse handelt es sich grundsätzlich um eine Gattungsschuld i. S. d. § 243 Abs. 1. V hat danach nicht einzelne, konkret bestimmte Junghühner seiner New-Hampshire-Zucht zu liefern, sondern eine bestimmte Menge (30) solcher Hühner mittlerer Art und Güte. **269**

b) Möglicherweise hat sich diese Gattungsschuld aber bereits gem. § 243 Abs. 2 zur Stückschuld konkretisiert. Dies richtet sich nach der Art des vereinbarten Leistungsorts, d. h. entscheidend ist, ob die Parteien eine Bring-, Schick- oder Holschuld vereinbart haben. Hier wurde eine Schickschuld vereinbart, da V die Ware an den Wohnsitz des K versenden sollte. Bei der Schickschuld konkretisiert sich die Gattungsschuld zur Stückschuld, wenn der Schuldner die Sache ordnungsgemäß abgesandt bzw. an einen Spediteur oder Frachtführer übergeben hat (arg. aus § 447 Abs. 1). Dies war jedoch noch nicht geschehen, da V sich bei Zerstörung der Ware noch auf dem Wege zum Bahnhof befand. **270**

c) Bei den Junghühnern handelt es sich also nach wie vor um eine Gattungsschuld, bei der der Schuldner grundsätzlich verpflichtet ist, sich den geschuldeten Leistungsgegenstand andernorts zu beschaffen (§ 276 Abs. 1 S. 1). Das Beschaffungsrisiko ist allerdings bei der Gattungsschuld in Gestalt der sog. »Vorratsschuld« beschränkt und besteht nur, solange der Vorrat reicht. V und K haben vereinbart, dass V 30 Junghühner aus der »von ihm gezüchteten« Rasse »New Hampshire« liefern sollte. Somit handelt es sich um eine Vorratsschuld. Da sämtliche verkaufsfähigen Junghühner untergegangen sind, ist die Lieferung der 30 Hühner aus dem Vorrat des V nachträglich objektiv unmöglich geworden. Es liegt also ein Fall des § 275 Abs. 1 vor, mit der Folge, dass V von seiner Leistungspflicht frei wird. **271**

3. *Ergebnis*
K hat daher gegen V keinen Anspruch auf Übertragung von 30 Junghühnern aus § 433 Abs. 1 S. 1.

4. Da der Unfall von V nicht verschuldet war, konnte der Anspruch auf Schadensersatz aus §§ 280 Abs. 1 und 3, 283 S. 1 in dieser Kürze abgehandelt werden **(Ausarbeitung II)**. In solch klaren Fällen ist der »Urteilsstil« erlaubt.

272 5. Hätte der Sachverhalt den Hinweis auf eine Versicherungsleistung an B nicht enthalten, hätte die Ausarbeitung nach I 3 beendet werden müssen.

Wenn ein Sachverhalt, bei dem es um eine unmöglich gewordene Leistung geht, keinen Hinweis auf eine Ersatzleistung an den Schuldner enthält, wäre es überflüssig (falsch), wenn ein Bearbeiter sich über das »stellvertretende commodum« i. S. d. § 285 Abs. 1 ausließe. Dies wäre dann unnötige Wissensausbreitung, die häufig zusätzliche Fehlerquellen eröffnet.

Hier war jedoch die Prüfung von § 285 Abs. 1 geradezu »zwingend« **(vgl. Ausarbeitung III 1).**

6. Zu Ausarbeitung III 2:

273 § 326 Abs. 3 muss der Bearbeiter bei *gegenseitigen* Verträgen im Falle des § 285 immer »im Hinterkopf« haben!

Merke: Die *§§ 275 ff.* und *280 ff.* gelten für Verzug, Unmöglichkeit und Schlechterfüllung *bei allen Schuldverhältnissen*, die *§§ 320–326* enthalten zusätzliche *Sonderbestimmungen nur für gegenseitige Verträge.*

7. Zu Ausarbeitung III 3:

274 Die Aufrechnung bewirkt, dass der entstandene Anspruch ganz oder teilweise erlischt (§ 389) – vgl. Schema Anspruchsprüfung, Rdnr. 56, 3. Schritt. Die Aufrechnungslage konnte man hier nur erkennen, wenn man vorher richtig die Verpflichtung zur Gegenleistung des K aufgrund des § 326 Abs. 3 S. 1 erkannt hatte.

275 **Prüfungsschema: Aufrechnung (§§ 387 ff.)**

- Aufrechnungslage (§ 387: Fälligkeit, Gegenseitigkeit und Gleichartigkeit der Forderungen)
- Kein Ausschluss nach §§ 390–394 (nur prüfen, wenn Sachverhalt Anlass gibt)
- Aufrechnungserklärung (§ 388)

Literatur zur Vertiefung:

Alpmann u. Schmidt	SchR AT 1, 3. Teil, 1. u. 2. Abschn.; AT 2, 2. Teil, 4. Abschn.
Brox/Walker	SchR AT, §§ 8, 22
Coester-Waltjen	Die Aufrechnung, JURA 2003, 246
Däubler	BGB, Kap. 16
Fikentscher/Heinemann	§§ 39 III, 43
Hirsch	SchR AT, Rdnrn. 241–266
Larenz	§§ 11 I, 18 VI
Looschelders	AT, § 20
Lorenz	Grundwissen – Zivilrecht: Aufrechnung (§§ 387 ff. BGB), JuS 2008, 951
Mattheus	JuS 2002, 209
Medicus	SchR AT, §§ 26, 33, 42
Meier	JURA 2002, 118 und JURA 2002, 187
Otto	JURA 2002, 1
Schur	Die Verknüpfung wechselseitiger Leistungen, JuS 2006, 673
Schwarze	JURA 2002, 73
Stoppel	Die beiderseits zu vertretene Unmöglichkeit nach neuem Schuldrecht, JURA 2003, 224
Wörlen	SchR AT, Rdnrn. 99 f., 192–231

II. Ein Anspruch des K gegen V auf Schadensersatz gem. §§ 280 Abs. 1 und 3, 283 S. 1 besteht nicht, da der Unfall des V unverschuldet war. Somit hat V den Untergang der Junghühner nicht nach § 276 zu vertreten.

III. Ein Anspruch des K gegen V könnte sich indessen aus § 285 Abs. 1 ergeben. **276**

1. Voraussetzung für diesen Anspruch ist, dass V für den geschuldeten Gegenstand einen Ersatz erlangt, und zwar infolge des Eintritts der Unmöglichkeit. Dies ist der Fall, da V pro Huhn 6,50 €, also 195,– € insgesamt für die geschuldeten 30 Hühner, erhalten hat. Gem. § 285 Abs. 1 kann K diesen Betrag von V verlangen.

2. Der Anspruch könnte aber teilweise erloschen sein, wenn V mit seiner Kauf- **277**
preisforderung aus § 433 Abs. 2 gegenüber der Forderung des K aus § 285 aufrechnen (§ 388) kann. Dann müssen die Voraussetzungen von § 387 erfüllt sein.

Hier schulden K und V einander (= gegenseitig) Leistungen, die ihrem Ge- **278**
genstand nach gleichartig (Geld), fällig und auch erfüllbar sind. Gem. § 326 Abs. 3 S. 1 bleibt K, sofern er von der Möglichkeit des § 285 Abs. 1 Gebrauch macht, zur Gegenleistung, also zur Kaufpreiszahlung (30 x 5,– € = 150,– €), verpflichtet. Damit ist eine Aufrechnungslage gem. § 387 gegeben. Somit kann V gem. § 388 die Aufrechnung erklären. Die Folge ist, dass in Höhe der Kaufpreisforderung von 150,– € die Forderung des K erlischt (§ 389), so dass er noch einen Rest von 45,– € von V fordern kann.

3. *Ergebnis*
K hat also gegen V einen Anspruch auf Zahlung von 45,– € aus § 285 Abs. 1.

Raum für eigene Notizen

Fall 13 Leistungsstörungen: Unmöglichkeit, Schuldnerverzug, Haftung für Erfüllungsgehilfen, Schlechterfüllung

»Der explodierte Larenz«

1. Ausgangsfall:
Jurastudent Veit Vierheilig (V) leiht dem Ernst Ehrlich (E) in Frechen sein neuwertiges Lehrbuch, Larenz, Schuldrecht, Allg. Teil. Ein bestimmter Rückgabetermin ist nicht vereinbart. Nach drei Monaten fordert V den E am 1. November auf, das Buch zurückzugeben, was E, nachlässig wie er ist, vergisst. Auch der erneuten Aufforderung des V am 15. November kommt E nicht nach. **279**

Am 18. November wird in Abwesenheit des E seine Wohnung mit allem Inventar, unter dem sich auch der »Larenz« befindet, durch eine Gasexplosion völlig zerstört. Als E dies dem V mitteilt, erfährt er von V, dass auch dessen Wohnung am Tage vor der Explosion bei E, also am 17. November, durch einen Brand vernichtet wurde, ohne dass V irgendwas retten konnte. V verlangt von E 35,– €, um sich einen neuen »Larenz« kaufen zu können.

Zu Recht?

2. Bitte nehmen Sie zu folgenden Fragen mit kurzer Begründung Stellung: **280**

a) Wie wäre es, wenn der Brand bei V nicht am 17., sondern am 19. November stattgefunden hätte?

b) Welchen Anspruch (ggf. beziffern) hat V gegen E, wenn E dem V das Buch nach der Aufforderung am 1. November zurückgibt und infolge eines durch Unachtsamkeit des E entstandenen riesigen Tintenflecks der Text auf mehreren Seiten unleserlich ist? **281**

c) Welchen Anspruch hat V gegen E, wenn die Explosion bei E am 18. November auf ein Verschulden der an diesem Tage dort tätigen Putzfrau des E zurückzuführen wäre?

(Bearbeitungszeit: 3 Std.)

Besondere Vorüberlegungen
(gehören nicht in die Ausarbeitung)
I. Ausgangsfall

1. *Suche nach der Anspruchsgrundlage: »Wer* will *von wem was warum woraus?«*

282 Diese allgemeine, grundsätzlich bei jeder Klausur zu stellende Frage ist nun unter Heranziehung der speziellen Fallfrage auf den vorliegenden Sachverhalt zu übertragen und zu beantworten.

Das ergibt hier: V will von E 35,– € (= Ersatz!) für einen neuen »Larenz«, weil das Buch, das er E geliehen hat, bei diesem zerstört wurde.

Als Anspruchsgrundlage für das Begehren des V kann nur eine Norm in Betracht kommen, aufgrund derer der Schuldner *Ersatz* zu leisten hat, weil er seine vertragliche Leistung (hier Rückgabe geliehener Sache) nicht mehr erbringen kann. Die Leistung ist dem Schuldner unmöglich geworden. Bei einer solchen Pflichtverletzung kann der Gläubiger, sofern weitere Voraussetzungen erfüllt sind, gem. § 280 Abs. 1 Schadensersatz verlangen. Schadensersatz statt der Leistung kann er nur unter den besonderen Voraussetzungen der in § 280 Abs. 3 genannten Vorschriften (hier: § 283 S. 1) verlangen.

Dies will ganz offensichtlich auch V. Richtige *Anspruchsgrundlage* und – als hypothetisches Ergebnis formuliert – *dem Gutachten voranzustellen* ist daher §§ 280 Abs. 1 und 3 i. V. m. 283 S. 1 **(vgl. Ausarbeitung I).**

2. *Prüfung der Voraussetzungen der Anspruchsgrundlage*

283 Unter die Voraussetzungen des § 280 Abs. 1 (auf die § 283 S. 1 ausdrücklich verweist) sind nun die Geschehnisse des Sachverhalts Schritt für Schritt zu subsumieren **(vgl. Ausarbeitung I 1–3 a).**

3. Zu Ausarbeitung I 3 a und b:

284 Erst bei der Frage des Vertretenmüssens (der »Pflichtverletzung *Unmöglichkeit*«) hat der Verzug des Schuldners Bedeutung! Vom Aufbau her falsch – da ohne jeden logischen Zusammenhang – war es daher, die Voraussetzungen des Verzugs z. B. schon vor Feststellung der Unmöglichkeit und des allgemeinen Verschuldensmaßstabs des § 276 Abs. 1, der durch die Einschränkung »wenn ... nicht« auf mögliche Haftungsbeschränkungen oder -erweiterungen hinweist, zu prüfen. Immer wieder, trotz aller »Predigten«, muss ich in Klausuren lesen: »V muss eine Pflichtverletzung begangen haben. Da er den Liefertermin einfach vergessen hat, ist ihm die Leistung unmöglich geworden«!? Pardon: So ein Unsinn! Die Leistung ist nicht durch das Vergessen des Liefertermins, sondern durch die zufällige Zerstörung des Leistungsgegenstands unmöglich geworden! Verzug ist Voraussetzung für die Anwendung von § 287. Erst hier sind die Voraussetzungen des Verzugs (§ 286) zu prüfen **(Ausarbeitung I 3 b aa).**

285 **Prüfungsschema: Schuldnerverzug (§ 286)**
- Fälligkeit der Leistung (§ 271)
- Mahnung (§ 286 Abs. 1 S. 1) *oder* entbehrlich nach § 286 Abs. 2 (meistens: § 286 Abs. 2 Nr. 1!)
- Nichtleistung des Schuldners (§ 286 Abs. 1 S. 1)
- Vertretenmüssen (§§ 286 Abs. 4, 276)

Lösung:

I. Ausgangsfall

V könnte gegen E einen Anspruch auf Zahlung von 35,– € Schadensersatz statt der Leistung gem. §§ 280 Abs. 1 und 3, 283 S. 1 haben. **286**

1. Voraussetzung für diesen Anspruch ist zunächst, dass zwischen V und E ein Schuldverhältnis besteht. Dies ist der zwischen V und E zustande gekommene Leihvertrag i. S. d. § 598.

2. Weiterhin ist erforderlich, dass der Schuldner E gem. § 280 Abs. 1 S. 1 eine Pflichtverletzung begangen hat, die zum Ausschluss der Leistungspflicht nach § 275 Abs. 1–3 geführt hat (§ 283 S. 1). E war gem. § 604 zur Rückgabe des Buchs verpflichtet.

Da das Buch bei der Explosion in der Wohnung des E völlig zerstört wurde, kann E seiner Rückgabepflicht nicht mehr nachkommen. Somit liegt eine Pflichtverletzung vor, die gem. § 275 Abs. 1 zum Ausschluss der Leistungspflicht des E führt.

3. E muss diese Pflichtverletzung gem. § 280 Abs. 1 S. 2 zu vertreten haben. **287**

a) Grundsätzlich hat der Schuldner gem. § 276 Abs. 1 S. 1 Vorsatz und Fahrlässigkeit zu vertreten. Beides ist, als das Buch bei E aufgrund der Explosion verbrennt, aufseiten des E nicht ersichtlich. Somit müsste E die Unmöglichkeit nicht vertreten, »wenn eine strengere oder mildere Haftung nicht ... bestimmt ist« (vgl. § 276 Abs. 1 S. 1).

b) Eine andere Bestimmung zur Haftung enthält § 287. Gem. § 287 S. 2 haftet der Schuldner wegen der Leistung auch für Zufall, wenn er sich zum Zeitpunkt des Eintritts des Leistungshindernisses in Verzug befunden hat.

aa) Mangels einer kalendermäßigen Bestimmung für den Zeitpunkt der Leistung **288** und anderer Ausnahmetatbestände von § 286 Abs. 2 Nr. 1–4 sind die Voraussetzungen des Verzugs nach § 286 Abs. 1 zu prüfen. Danach müsste die Leistung des E zunächst fällig sein. Grundsätzlich wird die Rückgabe geliehener Sachen beim Leihvertrag mit Ablauf der für die Leihe bestimmten Zeit fällig (§ 604 Abs. 1). Ist eine solche Zeit – wie hier – nicht bestimmt, so ist die Sache zurückzugeben, nachdem der Entleiher den sich aus dem Zweck der Leihe ergebenden Gebrauch gemacht hat (§ 604 Abs. 2 S. 1). Ob dies bei E der Fall ist, ist aus dem Sachverhalt nicht zu entnehmen. Da E jedoch das Buch schon seit drei Monaten hat, ist davon auszugehen, dass er den Gebrauch (das Buch zu lesen bzw. durchzuarbeiten) hätte machen können. Unabhängig davon, ob E nun bereits Gebrauch von der Sache gemacht hat oder nicht, kann V daher gem. § 604 Abs. 2 S. 2 das Buch am 1. November zurückfordern. Durch seine entsprechende Aufforderung an diesem Tage ist die Leistung des E somit am 1. November fällig geworden.

4. **Zu Ausarbeitung I 3 b bb:**

289 Da § 287 S. 2, 2. HS von der Haftungserweiterung bei Zufall wieder eine Ausnahme vorsieht (Vorschriften immer *ganz* lesen!) und da der Sachverhalt den Hinweis enthält, dass die Wohnung des V bereits einen Tag vor der Zerstörung des Buchs verbrannte, musste geprüft werden, ob diese Ausnahme hier eingreift.

290 5. Viele Bearbeiter prüften übrigens, ob E gem. § 275 Abs. 1 von seiner Leistungsverpflichtung frei geworden ist. Diese Prüfung war bei dieser Klausur verfehlt. Den V als Anspruchsteller interessiert nicht, ob E von der Rückgabeverpflichtung frei wurde, sondern ihn interessiert, ob er (V) für die eingetretene Unmöglichkeit Schadensersatz verlangen kann. Nicht das Schicksal der Rückgabeverpflichtung des E war zu prüfen, sondern die Frage nach der Schadensersatzpflicht des E zu beantworten. Eine solche kann sich aber niemals aus § 275 Abs. 1 ergeben, wohl aber aus § 280 Abs. 1, der *voraussetzt*, dass eine Pflichtverletzung (hier: Unmöglichkeit) vom Schuldner zu vertreten ist. *Ob* der Schuldner etwas zu vertreten hat, regelt nicht § 280, sondern § 276 (und ggf. § 278).

6. **Zu Ausarbeitung I 5**

291 Da V von E Schadensersatz verlangt, waren nicht nur vertragliche, sondern auch deliktische Schadensersatzansprüche zu prüfen (vgl. oben Rdnr. 54 Ziffer 5). Da dieser Anspruch offensichtlich nicht begründet ist, konnte man dies ausnahmsweise in urteilsähnlichem Stil abhandeln.

II. Zusatzfragen

1. *Frage a:*

292 Hier musste erkannt werden, dass der Brand bei V am 19. November nichts mehr daran ändern konnte, dass der Schadensersatzanspruch des V gem. §§ 280 Abs. 1 und 3, 283 S. 1 aufgrund der Zufallshaftung des § 287 Abs. 2, 1. HS am 18. November bereits entstanden war **(vgl. Ausarbeitung II 1 a–c).**

In der erneuten Aufforderung durch V am 15. November ist deshalb die von § 286 Abs. 1 S. 1 verlangte Mahnung zu sehen. Da E auch nach der Mahnung durch V nicht leistet, ist er gem. § 286 Abs. 1 S. 1 am 15. November in Verzug gekommen. Dieser Verzug ist auch von E verschuldet (§§ 286 Abs. 4, 276 Abs. 1 S. 1 und Abs. 2): Die Leistung des E unterblieb aufgrund von Vergesslichkeit, d. h., E hat fahrlässig gehandelt. **293**

bb) Da somit bei Eintritt der Unmöglichkeit am 18. November Schuldnerverzug des E vorlag, greift die besondere Haftungsvorschrift des § 287 S. 2 ein. Gem. § 287 S. 2, 1. HS haftet E auch für zufälligen, d. h. sowohl von ihm als auch von V nicht verschuldeten Untergang der Sache, es sei denn, dass der Schaden auch bei rechtzeitiger Leistung, also vor Eintritt der Unmöglichkeit, eingetreten wäre (§ 287 S. 2, 2. HS): Hätte E am 15. oder 16. November geleistet, wäre das Buch schon am 17. November bei V und nicht erst am 18. November bei E zerstört worden. Die Folge davon ist, dass E, obwohl er sich zum Zeitpunkt des Eintritts der Unmöglichkeit in Verzug befand, nicht haften muss. **294**

4. *Ergebnis*
V hat keinen Anspruch gegen E auf Schadensersatz der 35,– € aus §§ 280 Abs. 1 und 3, 283 S. 1.

5. V könnte aber gegen E einen Anspruch auf Schadensersatz gem. § 823 Abs. 1 haben.

a) Ein Rechtsgut des V, sein Eigentum, wurde verletzt.

b) Da E die Gasexplosion nicht selbst ausgelöst hatte, konnte er die Zerstörung des Lehrbuchs nur durch pflichtwidriges Unterlassen verursacht haben. E hatte zwar die Pflicht, das Buch so aufzubewahren, dass es nicht zerstört werden kann (Garantenstellung). Diese Pflicht hätte er aber nur verletzt, wenn er bei der Aufbewahrung des Buchs in seiner Wohnung gegen Brandschutzbestimmungen verstoßen hätte. Dies ist aus dem Sachverhalt nicht ersichtlich. Ein pflichtwidriges Verhalten (Tun oder Unterlassen) des E liegt folglich nicht vor.

c) *Ergebnis*
V hat gegen E auch keinen Schadensersatzanspruch aus § 823 Abs. 1.

II. Zusatzfragen:

1. Frage a:
a) In diesem Fall kann § 287 S. 2, 2. HS nicht zugunsten des E eingreifen, da hier der Schaden bei V (am 19. November) erst einen Tag nach Eintritt der Unmöglichkeit eingetreten wäre. Anders ausgedrückt: Der Schaden, der durch die Explosion bei E am 18. November eintrat, wäre nicht eingetreten, wenn E rechtzeitig (= vor dem 18. November) geleistet hätte. Der Schadensersatzanspruch des V gegen E war bereits am 18. November entstanden. Der einen Tag später folgende Brand in der Wohnung des V kann diesen Anspruch nicht mehr vernichten. **295**
E haftet daher dem V gem. § 287 S. 2, 1. HS, d. h., er hat die Unmöglichkeit zu vertreten und ist gem. §§ 280 Abs. 1 und 3, 283 S. 1 zum Schadensersatz verpflichtet.

2. *Frage b:*

296 In dieser Abwandlung hat sich die Ausgangsposition völlig geändert. Im Gegensatz zum Ausgangsfall und den beiden ersten Abwandlungen ist weder das Buch zerstört worden noch E in Verzug gekommen. Er hat seine Pflicht zur Rückgabe pünktlich *erfüllt*, allerdings *schlecht*, da er das Buch beschädigt hat.

Zu suchen war nach einer *Anspruchsgrundlage* für V, die ihm »Schadensersatz wegen Schlechterfüllung« des Vertrags gewährt: § 280 Abs. 1 und 3, § 281 Abs. 1 S. 1.

297 **Prüfungsschema: Schadensersatz statt der Leistung bei Schlechterfüllung (§ 280 Abs. 1 und 3 i. V. m. § 281 Abs. 1 S. 1, 2. Var.)**

- Wirksames Schuldverhältnis (§ 280 Abs. 1 S. 1)
- Pflichtverletzung durch Schlechtleistung (§ 281 Abs. 1 S. 1, 2. Var.)
- Erfolglose Nachfristsetzung (§ 281 Abs. 1 S. 1), falls nicht entbehrlich (§ 281 Abs. 2)
- Vertretenmüssen (§ 280 Abs. 1 S. 2 i. V. m. § 276 oder § 278)
- Kausaler Schaden beim Gläubiger (§ 280 Abs. 1 S. 1)

Umfang des Schadensersatzes: §§ 249 ff.

298 Nun waren nach dem üblichen gutachtlichen Aufbau wieder die Voraussetzungen des Anspruchs aus §§ 280 Abs. 1 und 3, 281 Abs. 1 S. 1 zu prüfen **(Ausarbeitung II 2 a aa–ee)**.

Für den Fall, dass – wie hier – eine *leistungsbezogene* Nebenpflicht (sorgfältige Behandlung der Leihsache) verletzt wurde (= Sorgfaltspflichtsverletzung), sieht § 281 Abs. 1 S. 1 eine erfolglose Nachfristsetzung vor, die hier allerdings nicht erforderlich ist; denn hier greift zugunsten des V § 281 Abs. 2 ein **(Ausarbeitung II 2 a cc)**.

299 Anschließend war die Rechtsfolge (= Schadensersatz) festzuhalten. Für den Umfang des Schadensersatzes gelten die §§ 249 ff., auf die hier einzugehen war, da im Sachverhalt verlangt war, den Schadensersatz ggf. konkret zu beziffern! **(Ausarbeitung II 2 a ff)**.

b) Da V 35,– € Schadensersatz statt der (ganzen) Leistung verlangt, ist gem. § 283 S. 2 die Vorschrift des § 281 Abs. 1 S. 3 entsprechend anzuwenden, d. h., die Pflichtverletzung des E müsste erheblich sein. Da das Buch z. B. nicht nur leicht beschädigt (und reparierbar) wurde, sondern unwiederbringlich zerstört ist, ist diese Voraussetzung erfüllt. 300

c) Der Umfang des Schadensersatzes ergibt sich aus §§ 249 ff. Danach ist E verpflichtet, den Zustand herzustellen, der bestehen würde, wenn der zum Ersatz verpflichtende Umstand, also die Unmöglichkeit, nicht eingetreten wäre (§ 249 Abs. 1). *Dasselbe* Larenz-Buch gibt es zwar nicht mehr, doch könnte E im Rahmen der Naturalrestitution ein Larenz-Buch gleicher Auflage und in gleichwertigem Zustand beschaffen. Ist dies nicht möglich, hat E gem. § 251 Abs. 1 Schadensersatz in Geld zu leisten.

2. Frage b:

a) V könnte gegen E einen Anspruch auf Schadensersatz statt der Leistung wegen Pflichtverletzung (Schlechterfüllung) beim Leihvertrag gem. § 280 Abs. 1 und 3 i. V. m. § 281 Abs. 1 S. 1, 2. Var. haben. 301

aa) Zwischen V und E muss ein wirksames Schuldverhältnis vorliegen. Da zwischen V und E ein wirksamer Leihvertrag im Sinne des § 598 zustande gekommen ist, ist diese Voraussetzung erfüllt.

bb) Dem E muss eine objektive Pflichtverletzung vorzuwerfen sein. E hatte außer den sich aus §§ 603 und 604 ergebenden Verpflichtungen selbstverständlich auch die Pflicht, das Buch sorgsam zu behandeln und unbeschädigt zurückzugeben (§ 241 Abs. 2). Diese leistungsbezogene vertragliche Nebenpflicht hat E verletzt, indem er das Buch zwar pünktlich, aber durch den Tintenfleck beschädigt (teilweise unleserlich) zurückgab. 302

cc) Grundsätzlich muss V dem E eine Frist zur Leistung oder Nacherfüllung gem. § 281 Abs. 1 S. 1 setzen. Da die unleserlichen Seiten nicht mehr ersetzt werden können, ist die sofortige Geltendmachung des Schadensersatzanspruchs nach § 281 Abs. 2 ohne Fristsetzung gerechtfertigt. 303

dd) Die Pflichtverletzung des E geschah auch schuldhaft i. S. d. § 276 Abs. 1, da E unachtsam, also fahrlässig handelte, so dass er die Pflichtverletzung auch zu vertreten hat (§ 280 Abs. 1 S. 2).

ee) Dadurch, dass wegen des Tintenflecks einige Seiten des Buchs unleserlich wurden, ist dem V auch ein kausaler Schaden entstanden.

Somit ist ein Schadensersatzanspruch des V gegen E aus § 280 Abs. 1 und 3 i. V. m. § 281 Abs. 1 S. 1 dem Grunde nach gegeben.

ff) Für den Umfang des Schadensersatzes gilt § 249 Abs. 1. Danach ist V so zu stellen, wie er bei ordnungsgemäßer Rückgabe ohne die geschehene Pflichtverletzung des E gestanden hätte, d. h. E müsste das Buch reparieren lassen und die Kosten dafür tragen. Da jedoch unleserliche Seiten in einem Buch unersetzlich sind, ist die Herstellung des ursprünglichen Zustands des Buchs nicht möglich, so dass E den V nach § 251 Abs. 1 in Geld zu entschädigen hat, d. h., der durch den Tintenfleck bedingte Minderwert ist zu ersetzen. 304

305 Da der »kleine Schadensersatz« nach §§ 280 Abs. 1 und 3, 281 Abs. 1 S. 1 nur zum Ersatz des Minderwerts nach § 251 Abs. 1 führte, war der »große Schadensersatz« nach §§ 280 Abs. 1 und 3, 281 Abs. 1 S. 1 und 3 zu prüfen, der den Interessen des V mehr entgegenkommt. Dabei konnte bezüglich der ersten drei Voraussetzungen gut auf die vorstehenden Ausführungen verwiesen werden.

Zu begründen war dann nur noch die *Erheblichkeit der Pflichtverletzung* und auf die Regelung von § 281 Abs. 5 hinzuweisen **(vgl. Ausarbeitung II 2 b aa–dd).**

306 **Zu Ausarbeitung II 2 b cc:**

Bezüglich der Ausführungen zum Umfang des Schadensersatzes (§§ 249 ff.) konnte die Argumentation von oben II 1 c verwendet werden. Je nach dem, ob eine Neubeschaffung möglich wäre, kam entweder § 249 Abs. 1 oder § 251 Abs. 1 in Betracht.

307 c) Liegt in der Sorgfaltspflichtverletzung auch eine Verletzung eines der geschützten Rechtsgüter des § 823 Abs. 1, ist neben dem Anspruch aus § 280 Abs. 1 (i. V. m. .. .) auch ein Anspruch aus unerlaubter Handlung möglich. § 823 Abs. 1 (vgl. dazu unten, Rdnr. 467) war daher ebenfalls zu prüfen **(vgl. Ausarbeitung II 2 c).**
Für den Umfang des Schadensersatzes gelten wieder §§ 249 ff., wobei im Gutachten auf die vorstehenden Ausführungen dazu verwiesen werden kann.

gg) *Ergebnis*
V hat gegen E einen Schadensersatzanspruch aus §§ 280 Abs. 1 und 3, 281 Abs. 1 S. 1 in Höhe des Minderwerts.

b) V könnte darüber hinaus gegen E einen Anspruch auf Schadensersatz statt der *ganzen* Leistung wegen Pflichtverletzung beim Leihvertrag gem. §§ 280 Abs. 1 und 3, 281 Abs. 1 S. 1 und 3 haben.

aa) Für die Anspruchsvoraussetzungen »Schuldverhältnis«, »Pflichtverletzung« und »Vertretenmüssen« gilt dasselbe, wie oben unter Rdnrn. 301 bis 303 ausgeführt.

bb) Gem. § 281 Abs. 1 S. 3 müsste die Pflichtverletzung durch E *erheblich* sein. **308**
Was erheblich ist, bestimmt sich nach den Umständen des Einzelfalls sowie nach Inhalt und Zweck des jeweiligen Schuldverhältnisses. Da durch den Tintenfleck mehrere Seiten des Buches unleserlich wurden, ist die Pflichtverletzung erheblich. Der Schadensersatzanspruch ist begründet.

cc) Der Umfang des Schadensersatzes richtet sich wiederum nach §§ 248 ff. Da die Flecken nicht beseitigt werden können, hat E nach § 249 Abs. 1 ein gleichwertiges Buch zu beschaffen oder, falls das nicht möglich ist, den V nach § 251 Abs. 1 in Geld zu entschädigen.

dd) *Ergebnis*
V kann somit gem. §§ 280 Abs. 1 und 3, 281 Abs. 1 S. 1 und 3 Schadensersatz statt der ganzen Leistung in Form eines gleichwertigen Buchs oder in Höhe von 35,– € verlangen, während E gem. § 281 Abs. 5 zur Rückforderung des beschädigten Buches berechtigt ist.

c) In Betracht kommt schließlich auch ein Anspruch des V gegen E auf Schadens- **309**
ersatz gem. § 823 Abs. 1.

aa) Indem E das dem V gehörende Buch mit einem Tintenfleck versehen hat, hat er das Eigentum (Rechtsgut) des V verletzt und den objektiven Tatbestand verwirklicht. Mangels Rechtfertigungsgründe handelte E auch widerrechtlich. Indem E »unachtsam« war, hat er fahrlässig (§ 276 Abs. 2) und somit schuldhaft gehandelt.

Die Voraussetzungen von § 823 Abs. 1 sind damit erfüllt.

Für den Umfang des Schadens gelten wieder §§ 249 ff. (vgl. oben II 2 a ff = Rdnr. 304).

bb) *Ergebnis*
V hat gegen E einen Anspruch auf Schadensersatz aus § 823 Abs. 1.

3. Frage c:

310 1. Hier war im Unterschied zum Ausgangsfall zu prüfen, ob das Verschulden der Putzfrau dem E zugerechnet werden kann mit der Folge, dass die Einschränkung der Haftung für Zufall gem. § 287 S. 2, 2. HS ihm nicht mehr zugute kommen würde.

(Ob die Putzfrau selbst haftet, war nicht gefragt!) Eine Haftung für das Verschulden Dritter ist im Rahmen eines Schuldverhältnisses grundsätzlich über § 278 möglich.

Dabei musste man erkennen bzw. wissen, dass der Geschäftsherr auch für fremdes Verschulden haftet, wenn der Erfüllungsgehilfe eine Nebenpflicht aus § 241 Abs. 2 verletzt **(vgl. Ausarbeitung II 3 a und b aa–cc)**.

311 **2. Zu Ausarbeitung II 3 c und d:**

Unter **c** war das Ergebnis der bisherigen Prüfungen festzuhalten; unter **d** genügte ein Hinweis auf Rdnr. 300, da V auch hier Schadensersatz statt der ganzen Leistung verlangt. Bei den Voraussetzungen von §§ 280 Abs. 1 und 3, 281 Abs. 1 S. 1 und 3 konnte daher auf die vorgenannten Ausführungen verwiesen werden, wobei die *Erheblichkeit* der Pflichtverletzungen zu betonen ist.

312 3. Außerdem kommt als selbstständige Anspruchsgrundlage noch § 831 Abs. 1 S. 1 für einen Schadensersatzanspruch des V in Betracht **(vgl. Ausarbeitung II 3 e aa–ee)**.

Dazu muss man wissen, dass § 831 den Geschäftsherrn nicht für fremdes, sondern für eigenes Verschulden haften lässt. Deshalb muss die Handlung des *Verrichtungsgehilfen*, der im Gegensatz zum Erfüllungsgehilfen *weisungsgebunden* tätig wird, auch nicht schuldhaft, sondern nur widerrechtlich sein. Für sein eigenes »Auswahl- und Überwachungsverschulden« kann sich der Geschäftsherr meist entlasten. § 831 ist daher eine »schwache« Anspruchsgrundlage.

Prüfungsschema: Haftung des Geschäftsherrn für Verrichtungsgehilfen (§ 831 Abs. 1 S. 1)

- Verrichtungsgehilfe (weisungsgebundene Tätigkeit)
- Schädigung eines Dritten durch tatbestandsmäßige und widerrechtliche unerlaubte Handlung des Verrichtungsgehilfen
- In Ausführung der Verrichtung
- (Vermutetes) Auswahl- oder Überwachungsverschulden des Geschäftsherrn
- Keine Exkulpation des Geschäftsherrn (§ 831 Abs. 1 S. 2)

Umfang des Schadensersatzes: §§ 249 ff.

3. Frage c:
Hier kommt wiederum ein Anspruch des V gegen E auf Schadensersatz statt der ganzen Leistung gem. §§ 280 Abs. 1 und 3, 283 S. 1 und 3 in Betracht. **313**

a) Bezüglich der Anspruchsvoraussetzungen »wirksames Schuldverhältnis« sowie »Pflichtverletzung« gilt dasselbe, wie zum Ausgangsfall unter I, 1 und 2 (Rdnr. 286) sowie zur Zusatzfrage unter II 1 b (Rdnr. 300).

b) Da den E an der Explosion kein eigenes Verschulden trifft, hat er die Pflichtverletzung nicht gem. § 276 zu vertreten. E könnte jedoch gem. § 278 für das Verschulden der Putzfrau haften, wenn diese Erfüllungsgehilfin des E war.

aa) Dies setzt voraus, dass die Putzfrau in Erfüllung einer Verbindlichkeit des E aus dem Leihvertrag mit V tätig geworden ist und dabei schuldhaft die Unmöglichkeit des Buchs verursacht hat. **314**

bb) Zu den Verbindlichkeiten des E gehören nicht nur die Verpflichtungen aus §§ 603 und 604, sondern auch die allgemeine Pflicht gem. § 241 Abs. 2, auf die Rechte, Rechtsgüter und Interessen des V Rücksicht zu nehmen. **315**

Bedient sich der Schuldner einer Hilfsperson, so erstreckt sich diese allgemeine Pflicht zur Rücksichtnahme auch auf Handlungen der Hilfsperson. Die Putzfrau war somit Erfüllungsgehilfe des E bezüglich seiner Verpflichtung aus § 241 Abs. 2.

cc) Da die Explosion von der Putzfrau verschuldet wurde, muss E sich daher dieses fremde Verschulden über § 278 zurechnen lassen. Folglich hat er die Pflichtverletzung zu vertreten. **316**

c) Der Anspruch des V aus §§ 280 Abs. 1 und 3, 283 S. 1 und 3 ist somit begründet.

d) Im Übrigen gilt dasselbe, wie oben unter Rdnr. 300 dargestellt.

e) Möglich ist auch, dass V gegen E einen Anspruch auf Schadensersatz aus § 831 Abs. 1 S. 1 hat. **317**

aa) Voraussetzung dazu ist zunächst, dass die Putzfrau als Verrichtungshilfe des E tätig wurde. Verrichtungsgehilfe ist, wer für einen anderen eine weisungsgebundene Tätigkeit in einem Abhängigkeitsverhältnis ausübt. Diese Eigenschaft der Putzfrau wird man im Verhältnis zu E bejahen müssen, da anzunehmen ist, dass sie im Rahmen ihrer Putzarbeiten von Weisungen des E abhängig ist.

bb) Weiterhin müsste die Putzfrau dem V in Ausübung einer Verrichtung widerrechtlich einen Schaden zugefügt haben, d. h., erforderlich ist eine tatbestandsmäßige und widerrechtliche unerlaubte Handlung des Verrichtungsgehilfen i. S. v. § 823 Abs. 1, die dieser dem Dritten zufügt.

318 **4. Zu Ausarbeitung 3 e dd:**

Da man weiß, dass § 831 eine »schwache« Anspruchsgrundlage ist, zeigt man kurz auf, warum das so ist.

Literatur zur Vertiefung:

Alpmann u. Schmidt	SchR AT 1, 2. Teil, 1.–3. Abschn., 3. Teil, 2.–6. Abschn.; SchR BT 4, 1. Teil, 2. Abschn., 5.
Brox/Walker	SchR AT § 20, Rdnr. 23–43; §§ 22–24
Däubler	BGB, Kap. 16 und 18
Hirsch	Zufälliges Unmöglichwerden während des Schuldnerverzugs (§ 287 Satz 2 BGB), JURA 2003, 42
ders.	Schadensersatz statt der Leistung, JURA 2002, 289
Krause	Die Leistungsverzögerung im neuen Schuldrecht (Teil 1), JURA 2002, 217; (Teil 2), JURA 2002, 299
Looschelders	AT, §§ 29, 35
Lorenz	Grundwissen – Zivilrecht, Was ist eine Pflichtverletzung (§ 280 I BGB)?, JuS 2007, 213
ders.	Grundwissen – Zivilrecht, Vertretenmüssen (§ 276 BGB), JuS 2007, 611
ders.	Grundwissen – Zivilrecht, Haftung für den Erfüllungsgehilfen (§ 278 BGB), JuS 2007, 983
ders.	Grundwissen – Zivilrecht, Schadensarten bei der Pflichtverletzung (§ 280 II, III BGB), JuS 2008, 203
Mattheus	JuS 2002, 209
Medicus	SchR AT, §§ 29 f., 33–35, 42, 43
Meier	JURA 2002, 118 und JURA 2002, 187
Otto	JURA 2002, 1
Petersen	Der Dritte in der Rechtsgeschäftslehre, JURA 2004, 306
Schwarze	JURA 2002, 73
Sutschet	Austauch- und Differenztheorie nach der Schuldrechtsreform, JURA 2006, 586
Tetenberg	JA 2009, 1
Wörlen	SchR AT, Rdnrn. 104–246 und Rdnrn. 264–270

cc) Ein Verschulden des Verrichtungsgehilfen ist dabei nicht erforderlich, da E als Geschäftsherr gem. § 831 für eigenes Verschulden bei der Auswahl oder der Überwachung des Gehilfen haftet. Eine unerlaubte Handlung liegt aufseiten der Putzfrau vor, da sie die zur Eigentumsverletzung führende Explosion verursacht hat. Die Voraussetzung einer Haftung des E aus § 831 Abs. 1 S. 1 auf Zahlung von 35,– € Schadensersatz ist also grundsätzlich gegeben. **319**

dd) In diesem Fall ist der Anspruch des V begründet, sofern nicht dem E der sog. »Exkulpationsbeweis« gem. § 831 Abs. 1 S. 2 gelingt; d. h., E müsste nachweisen, dass ihn kein »Auswahl- oder Überwachungsverschulden« trifft. **320**

ee) Der Umfang des Schadensersatzes richtet sich wieder nach §§ 249 ff. V kann also gem. § 251 Abs. 1 Schadensersatz in Geld verlangen, wenn dem E der Exkulpationsnachweis nicht gelingt.

Raum für eigene Notizen:

Fall 14 Trennungs- und Abstraktionsprinzip (Ungerechtfertigte Bereicherung, Sachenrecht)

»Heute krank, morgen gesund?«

V und K schließen am 14.05.2008 einen Kaufvertrag über ein wertvolles Buch zum Preis von 100,– €. Die Übereignung des Buchs und des Geldes finden am 02.01.2009 statt. **321**

Vom 14.05.2008 bis einschließlich 01.01.2009 war V geisteskrank, am 02.01.2009 ist er wieder gesund.

1. Kann V das Buch von K herausverlangen? Wenn ja, welche Gegenansprüche hat K?

2. Wie ist die Rechtslage, wenn V
   a) am 14.05.2008 voll geschäftsfähig, ab 02.01.2009 aber geisteskrank war,
   b) immer geisteskrank war?

(Bearbeitungszeit: 2 Std.)

Vorbemerkung

322 Dieser scheinbar inhaltsleere und »lebensfremde« Sachverhalt, der Gegenstand einer Übungsklausur am Ende eines 1. Semesters war, wurde gewählt, um dem Anfänger Gelegenheit zu geben, sich eines der wichtigsten Prinzipien des Bürgerlichen Gesetzbuchs klarzumachen, das sog. *Trennungs- und Abstraktionsprinzip*. Darunter versteht man die völlige rechtliche Trennung von Verpflichtungs- und Verfügungsgeschäft, d. h. beide Rechtsgeschäfte sind rechtlich selbstständig und in ihrer Wirksamkeit abstrakt voneinander zu bewerten. Für eine Klausur, in der es um Verpflichtungen (z. B. aus Kaufvertrag) und um Erfüllung dieser Verpflichtungen (z. B. in Form der Übereignung einer Sache) geht, bedeutet das: Die Voraussetzungen für die Wirksamkeit des Kaufvertrags müssen vollkommen selbstständig erörtert werden und haben nichts damit zu tun, ob die Kaufsache bereits übereignet wurde oder nicht.

Umgekehrt ist die Eigentumslage gänzlich unabhängig davon zu beurteilen, ob der zugrunde liegende Kaufvertrag wirksam ist oder nicht.

Besondere Vorüberlegungen
(gehören nicht in die Ausarbeitung)

Zu Frage 1:

323 1. Angesichts der vielen Zeitangaben bietet es sich an, die einzelnen Vorgänge anhand einer Skizze (vgl. oben, Rdnrn. 30 und 49) chronologisch zu ordnen:

14.05.2008	02.01.2009
– Kaufvertrag (§ 433) V ↔ K – V ist geisteskrank (§ 104 Nr. 2) *Abwandlung*: V ist gesund	– Übereignung Buch (§ 929 S. 1) V → K – Übereignung Geld (§ 929 S. 1) K → V – V ist gesund *Abwandlung*: V ist geisteskrank (§ 104 Nr.2)

2. Die Ausgangsfrage »*Wer* will *von wem was warum woraus?*« ist durch die erste Fallfrage schon teilweise auf den Sachverhalt übertragen, d. h.: V will von K Herausgabe des Buchs. Nicht ganz einfach war es festzustellen, *woraus* V diesen Anspruch herleiten kann. Die Rechtsfolge »Herausgabe« ist unter anderem in den auch Erstsemestern nach einiger Zeit in ihren Grundzügen bekannten Anspruchsgrundlagen § 985 und § 812 geregelt (auf die anfangs weniger bekannten Anspruchsgrundlagen § 861 und § 1007 wird hier aus Vereinfachungsgründen nicht eingegangen). Sinnvollerweise beginnt man mit der Prüfung von § 985, da das Eigentum als absolutes, gegen jedermann wirkendes Recht grundsätzlich den »stärkeren« Anspruch gibt als ein obligatorischer (schuldrechtlicher) Anspruch, wie ihn § 812 enthält (vgl. oben Rdnr. 54, Nr. 4).

§ 985 wird also als *Anspruchsgrundlage* dem Gutachten *vorangestellt* **(vgl. Ausarbeitung A I).**

Dann sind die *Voraussetzungen* von § 985 zu prüfen. Voraussetzung ist zunächst die Eigentümerstellung des Anspruchstellers. Liegt sie nicht vor, ist der Anspruch nicht begründet. Dabei ist für den Eigentumsübergang das Bestehen oder Nichtbestehen eines Kaufvertrags völlig unerheblich **(vgl. Ausarbeitung A I 1 u. 2).** Das *Trennungs- und Abstraktionsprinzip* hätte man als Klausurschreiber im Text nicht in Klammern erwähnen müssen. Mit den Ausführungen zuvor hat man gezeigt, dass man es beachtet und verstanden hat: Der Eigentumsübergang richtet sich ausschließlich nach §§ 929 ff.

324 3. Nun ist die nächste in Betracht kommende Anspruchsgrundlage, § 812 Abs. 1 S. 1, 1. Var. zu prüfen **(Ausarbeitung A II).** Dabei ist das Vorliegen ihrer Voraussetzungen wieder Schritt für Schritt zu untersuchen (subsumieren)! **(Ausarbeitung A II 1 a–c)**

4. Zu Ausarbeitung A II 1 a:

325 Nicht »falsch«, aber juristisch ungenau war es, zu schreiben, K habe »das Buch« erlangt. Der Jurist soll Auskunft darüber geben können, welche *Rechte* mit dem tatsächlichen »Haben« des Buchs verbunden sind (= Eigentum und Besitz an dem Buch).

5. Zu Ausarbeitung A II 1 b:

326 Zu beachten ist hier, dass die unmittelbare Vermögensminderung aufseiten des V durch Übergabe des Buchs nicht einfach dadurch entfällt, dass V Geld dafür bekommt. Für sich betrachtet bedeutet die Hergabe eines Buchs durch den Eigentümer immer eine Vermögensminderung.

Lösung (Ausarbeitung):

Zu Frage 1:

A. Ansprüche des V gegen K

I. V könnte gegen K einen Anspruch auf Herausgabe des Buchs gem. § 985 haben. **327**

1. Das Buch ist eine Sache i.S.v. § 90.

2. V muss Eigentümer des Buchs sein. Ursprünglich war V Eigentümer des Buchs.

Er könnte das Eigentum jedoch am 02.01.2009 gem. § 929 S. 1 auf K übertragen haben.

V war am 02.01.2009 »gesund«, also nicht mehr geisteskrank, so dass seine Einigungserklärung[33] im Sinne des § 929 S. 1 voll wirksam war. Unerheblich für den Eigentumsübergang ist, ob auch das zugrunde liegende Verpflichtungsgeschäft (der Kaufvertrag) wirksam ist, da dieses neben dem dinglichen Verfügungsgeschäft rechtlich völlig selbstständig ist (Trennungs- und Abstraktionsprinzip).

3. *Ergebnis*
K ist somit gem. § 929 S. 1 nach Einigung und Übergabe Eigentümer des Buchs geworden. Ein Anspruch des V gegen K aus § 985 besteht nicht.

II. Ein Anspruch auf Herausgabe des Buchs könnte sich aber aus § 812 Abs. 1 S. 1, 1. Var. ergeben. **328**

1. Grundsätzlich müssen dazu folgende Voraussetzungen erfüllt sein:

a) K müsste »etwas erlangt« haben. Unter »etwas« ist jeder Vermögensvorteil zu verstehen. K hat Eigentum (s. o. § 929 S. 1) und Besitz (§ 854) an dem Buch erlangt.

b) Dies müsste durch eine Leistung des V geschehen sein. »Leistung« ist jede bewusste, gewollte und zweckgerichtete Vermögensvermehrung. Eine Vermögensvermehrung lag vor, nachdem V dem K am 02.01.2009 das Buch zum Zwecke der Erfüllung des Kaufvertrags übereignet hatte.

c) Schließlich müsste K das Buch »ohne rechtlichen Grund« erlangt haben. Als rechtlicher Grund kommt der am 14.05.2008 geschlossene Kaufvertrag in Betracht. An diesem Tag war V geisteskrank und deshalb geschäftsunfähig (§ 104 Nr. 2). Somit sind seine zu diesem Zeitpunkt abgegebenen Willenserklärungen gem. § 105 Abs. 1 nichtig.

Ein wirksamer Kaufvertrag kam zwischen V und K nicht zustande, so dass K das Buch ohne rechtlichen Grund erlangte.

d) Damit sind alle Voraussetzungen von § 812 Abs. 1 S. 1, 1. Var. erfüllt. Der Umfang des Herausgabeanspruchs richtet sich nach §§ 812 Abs. 1 S. 1, 818 Abs. 1.

33 Die Eigentumsübertragung durch Einigung von Veräußerer und Erwerber ist ein dinglicher Vertrag, auf den grundsätzlich die §§ 104–185 anwendbar sind.

(Ausnahmsweise müssen Sie bei Ziffer 6. auf dieser Seite einmal eine Seite zurückblättern!)

6. Zu Ausarbeitung A II 1 c:

329 Zur Prüfung dieser Voraussetzung kommt man erst, wenn die zwei vorhergehenden Voraussetzungen bejaht worden sind. Liegt eine der Voraussetzungen des § 812 Abs. 1 S. 1, 1. Var. – in richtiger Reihenfolge geprüft – nicht vor, ist die Prüfung abzubrechen. Erst bei der dritten Voraussetzung dieses Anspruchs – »ohne rechtlichen Grund« – wird das Zustandekommen des Kaufvertrags entscheidungserheblich. Das Verpflichtungsgeschäft ist der rechtliche Grund (causa) für das Verfügungsgeschäft. § 105a war neben §§ 104, 105 *nicht* zu prüfen, da der Kauf eines *wertvollen* Buchs kein »Geschäft des täglichen Lebens« ist.

7. Sind alle Voraussetzungen erfüllt, ist der Anspruch begründet **(vgl. Ausarbeitung A II 2).** Der Umfang des Bereicherungsanspruchs richtet sich nach §§ 812, 818. Zu beachten ist, dass bei Unmöglichkeit der Herausgabe grundsätzlich Wertersatz (§ 818 Abs. 2) zu leisten ist; es sei denn, der Schuldner ist entreichert (§ 818 Abs. 3). – Vgl. *Prüfungsschema* »Leistungskondiktion...« Rdnr. 409.

8. Zu Ausarbeitung B I u. II:

330 Die Überlegungen zu den Gegenansprüchen K gegen V sind die gleichen wie bei den Ansprüchen V gegen K mit der Variante, dass es nicht um die Herausgabe des Buchs, sondern um die Herausgabe des Geldes geht. Die Lösung wird daher nur noch skizziert.

Zu Frage 2 a:

331 1. **Aus Gründen der Vereinfachung wird die gutachtliche Prüfung hier nur noch in Form einer stichwortartigen Lösungsskizze gebracht.**

Die Prüfung von Ansprüchen *aus* dem Kaufvertrag wäre auch hier fehl am Platze, da sich insoweit nichts geändert hat, als beide Vertragspartner ihre Verpflichtungen bereits scheinbar erfüllt haben. Zu beginnen ist wieder mit der Prüfung von § 985, welcher der Lösung als *Anspruchsgrundlage voranzustellen* ist.

Der Anspruch aus § 985 setzt voraus, dass der Anspruchsteller Eigentümer und der Anspruchsgegner unrechtmäßiger Besitzer ist. Da K den Besitz durch Übergabe aufgrund des wirksamen Kaufvertrages erlangt hat, steht ihm ein Recht zum Besitz gem. § 986 zu. Dieses steht der Geltendmachung des Herausgabeanspruchs entgegen **(vgl. Ausarbeitung A I).**

2. *Ergebnis*
V kann das Buch von K gem. § 812 Abs. 1 S. 1, 1. Var. i.V.m. § 818 Abs. 1 herausverlangen.

B. Ansprüche des K gegen V …
(Lösungsskizze)

I. … gem. § 985 auf Herausgabe des Geldes? **332**
§ 985 greift zugunsten des K nicht durch: V ist auf die gleiche Weise Eigentümer des Geldes geworden, wie K Eigentümer des Buchs wurde (= § 929 S. 1).

II. … gem. § 812 Abs. 1 S. 1, 1. Var.? **333**
Der Anspruch ist begründet. Die Ausführungen unter A II bezüglich des Buchs gelten entsprechend für den Kaufpreis.

Zu Frage 2 a:

A. Ansprüche des V gegen K …

I. … gem. § 985 auf Herausgabe des Buchs? **334**
Voraussetzung: V Eigentümer? Ja, wenn Übereignung gem. § 929 S. 1 am 02.01.2009 unwirksam. Übereignung besteht aus Einigung und Übergabe. Einigung ist dinglicher Vertrag, der durch zwei sich deckende Willenserklärungen zustande kommt.

Einigungserklärung des V gem. §§ 105 Abs. 1, 104 Nr. 2 nichtig, da V am 02.01.2009 geisteskrank. Somit ist V weiter Eigentümer.

K ist Besitzer (§ 854 Abs. 1).

K dürfte kein Recht zum Besitz gem. § 986 Abs. 1 S. 1 haben.

In Betracht kommt jedoch ein Besitzrecht aufgrund der Übergabe in Erfüllung des Kaufvertrags vom 14.05.2008, wenn dieser Kaufvertrag wirksam war. Da V am 14.05.2008 voll geschäftsfähig war, ist der Kaufvertrag wirksam. Somit hat K Besitzrecht nach § 986 Abs. 1 S. 1.

Anspruch aus § 985 ist daher nicht begründet.

2. Zu Ausarbeitung B:

335 Da nach der »Rechtslage« gefragt war, mussten (auch ohne ausdrücklichen Hinweis) die Gegenansprüche des K geprüft werden.

Zu Ausarbeitung B I:

§ 107 anzuwenden wäre hier falsch: Er gilt nur für Willenserklärungen von Minderjährigen i. S. d. § 106 (= beschränkt Geschäftsfähige), nicht aber für Geschäfts*un*fähige i. S. d. § 105!
Zur Vollständigkeit: K ist »grundsätzlich« Eigentümer des Geldes geblieben, wenn man davon ausgeht, dass V die 100,– € separat zur Seite gelegt hat. Realistischer erscheint es, dass V das Geld bereits mit anderem Geld, das er besitzt, untrennbar vermengt hat. In diesem Fall würden V und K gem. §§ 948 Abs. 1 i. V. m. § 947 Miteigentümer …

Zu Frage 2 b:

336 Einzelheiten ergeben sich aus den bisherigen Hinweisen. Im Übrigen kann nicht oft genug darauf hingewiesen werden, bei der Prüfung des dinglichen Verfügungsgeschäfts das zugrunde liegende Verpflichtungsgeschäft zunächst völlig außer Betracht zu lassen. Hat sich der Bearbeiter das Abstraktionsprinzip einmal gründlich vor Augen geführt, so wird ihm in Zukunft ein solch »grober Schnitzer«, wie noch manchen Verfassern von Examensübungsklausuren, nicht unterlaufen. Dort ist nämlich manchmal tatsächlich zu lesen: »A hat *durch* den mit B geschlossenen Kaufvertrag *gem. § 433* Eigentum erworben«(!). Dass dies nur über § 929 möglich ist, wissen Sie. *Gem.* § 929 S. 1 erwirbt man Eigentum (und Besitz durch Einigung und Übergabe) *durch* das dingliche Verfügungsgeschäft *aufgrund* eines schuldrechtlichen Verpflichtungsgeschäfts, sofern dieses wirksam war. Die Besonderheit bei Frage 2 b war, dass K aufgrund des *unwirksamen* Kaufvertrages auch kein Recht zum Besitz nach § 986 erwerben konnte.

II. … gem. § 812 Abs. 1 S. 1, 1. Var.? 337

Voraussetzungen:

1. »etwas erlangt« – ja!
   K erhielt zwar nicht Eigentum (s. o.), aber Besitz! (§ 854)
2. »durch Leistung des V« – liegt ebenfalls vor (vgl. oben – entsprechend[34] – Ausarbeitung zu Frage 1, A II 1 b).
3. »ohne rechtlichen Grund«? – Rechtlicher Grund = Kaufvertrag i. S. v. § 433. Wurde am 14.05.2008 geschlossen. An diesem Tag war V nicht geisteskrank, sondern voll geschäftsfähig. Also Kaufvertrag wirksam. Rechtlicher Grund vorhanden.

4. *Ergebnis*
V hat gegen K keinen Anspruch aus § 812 Abs. 1 S. 1, 1. Var.

B. Ansprüche des K gegen V

Bei konsequenter Durchführung des Trennungs- und Abstraktionsprinzips kommt man zu dem gleichen – entsprechenden – Ergebnis: 338

I. K kann die 100,– € gem. § 985 nicht zurückverlangen, obwohl er grundsätzlich Eigentümer geblieben ist. Die Einigung gem. § 929 S. 1 erfordert zwei sich deckende Willenserklärungen, die Willenserklärung des V war gem. §§ 105 Abs. 1, 104 Nr. 2 nichtig. Aufgrund der Übergabe des Geldes in Erfüllung des wirksamen Kaufvertrags vom 14.05.2008 hat V aber ein Recht zum Besitz (§ 986 Abs. 1 S. 1) gegenüber K.

II. Der Anspruch aus § 812 Abs. 1 S. 1, 1. Var. entfällt, weil mit dem wirksamen Kaufvertrag ein rechtlicher Grund vorhanden ist (vgl. Ausarbeitung soeben zu Frage 2 a, A II = Rdnr. 337).

Zu Frage 2 b:

A. Ansprüche des V gegen K

I. Der Anspruch aus § 985 ist begründet: V ist weiterhin Eigentümer des Buchs, da seine Einigungserklärung im Sinne von § 929 S. 1 gem. §§ 105 Abs. 1, 104 Nr. 2 nichtig war. 339

Da auch die Willenserklärung zum Abschluss des Kaufvertrags gem. §§ 105 Abs. 1, 104 Nr. 2 und somit der Kaufvertrag vom 14.05.2008 nichtig war, hat K kein Recht zum Besitz gem. § 986 Abs. 1 S. 1.

34 Die Vermögensmehrung beschränkt sich nun auf den *Besitz*.

Literatur zur Vertiefung:

Alpmann und Schmidt	BGB AT 1, Einleitung 3.2.2
Baur/Stürner	§ 5 IV
Brehm	Rdnrn. 118 ff.
Brox/Walker	AT, § 5
Casper	Geschäfte des täglichen Lebens – kritische Anmerkung zum neuen § 105a BGB, NJW 2002, 3425
Däubler	BGB AT, Kap. 13
Hirsch	AT, Rdnrn. 414–437
Hofmann	Die Übertragung von Rechten – Ein Überblick, JA 2008, 253
Larenz/Wolf	AT, § 18 II c, d
Medicus	AT, § 20
Petersen	Das Abstraktionsprinzip, JURA 2004, 98
Rüthers/Stadler	§ 16 III und IV
Schreiber/Kreutz	Der Abstraktionsgrundsatz – Eine Einführung –, JURA 1989, 617
Wörlen	BGB AT, Rdnrn. 243–257

II. Der Anspruch aus § 812 Abs. 1 S. 1, 1. Var. ist ebenfalls begründet: K erlangte Besitz an dem Buch ohne rechtlichen Grund, da auch der Kaufvertragsschluss mangels gültiger Willenserklärung des V (§§ 105 Abs. 1, 104 Nr. 2) unwirksam war. **340**

B. Ansprüche des K gegen V

I. Die Voraussetzungen von § 985 liegen vor: K ist weiterhin Eigentümer des Geldes, weil die Einigungserklärung des V nichtig war; V ist Besitzer und hat aufgrund des unwirksamen Kaufvertrags kein Recht zum Besitz nach § 986. **341**

II. Auch die Voraussetzungen von § 812 Abs. 1 S. 1, 1. Var. sind erfüllt: Der Kaufvertrag ist unwirksam, V erhielt den Kaufpreis ohne rechtlichen Grund. **342**

Raum für eigene Notizen:

Fall 15 (Mehrfache) Abtretung von Forderungen, ungerechtfertigte Bereicherung

»Solvenzprobleme für Rudi Ratlos«

Die Affolter GmbH-Metallwarenfabrik (A) erhielt von ihrer Hausbank, Bankhaus **343**
Bräuwastl KG (B), laufend Darlehen. Zu deren Sicherung übertrug sie der Bank am 01.09. »ihre künftigen Forderungen aus Warenverkäufen gegen ihre Abnehmer bis zur Höchstgrenze von 100 000,– €«.

Am 05.09. verkaufte und lieferte die A an das Versandhaus Walter Deppisch (D) Kupferkessel zum Preise von 10 000,– €. Diese hatte sie aus Kupferblechen hergestellt, die sie wie bisher von der Fa. Copper & Co (C) bezogen und auch pünktlich bezahlt hatte. Mit D vereinbarte A, dass D den Kaufpreis erst in drei Wochen (26.09.) bezahlen müsse. Am 15.09. bezog die A von C eine neue Lieferung Kupferbleche im Wert von 10 000,– €. Da A gerade nicht über liquide Geldmittel verfügt, begleicht sie die Forderung von C, indem sie ihr durch Vertrag vom 15.09. die Forderung gegen D abtritt. Am 26.09. verlangt C von D 10 000,– €, die dieser auch bezahlt. Am 27.09. verlangt B von D ebenfalls 10 000,– €. Nunmehr verweigert D die Bezahlung. Der Hausjurist der B, Rudi Ratlos (R), ahnt, dass D sich zu Recht weigert, und meint, dass B das Geld von C herausverlangen kann, weiß aber nicht, wie er das begründen kann. Ihm fehlt die Anspruchsgrundlage!

Helfen Sie ihm, indem Sie ein kurzes Gutachten erstellen, das darüber Auskunft gibt, ob B die 10 000,– € von C herausverlangen kann!

(Bearbeitungszeit: 2 Std.)

A. Zur Wiederholung: Allgemeine Vorüberlegungen

(gehören nicht in die Ausarbeitung!)

344 Ich möchte diesen Fall noch einmal benutzen, die »Allgemeinen Vorüberlegungen« mit Ihnen gemeinsam zu vollziehen. Um etwas Platz zu sparen, **geschieht dies fortlaufend auf der linken und rechten Seite** des Buchs, bevor die »Besonderen Vorüberlegungen« dann wieder nur links der gutachtlichen Ausarbeitung auf den rechten Seiten optisch gegenübergestellt werden.

I. Erfassen des Sachverhalts

345 Nachdem Sie den Sachverhalt (mindestens zweimal!) konzentriert durchgelesen haben, haben Sie sicherlich festgestellt, dass hier zwischen mehreren Beteiligten Rechtsbeziehungen geknüpft wurden, auf die allerdings im Gutachten nicht mehr so ausführlich eingegangen werden muss, wie es zunächst den Anschein hat! Dies wird einem klar, wenn man sich die Rechtsbeziehungen der Beteiligten anhand einer grafischen Skizze (vgl. oben Rdnrn. 30 und 49) verdeutlicht, die folgendermaßen aussehen könnte (*versuchen Sie zuerst selbst, den Fall mit einer Skizze zu erfassen!*):

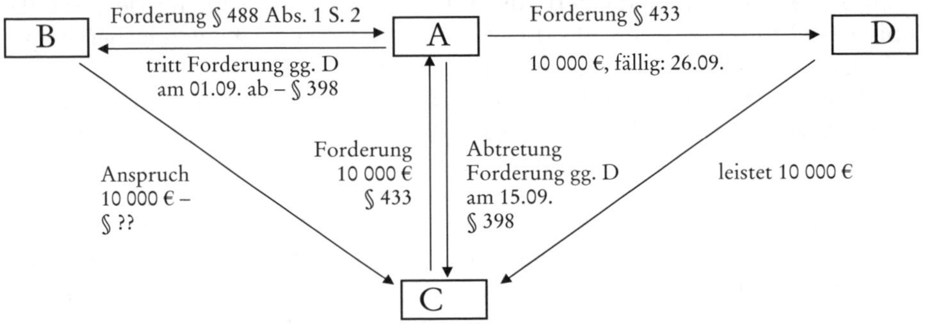

346 Wenn Sie den Sachverhalt anhand der Skizze durchdacht und erfasst haben, dann sind Ihnen hoffentlich die §§ 407, 408 eingefallen, die den (redlichen, »gutgläubigen«) Schuldner vor der Doppelbezahlung einer gegen ihn bestehenden abgetretenen Forderung schützen sollen. Außerdem sind wir beim zweiten Schritt der »Allgemeinen Vorüberlegungen« angelangt:

II. Qualifizierung der Fallfrage

347 (Vgl. oben Einführung, II 2 b, Rdnrn. 32 ff. – nachlesen!) Der letzte Satz des Sachverhalts enthält die Fallfrage in leicht verschlüsselter Form, da nicht in direkter, sondern in indirekter Rede gestellt. Sie müssen die Fallfrage insofern noch etwas konkretisieren, indem Sie eine direkte Frage formulieren *(tun Sie das, bevor Sie weiterlesen!).*

Die konkrete Fallfrage lautet: »Kann B von C Herausgabe der 10 000,– € verlangen?« Dies führt uns zum dritten Schritt der »Allgemeinen Vorüberlegungen«, der

III. Suche nach der Anspruchsgrundlage

348 (Vgl. oben Einführung, II 2 c = Rdnrn. 41 ff. – nachlesen!)

Wir wenden nun wieder unser »Suchschema« an:

»Wer	will von	wem	was	warum	woraus?«

Antwort *(auf den vorliegenden Sachverhalt übertragen)*:

B	will von	C	Herausgabe von 10 000,– €, die C am 26.09. aufgrund der Abtretung vom 15.09. erhalten hat.	Weil er glaubt, dass C zum Empfang aufgrund der Abtretung des A an B am 01.09. nicht berechtigt war.	

Um das »Woraus« beantworten zu können, brauchen wir eine Anspruchsgrundlage und gehen damit über zu den

B. Besonderen Vorüberlegungen
(gehören nicht in die Ausarbeitung!)

1. Wir wissen, dass B »*Herausgabe*« der 10 000,– € will, die 349
D an die »Nichtberechtigte« C geleistet hat. Wenn wir die Anspruchsgrundlage, die wir suchen, nicht gleich wissen, sehen wir im »Index« des Gesetzestextes nach, wo uns unsere mit Rechtskenntnissen gepaarte Phantasie schließlich unter dem Stichwort »*Nichtberechtigter*« fündig werden lässt. . . . → § 816 Abs. 2

§ 816 Abs. 2 ist also die Anspruchsgrundlage, die das Begehren der B stützen kann, so dass wir sie – als mögliches (hypothetisches) Ergebnis formuliert – dem Gutachten voranstellen **(vgl. Ausarbeitung I).**

350 2. Den nächsten Schritt bildet die Prüfung der Voraussetzungen des Anspruchs, die wir aus dem Gesetzestext von § 816 Abs. 2 herauslesen und systematisch ordnen:

Prüfungsschema: Eingriffskondiktion nach § 816 Abs. 2

(1) Leistung
(2) Nichtberechtigung zum Empfang der Leistung
(3) Wirksamkeit dieser Leistung gegenüber dem Berechtigten.

Unter diese drei Voraussetzungen subsumieren wir dann den Sachverhalt:

351 (1) Hier ist es notwendig, ganz kurz darzustellen, ob und worin eine Leistung an C im Sinne des Bereicherungsrechts gelegen hat.

Dazu muss man, da das Besondere Schuldrecht (im zweiten Semester) noch nicht eingehend behandelt wurde, nur den groben Leistungsbegriff des Bereicherungsrechts kennen:

»Leistung ist jede ›bewusste‹ und ›zweckgerichtete‹ Vermehrung fremden Vermögens.« Zweckgerichtet ist sie, wenn sie zur Erfüllung einer Verbindlichkeit bzw. zur Tilgung einer Schuld vorgenommen wird (vgl. *Brox/Walker*, SchR BT, § 37 Rdnr. 6). In einer Anfängerklausur genügt hierzu ein kurzer erklärender Satz **(vgl. Ausarbeitung I 1).**

352 (2) Nichtberechtigung zum Empfang der Leistung bedeutet, so banal das klingen mag, dass der Empfänger der Leistung sich nicht auf eine Berechtigung berufen kann! Also muss im Gutachten mitgeteilt werden, worauf er seine vermeintliche Berechtigung stützt und ob seine Auffassung darüber richtig ist oder nicht: C wusste nicht, dass die ihr gegenüber erfolgte Abtretung wegen der bereits vorher an B erfolgten Globalzession unwirksam war! Daher teilen wir es ihr im Gutachten mit! Woraus sich die Berechtigung ergeben könnte, stellen wir deshalb zunächst fest **(Ausarbeitung I 2 a),** um dann darzulegen, dass A am 15.09. die Abtretung der Forderung an C nicht mehr vornehmen durfte, da sie dieselbe Forderung bereits am 01.09. wirksam an B abgetreten hatte. Nur B war zum Empfang des Gelds berechtigt **(Ausarbeitung I 2 b).**

353 (3) Schließlich müssen wir noch die dritte Voraussetzung von § 816 Abs. 2 prüfen **(Ausarbeitung I 3):** Die Wirksamkeit der Leistung an den Nichtberechtigten (C) gegenüber dem Berechtigten (B)!

Wirksam ist die Leistung gegenüber dem Berechtigten (B), wenn dieser die Leistung des Schuldners der Forderung (D) an den Nichtberechtigten (C) gegen sich gelten lassen muss. Hier musste man daher die Schuldnerschutzvorschriften im Abtretungsrecht (§§ 407, 408) kennen und wissen, was es heißt, § 407 Abs. 1 im Fall der mehrfachen Abtretung gem. § 408 Abs. 1 »dem früheren Erwerber« gegenüber »entsprechend« anzuwenden: Da das »Who ist Who?« (= Wer ist wer?) bei so vielen Beteiligten nicht jedem sofort durchsichtig erscheint, nimmt man sich am besten die oben erstellte Skizze nochmals vor und notiert sich, wer im konkreten Fall »Schuldner«, »bisheriger Gläubiger« und »neuer Gläubiger« (§ 407 Abs. 1) der abgetretenen Forderung ist. Also:

»Schuldner« = D! »Bisheriger Gläubiger« = A! »Neuer Gläubiger« = B!

Nun analysieren wir daraufhin § 408 Abs. 1: »Bisheriger Gläubiger«: A! – »Dritter«: C! »Schuldner«: D! – »Früherer Erwerber«: B!

354 § 407 Abs. 1 gem. § 408 Abs. 1 entsprechend anzuwenden bedeutet:

»Früherer Erwerber« gem. § 408 Abs. 1 entspricht »neuem Gläubiger« gem. § 407 Abs. 1 (im Fall: B!), »Dritter« i. S. v. § 408 Abs. 1 entspricht »bisherigem Gläubiger« i. S. v. § 407 Abs. 1. Setzen wir nun das Wort »Dritter« (im Fall: C!) ein, so muss »der frühere Erwerber der Forderung« (B) eine Leistung, die der Schuldner (D) nach der erneuten Abtretung an den Dritten (C) bewirkt ..., gegen sich gelten lassen! Diese Rechtsfolge tritt jedoch nur ein, wenn der Schuldner (D) bei der Leistung nichts von der vorherigen Abtretung (A–B) wusste. Dies trifft zu, da D zum Zeitpunkt der Zahlung an C die frühere Abtretung an B nicht bekannt war.

Wenn Sie das klar erkannt und durchdacht haben, wozu Sie in der Lage sein sollten, da die Beherrschung des Stoffs des Allgemeinen Schuldrechts von Ihnen verlangt werden kann, können Sie diese Überlegung im Gutachten (wie unter **Ausarbeitung I 3** geschehen) kurz darlegen.

Dann stellen Sie in einem kurzen Schlusssatz das Gesamtergebnis des Gutachtens fest **(Ausarbeitung II).**

Lösung (Ausarbeitung):

I. B könnte die Herausgabe der 10 000,– € von C möglicherweise gemäß § 816 Abs. 2 verlangen. 355

1. Dann muss zunächst an C eine Leistung bewirkt worden sein. Leistung ist jede bewusste und zweckgerichtete Mehrung fremden Vermögens.

D hat, indem er am 26.09. 10 000,– € an C zahlte, bewusst und zweckgerichtet das Vermögen der C vermehrt, da er diese zum Einzug der Forderung für berechtigt hielt und mit der Zahlung seine Kaufpreisschuld tilgen wollte. D hat also an C eine Leistung bewirkt.

2. C dürfte zum Empfang der Leistung nicht berechtigt gewesen sein. 356

a) Eine Berechtigung der C zum Empfang dieser Leistung könnte sich aus dem am 15.09. mit A geschlossenen Abtretungsvertrag ergeben. Damit diese Abtretung durch die Vereinbarung gem. § 398 S. 1 wirksam war, mit der Folge, dass C gemäß § 398 S. 2 als neue Gläubigerin der Forderung an die Stelle der A trat, müsste A zu diesem Zeitpunkt auch Inhaberin der Forderung gewesen sein.

b) A hatte jedoch bereits am 01.09. im Wege einer Globalzession alle künftigen Forderungen aus Warenverkäufen an die B abgetreten. Da es für die Abtretung zukünftiger Forderungen ausreicht, wenn diese zum Zeitpunkt ihrer Entstehung hinsichtlich Höhe, Inhalt und Schuldner bestimmbar sind, war diese Abtretung zulässig. Wirksam wird sie erst mit der Entstehung der jeweiligen Forderungen.

Die Abtretung aller zukünftigen Forderungen zur Kreditsicherung durch eine Globalzession scheitert nicht an einer möglicherweise sittenwidrigen Übersicherung (§ 138). Eine Übersicherung läge vor, wenn die abgetretenen Forderungen im Vergleich zum Wert der gesicherten Forderungen unverhältnismäßig hoch wären. Daran fehlt es aber hier.

B trat daher am 05.09. (Abschluss des Kaufvertrags) gem. § 398 S. 2 als neue 357
Gläubigerin der Forderung A–D an die Stelle der A, so dass A am 15.09. nicht mehr Inhaberin dieser Forderung und die Abtretung der A an C unwirksam war. C war somit Nichtberechtigte bezüglich des Empfangs der 10 000,– €.

3. Gemäß § 816 Abs. 2 muss die Leistung schließlich dem Berechtigten gegen- 358
über – hier der B – wirksam sein.

Die Wirksamkeit der Leistung D an C ergibt sich aus § 408 Abs. 1 i. V. m. § 407 Abs. 1. Danach muss der frühere Erwerber (B) einer Forderung bei mehrfacher Abtretung die Leistung des Schuldners (D) an den Dritten (C) gegen sich gelten lassen, wenn – wie hier – der Schuldner (D) bei Leistung an den Dritten (C) nichts von der früheren Abtretung wusste.

II. *Ergebnis*
B kann von C gem. § 816 Abs. 2 Herausgabe der 10 000,– € verlangen.

Literatur zur Vertiefung:

Alpmann u. Schmidt	SchR AT 2, 3. Teil, 2. Abschn.; SchR BT 3, 3. Teil, 3. Abschn., 1 u. 2
Brox/Walker	SchR AT, § 34
Coester-Waltjen	Die Abtretung, JURA 2003, 23
dies.	Aufrechnung bei Abtretung, JURA 2004, 391
Däubler	BGB, Kap. 13 und 17
Eckert	SchR AT, Rdnrn. 1035–1089
Fikentscher/Heinemann	§§ 58–61; § 103 Rdnrn. 1472–1475
Haertlein	Die Rechtsstellung des Schuldners einer abgetretenen Forderung, JuS 2007, 1073
Larenz	SchR AT, § 34
Larenz/Canaris	§ 69 II
Looschelders	AT, § 53
Medicus	SchR AT, §§ 61–65; SchR BT, § 130
Meyer/von Varel	Die Sicherungszession, JuS 2004, 192
Schreiber	Die Forderungsabtretung, JURA 2007, 266
Wörlen	SchR AT, Rdnrn. 279–290; SchR BT, Rdnrn. 360–386

Raum für eigene Notizen:

Fall 16 Mängelhaftung beim Kauf, Rücktritt, Geltung von AGB, Verjährung

»Augen auf beim Möbelkauf«

Privatier V hat sich zum Hobby gemacht, antike Möbel nachzubauen, die er hin und wieder auf dem »Schnäppchen-Markt« seiner Lokalzeitung zum Verkauf anbietet. Um Kaufinteressenten nicht immer wieder dasselbe erzählen zu müssen, entwirft er ein Kaufvertragsformular mit vorformulierten Vertragsbedingungen. Dort heißt es unter Ziffer 3: »Bei Mangelhaftigkeit der Kaufsache steht dem Käufer nur ein Recht auf Nacherfüllung in Form der Nachbesserung zu«, und Ziffer 4 lautet: »Mängelansprüche des Käufers verjähren mit Ablauf von einem Monat nach Lieferung der Kaufsache«. **359**

Nach der Lektüre vom »Schnäppchen-Markt« sucht der wohlhabende Kunststudent K den V im Mai in seiner Wohnung auf, um die neu hergestellte Imitation eines antiken Schreibtischs zu erwerben. K liest sich den Vertrag mit seinen Bedingungen durch, unterschreibt das Formular und bezahlt den Kaufpreis von 1000,– € im Voraus. Als Liefertermin wird der 31. Mai vereinbart.

Als der Schreibtisch geliefert wird, muss K feststellen, dass sämtliche Schubladen klemmen. Aufgrund seines Nachbesserungsrechts lässt er den Schreibtisch sofort wieder mitnehmen, damit der Mangel beseitigt wird. Als der »reparierte« Schreibtisch wiedergebracht wird, klemmen immer noch fünf von sechs Schubladen.

Als K dies rügt und von V erneut Mängelbeseitigung verlangt, teilt dieser ihm lapidar mit, dass er »alles versucht habe, was möglich ist«. K ist ratlos und fragt einen befreundeten Studenten des Wirtschaftsrechts, was er tun könne. Dieser rät ihm, vom Vertrag zurückzutreten und den Kaufpreis gegen Rückgabe des Schreibtischs zurückzuverlangen.

Daraufhin erklärt K im Juli den Rücktritt und verlangt den Kaufpreis gegen Rückgabe des Schreibtischs zurück. V weigert sich unter Berufung auf Ziffern 3 und 4 seiner Vertragsbedingungen.

Ist der Anspruch des K begründet?

(Bearbeitungszeit: 2½ Std.)

Besondere Vorüberlegungen

360 In diesem Fall war nach der *Sachverhaltserfassung* in den *»Allgemeinen Vorüberlegungen«* zunächst die *Konkretisierung der Fallfrage* notwendig: K erklärt den Rücktritt und verlangt von V Rückzahlung des Kaufpreises (gegen Rückgabe des Schreibtischs). »Ist der Anspruch des K begründet?« heißt daher *konkreter*: »Hat K einen Anspruch auf Rückzahlung des Kaufpreises?« Vorausgesetzt, dass Sie das materielle Recht des BGB kennen, sollten Sie wissen, dass es einen speziellen »Kaufpreisrückzahlungsanspruch« nicht gibt. Gleichermaßen müsste Ihnen bekannt sein, dass es im allgemeinen Schuldrecht eine Vorschrift gibt, die bestimmt, dass im Fall des (berechtigten) Rücktritts gem. § 346 Abs. 1 die empfangenen Leistungen zurückzugewähren sind [falls Sie das nicht wussten: Vgl. *Literatur zur Vertiefung!*]. Wenn Ihnen § 346 bei der zweiten (!) Lektüre des Sachverhalts nicht sofort eingefallen ist, sollten Sie zumindest in der Lage sein, ihn über die Lektüre des Index oder des BGB-Inhaltsverzeichnisses (»Buch 2, Abschnitt 3, Titel 5, Untertitel 1«) zu finden!

361 Aus dem Wortlaut von § 346 Abs. 1 lässt sich herauslesen, dass eine Vertragspartei von der anderen etwas verlangen kann (vgl. § 194 Abs. 1). § 346 Abs. 1 ist also eine *Anspruchsgrundlage*! Sie gibt z. B. einem Käufer, der vom Vertrag zurückgetreten ist und den Kaufpreis bereits bezahlt hat, die Möglichkeit, diesen herauszuverlangen. § 346 Abs. 1 ist also die Anspruchsgrundlage, die unserem Gutachten voranzustellen ist (**vgl. Ausarbeitung I**). Das Zitat der §§ -Kette, deren Reihenfolge nicht »zwingend« ist, *muss* nicht sein, lässt aber den Korrektor vermuten, dass der (die) Verfasser(in) sich im Mängelrecht beim Kaufvertrag auskennt.

362 **Zu Ausarbeitung I 1:**

Hierzu musste man wissen, dass der Anspruch aus § 346 Abs. 1 nur begründet ist, wenn der Gläubiger ein (vertragliches oder gesetzliches) Rücktrittsrecht und dieses wirksam ausgeübt hat. Auf die Ausübung des Rücktritts durch Erklärung (§ 349) geht man sinnvollerweise erst ein, wenn durchgeprüft wurde, ob überhaupt ein Rücktrittsrecht besteht.

363 **Zu Ausarbeitung I 1 a–c:**

Prüfungsschemata muss man zwar nicht »auswendig« lernen, doch einmal verstanden und durchdacht haben, um sie dann beim jeweils zu lösenden Fall anhand des Gesetzestextes zu entwickeln und anzuwenden. Zur eigenen Sicherheit sollte man sich die in Frage kommende Prüfungsreihenfolge während der Vorüberlegungen auf seinem Konzeptzettel notieren.

Prüfungsschema: Voraussetzungen des gesetzlichen Rücktrittsrechts nach § 437 Nr. 2, 1. Var.

a) Wirksamer Kaufvertrag i. S. v. § 433
b) Vorliegen eines Sach- (oder Rechts-)mangels, § 433 Abs. 1 S. 2 i. V. m. §§ 434 (435)
c) Bei Gefahrübergang (§ 446 oder § 447) [Bei einem Verbrauchsgüterkauf ist § 447 gem. § 474 Abs. 2 nicht anwendbar! Zu beachten ist auch § 476.]

Zu Ausarbeitung I 1 d–e:

364 d) Erfolglose Nachfristsetzung, falls nicht entbehrlich (§§ 323, 440):
- da schon die Voraussetzungen der speziellen Vorschrift, § 440, vorliegen, brauchte man die allgemeinere Vorschrift, § 323 Abs. 2, dessen Nr. 1 hier erfüllt ist, nicht mehr zu erwähnen (*lex specialis derogat legi generali*[35]).

35 Lat. (deutsch: »Ein Sondergesetz verdrängt die allgemeinen Gesetze.«).

Lösung (Ausarbeitung):

I. K könnte gegen V einen Anspruch auf Rückzahlung des Kaufpreises Zug um Zug gegen Rückgabe des Schreibtisches aus § 346 Abs. 1 i. V. m. §§ 437 Nr. 2, 1. Var., 434 Abs. 1 S. 2 Nr. 2 und §§ 440 S. 1, 323 Abs. 1 haben. **365**

1. Voraussetzung für den Rückzahlungsanspruch nach § 346 Abs. 1 ist zunächst, dass der Gläubiger K ein vertragliches oder gesetzliches Rücktrittsrecht hat. Hier kommt das gesetzliche Rücktrittsrecht des K gem. § 437 Nr. 2, 1. Var. in Betracht. **366**

a) Dann müssen V und K einen wirksamen Kaufvertrag i. S. v. § 433 geschlossen haben. Indem K den ihm von V vorgelegten Vertrag unterschrieben hat, ist dieser wirksam durch Angebot und Annahme (§§ 145 ff.) zustande gekommen.

Gem. § 433 Abs. 1 S. 2 hat der Verkäufer dem Käufer die Sache frei von Sach- und Rechtsmängeln zu verschaffen.

b) Zu prüfen ist daher, ob der Schreibtisch mangelhaft ist. **367**

Bei den klemmenden Schubladen könnte es sich um einen Sachmangel i. S. v. § 434 handeln. Nach § 434 Abs. 1 S. 1 liegt ein Sachmangel vor, wenn die Sache bei Gefahrübergang nicht die vereinbarte Beschaffenheit hat. Soweit, wie hier, die Beschaffenheit nicht vereinbart wurde, liegt ein Sachmangel vor, wenn sich die Sache nicht für die vertraglich vorausgesetzte Verwendung eignet (§ 434 Abs. 1 S. 2 Nr. 1) oder wenn sie sich nicht für die gewöhnliche Verwendung eignet und nicht die Beschaffenheit aufweist, die der Käufer üblicherweise erwarten darf (§ 434 Abs. 1 S. 2 Nr. 2).

Da V und K über eine vertraglich vorausgesetzte Verwendung nicht gesprochen haben, kann nur ein Sachmangel i. S. v. § 434 Abs. 1 S. 2 Nr. 2 vorliegen.

Indem der »reparierte« Schreibtisch fünf klemmende Schubladen hat, ist er für die gewöhnliche Verwendung nicht geeignet und weist nicht die Beschaffenheit auf, die K üblicherweise erwarten konnte. Folglich liegt ein Sachmangel gem. § 434 Abs. 1 S. 2 Nr. 2 vor.

c) Indem der Schreibtisch mit den klemmenden Schubladen dem K von V bereits übergeben wurde, lag der Sachmangel bei Gefahrübergang (§ 446) vor. **368**

d) Gem. § 437 Nr. 2, 1. Var. i. V. m. § 323 Abs. 1 sind die Voraussetzungen für den Rücktritt grundsätzlich erst erfüllt, wenn der Gläubiger dem Schuldner erfolglos eine angemessene Nacherfüllungsfrist gesetzt hat. **369**

Die Fristsetzung ist jedoch entbehrlich, wenn die spezielle Vorschrift des § 440 oder die allgemeine Regelung von § 323 Abs. 2 eingreift.

Nach § 440 S. 1 bedarf es der Fristsetzung nicht, wenn die Nacherfüllung fehlgeschlagen oder dem K unzumutbar ist. Gem. § 440 S. 2 gilt eine Nachbesserung nach dem erfolglosen zweiten Versuch als fehlgeschlagen, wenn sich nicht aus sonstigen Umständen etwas anderes ergibt. Solche Umstände liegen hier vor, da V mit der Äußerung, dass »er alles versucht habe, was möglich war«, einen zweiten Nachbesserungsversuch (zumindest konkludent) verweigert hat.

Somit ist die Fristsetzung gem. § 440 entbehrlich, so dass K gem. § 437 Nr. 2, 1. Var. grundsätzlich zum Rücktritt berechtigt ist.

e) Erhebliche Pflichtverletzung (§ 323 Abs. 5 S. 2). Unerheblich ist die Pflichtverletzung, wenn durch sie das Leistungsinteresse des Gläubigers nicht spürbar gestört wird.

370 [Zu denken ist in diesem Zusammenhang auch immer an einen Ausschluss des Rücktritts nach § 323 Abs. 6, was aber im Gutachten nicht zu erwähnen ist, wenn im Sachverhalt ganz offensichtlich nichts auf einen solchen Ausschluss hindeutet.]

f) Kein gesetzlicher (§§ 442, 445; 377 HGB) oder vertraglicher (vgl. § 444) Haftungsausschluss.

In der *Ausarbeitung* ist dann der Sachverhalt, wie unter *I.1. a)–f)* geschehen, Schritt für Schritt (Prüfungspunkt für Prüfungspunkt) unter die Voraussetzungen der gesetzlichen Vorschriften zu subsumieren.

Zu Ausarbeitung I 1 f aa–bb:

371 Da V vorformulierte AGB verwendet, muss man ein
Prüfungsschema zur Wirksamkeit von AGB (§§ 305–310)
anwenden können. Hier hätten Sie sich auf Ihrem Konzeptzettel etwa folgende (hier kursiv gedruckte) *Voraussetzungen* notieren können:

aa) *Kein Verbrauchsgüterverkauf* (§§ 474, 475)
[§ 475 Abs. 1 ergänzt die Bestimmungen über die Inhaltskontrolle von AGB und ordnet für den Verbrauchsgüterkauf die *grundsätzliche Unabdingbarkeit* der §§ 433–435, 437, 439–443 zum Nachteil des Verbrauchers (§ 13) auf eine *vor Mitteilung eines Mangels* getroffene Vereinbarung an.]

bb) *Anwendbarkeit der §§ 305–310 = AGB i. S. v. § 305 Abs. 1?*

Zu Ausarbeitung I 1 f cc–ff:

372 cc) *Kein Ausschluss nach § 310 (sachlicher und persönlicher Anwendungsbereich)*

dd) *AGB müssen Vertragsbestandteil sein (§§ 305 Abs. 2 und Abs. 3, 305 a–c)*

e) Das Klemmen der Schubladen beeinträchtigt die Verwendung des Schreibtischs so stark, dass die Pflichtverletzung des V erheblich ist. Somit ist der Rücktritt des K nicht ausgeschlossen (§ 323 Abs. 5 S. 2).

f) Eine Mängelhaftung des Verkäufers kommt allerdings nur in Betracht, wenn keine gesetzlichen (§§ 442, 445) oder vertraglichen (Arg. aus § 444) Ausschlussgründe vorliegen. **373**

Im vorliegenden Fall könnte ein vertraglicher Haftungsausschluss aufgrund der Ziffern 3 und 4 der AGB des V eingreifen. Dann müssten diese Klauseln wirksam sein.

aa) Die Klauseln könnten gem. § 475 Abs. 1 S. 1 unwirksam sein. Da V, der den Schreibtisch aber als Privatmann (= Verbraucher i. S. d. § 13) verkauft hat, und somit nicht Unternehmer i. S. v. § 14 ist, handelt es sich bei dem Kauf nicht um einen Verbrauchsgüterkauf nach § 474 Abs. 1, so dass § 475 Abs. 1 S. 1 den V nicht daran hindert, sich auf durch Ziffer 3 und 4 seiner AGB getroffenen Vereinbarungen zu berufen. **374**

bb) Die Klauseln könnten aber unwirksam sein, wenn sie einer Wirksamkeitskontrolle nach den §§ 305–310 nicht standhalten. Voraussetzung für die Anwendbarkeit dieser Vorschriften ist zunächst, dass es sich bei den Klauseln um echte AGB i. S. v. § 305 Abs. 1 handelt. Danach (Abs. 1 S. 1) sind AGB vorformulierte Vertragsbedingungen, die für eine Vielzahl von Verträgen gelten, einseitig vom Verwender der anderen Vertragspartei gestellt werden und sich nicht (vgl. § 305 Abs. 1 S. 3) als das Ergebnis beiderseitiger Vertragsverhandlungen darstellen. Indem K die vorformulierten AGB mit den Klauseln Ziffern 3 und 4 von V bei Vertragsschluss zur Unterschrift vorgelegt wurden, sind die Voraussetzungen von § 305 Abs. 1 erfüllt. **375**

cc) Die Anwendbarkeit der §§ 305 ff. darf nicht durch § 310 ausgeschlossen sein. Bei einem Kaufvertrag handelt es sich um einen schuldrechtlichen Vertrag, der nicht unter § 310 Abs. 4 fällt, so dass der sachliche Anwendungsbereich der §§ 305 ff. nicht ausgeschlossen ist. Da K nicht Unternehmer (§ 14), sondern Verbraucher i. S. v. § 13 ist, ist auch der persönliche Anwendungsbereich der §§ 305 ff. nicht nach § 310 Abs. 1 ausgeschlossen. **376**

dd) Um wirksam zu sein, müssen die Klauseln gem. §§ 305 Abs. 2 und Abs. 3, 305 a–c Vertragsbestandteil geworden sein. **377**

Gem. § 305 Abs. 2 Nr. 1 ist ein ausdrücklicher oder konkludenter Hinweis des Verwenders (V) auf die Geltung der AGB erforderlich, damit sie in den Vertrag einbezogen sind, und gem. § 305 Abs. 2 Nr. 2 muss die andere Vertragspartei (K) die Möglichkeit haben, in zumutbarer Weise vom Inhalt der AGB Kenntnis zu nehmen.

ee) *Inhaltskontrolle nach § 307 Abs. 3 möglich? Voraussetzung: Abänderung gesetzlicher Vorschriften durch AGB*

ff) *Wirksamkeit der AGB-Klauseln nach der Inhaltskontrolle nach §§ 307–309*
Prüfungsreihenfolge:
- § 309 (Klauseln ohne Wertungsmöglichkeit)
- § 308 (Klauseln mit Wertungsmöglichkeit)
- § 307 Abs. 1 und 2 (»Treu und Glauben«)

378 In diesem Zusammenhang musste man dann § 306 kennen und die *Rechtsfolge* der Unwirksamkeit der Klausel aufzeigen. (Durchaus vertretbar ist es auch, der Rechtsfolge des § 306 einen eigenen Prüfungs- bzw. Gliederungspunkt zu geben.)

Zu Ausarbeitung I 2:

379 Durch die Feststellung, dass K zum Rücktritt berechtigt ist, haben wir die erste Voraussetzung für den *Anspruch* aus § 346 Abs. 1 bejaht. Da der Anspruch nur geltend gemacht werden kann, wenn der Rücktritt ausgeübt wurde, war zu prüfen, ob er gem. § 349 erklärt wurde.

Zu Ausarbeitung I 2 a:

380 V verweigert den zweiten Nachbesserungsversuch auch unter Berufung auf Ziff. 4 seiner AGB. Da der Rücktritt kein *Anspruch* (vgl. § 194 Abs. 1), sondern ein *Gestaltungsrecht* ist, kann er nicht verjähren. Er kann aber gem. § 218 unwirksam sein. Dies führt zu der Frage nach der Verjährung von Mängelansprüchen und ihre Auswirkung auf den Rücktritt.

Zu Ausarbeitung I 2 b:

381 Da die gesetzliche Verjährung durch eine AGB-Klausel geändert wurde, war die Klausel wiederum anhand der §§ 305–310 zu überprüfen. Abgesehen davon, dass der Inhalt der Klausel Ziffer 4 sich auf die Verjährung von Mängelansprüchen bezieht, gilt hier das Gleiche wie für Klausel Ziffer 3. Insofern konnte unter **Ausarbeitung 2 b aa)** nach oben verwiesen werden.

Indem K den vorformulierten Vertrag mit den AGB gelesen und unterschrieben hat, sind diese Voraussetzungen erfüllt.

Die Klauseln Ziffern 3 und 4 stellen auch keine Überraschungsklauseln i. S. v. § 305 c Abs. 1 dar und enthalten keine unklaren Formulierungen (§ 305 c Abs. 2); eine Individualvereinbarung (§ 305 b) wurde zwischen V und K nicht getroffen.

Somit sind die AGB-Klauseln als Vertragsbestandteil einbezogen.

ee) Nachdem die Klauseln Bestandteile des Vertrags zwischen V und K geworden sind, ist zu prüfen, ob sie der Inhaltskontrolle nach §§ 309, 308, 307 standhalten. **382**

Da mit der Klausel Ziffer 3 Rechtsvorschriften über die Mängelhaftung abgeändert bzw. ausgeschlossen (§ 437 Nr. 2 und 3) werden, indem K lediglich Nacherfüllung (§ 437 Nr. 1 i. V. m. § 439) zustehen soll, ist die Inhaltskontrolle dieser Klausel gem. § 307 Abs. 3 möglich.

Klauseln, die die Mängelhaftung neu hergestellter Sachen betreffen, sind direkt in § 309 Nr. 8 b) angesprochen. Da der Schreibtisch eine neu hergestellte Sache ist, darf die Klausel nicht gegen § 309 Nr. 8 b) verstoßen.

ff) Gem. § 309 Nr. 8 b) bb) ist in AGB eine Bestimmung unwirksam, die Ansprüche gegen den Verwender auf Nacherfüllung beschränkt, sofern dem anderen Vertragsteil bei Fehlschlagen der Nacherfüllung nicht ausdrücklich das Recht eingeräumt wird, zu mindern oder vom Vertrag zurückzutreten. Letzteres hat V im vorliegenden Fall versäumt. **383**

Somit ist die AGB-Klausel Ziffer 3 des von V und K geschlossenen Vertrags gem. § 309 Nr. 8 b) bb) unwirksam. Im Übrigen bleibt der Vertrag gem. § 306 Abs. 1 wirksam. Gem. § 306 Abs. 2 richtet sich der Inhalt des Vertrags daher nach den gesetzlichen Vorschriften, u. a. also auch nach denen über den Rücktritt.

Folglich ist K grundsätzlich zum Rücktritt nach §§ 437 Nr. 2, 1. Var., 323 Abs. 1 berechtigt.

2. Voraussetzung für den Rückgewähranspruch nach § 346 Abs. 1 ist neben dem Vorliegen eines Rücktrittsrechts die Ausübung des Rücktritts (»im Fall des Rücktritts«). Gem. § 349 erfolgt der Rücktritt durch Erklärung gegenüber der anderen Vertragspartei. Diese Erklärung hat K im Juli abgegeben. **384**

a) Nach § 438 Abs. 4 S. 1 i. V. m. § 218 Abs. 1 S. 1 ist ein Rücktritt indessen unwirksam, wenn (der Anspruch auf Leistung oder) der Nacherfüllungsanspruch verjährt ist und der Schuldner, wie hier V, sich darauf beruft. Gem. § 438 Abs. 1 Nr. 3 verjährt der in § 437 Nr. 1 bezeichnete Nacherfüllungsanspruch (§ 439) in zwei Jahren. **385**

b) Dem könnte jedoch die Klausel Ziffer 4 der AGB des V, auf die er sich auch beruft, entgegenstehen, wonach Mängelansprüche des Käufers in einem Monat verjähren sollen. Diese Klausel ist daher ebenfalls anhand der §§ 305–310 zu überprüfen. **386**

aa) Insofern kann zunächst auf die Ausführungen zu Klausel Ziffer 3 [oben unter 1. f) aa)–ee)] verwiesen werden. **387**

Für die inhaltliche Überprüfung der Klausel war zunächst wieder die spezielle Vorschrift des § 309 heranzuziehen, der dem K nun mit seiner Nr. 8 b) ff) weiterhilft **(Ausarbeitung 2 b bb)**.

388 **Zu Ausarbeitung I 3:**
Bei der Frage, ob der Anspruch durchsetzbar (vgl. Schema, oben Rdnr. 56) ist, musste kurz auf die mögliche Einrede aus §§ 348, 320 Abs. 1 eingegangen werden.

389 **Zu Ausarbeitung II:**
Da das Rücktrittsrecht und seine Ausübung Wirksamkeitsvoraussetzungen für den Anspruch des K aus § 346 Abs. 1 sind, war als »Ergebnis« festzustellen, dass der Anspruch begründet ist.

Literatur zur Vertiefung:

Alpmann und Schmidt	SchR BT Kaufrecht, 3. Kap., 1. und 2. Abschn.
Annuss	Die Folgen des Rücktritts (§§ 346 ff. BGB), JA 2006, 184
Brox/Walker	SchR AT, § 4 und SchR BT, §§ 3, 4, 7 I
Däubler	BGB, Kap. 19
Fikentscher/Heinemann	§§ 68–72
Hirsch	Schadensersatz wegen eines Mangels der Kaufsache – »Dackel mit O-Bein«, JURA 2006, 120
Jaensch	Die Störung der Nacherfüllung im Kaufrecht, JURA 2005, 649
Jost	Klassiker im neuen Licht – Besonderheiten der kaufrechtlichen Mängelgewährleistung, JURA 2005, 750
Looschelders	BT, §§ 4–6
ders.	Die neuere Rechtsprechung zur kaufrechtlichen Gewährleistung, JA 2007, 673
Medicus	SchR BT, §§ 73–75
Petersen	Verbraucher und Unternehmer, JURA 2007, 905
Schindler	Der Verbrauchsgüterkauf, JA 2004, 835
Schubel	Schuldrechtsmodernisierung 2001/2002 – Das neue Kaufrecht, JuS 2002, 313
Wörlen	SchR AT, Rdnrn. 29–51 und SchR BT, Rdnrn. 10–135.
Zimmer/Eckhold	Das neue Mängelgewährleistungsrecht beim Kauf, JURA 2002, 145

bb) Gem. § 309 Nr. 8 b) ff) ist in AGB eine Bestimmung unwirksam, die eine weniger als ein Jahr betragende Verjährungsfrist ab dem gesetzlichen Verjährungsbeginn (= Ablieferung der Sache, § 438 Abs. 2) vorsieht. Somit ist auch die Klausel Ziffer 4 der AGB des V unwirksam, mit der Folge, dass gem. § 306 Abs. 2 die gesetzliche Verjährungsfrist des § 438 Abs. 1 Nr. 3 gilt. Da seit der Ablieferung des Schreibtischs am 31. Mai im Juli noch keine zwei Jahre verstrichen sind, ist der Nacherfüllungsanspruch des K noch nicht verjährt und der Rücktritt nicht nach § 218 Abs. 1 Satz 1 unwirksam. 390

Demnach sind alle Voraussetzungen für den Rückzahlungsanspruch des K gegenüber V gem. § 346 Abs. 1 i. V. m. §§ 437 Nr. 2, 1. Var., 434 Abs. 1 S. 2 Nr. 2 und §§ 440 S. 1, 323 Abs. 1 erfüllt. Der Anspruch ist somit entstanden.

3. Der Rückzahlungsanspruch des K müsste auch durchsetzbar sein. Nach §§ 348, 320 Abs. 1 sind die sich aus dem Rücktritt ergebenden Pflichten Zug um Zug zu erfüllen. Darauf ist auch das Verlangen des K (Rückzahlung gegen Rückgabe des Schreibtisches) gerichtet. Folglich besteht keine Einrede des V nach § 320 Abs. 1, so dass der Anspruch auch durchsetzbar ist.

II. *Ergebnis*

Der Anspruch des K gegen V auf Rückzahlung des Kaufpreises aus §§ 346 Abs. 1, 437 Nr. 2, 1. Var., 440, 323 Abs. 1 Zug um Zug gegen Rückgabe des Schreibtisches ist begründet.

Raum für eigene Notizen:

Fall 17 Mängelhaftung beim Kauf, Verbrauchsgüterkauf, Nacherfüllung beim Stückkauf, Geschäftsfähigkeit, arglistige Täuschung[36]

»Der Mopedkauf«

Der 17jährige K entdeckt in der Zeitung folgende Anzeige des V: »*Verkaufe Moped* **391**
Typ X – unfallfrei – Kilometerstand nur 1.000 km – Sonderpreis 2.500,– €«.

K sucht den V unter der angegebenen Adresse auf und unterzeichnet auf einem Hinterhof, wo auch noch Pkws und Motorräder des V zum Verkauf bereit stehen, den vorbereiteten Vertrag, in dem u.a. steht: »*Das Moped wird ohne Gewähr verkauft*«. K bezahlt den Kaufpreis von seinen Ersparnissen und nimmt das Moped gleich mit. Wenig später stellt er fest, dass das Moped einen Vorschaden am Rahmen aufweist. Das Moped hatte tatsächlich einen Unfall erlitten. Die Schäden wurden von einem anderen Vorbesitzer repariert.

Ein Moped dieses Typs X hat ohne Vorschaden einen Wert von 4.000,– € und mit Vorschaden einen Wert von nur 3.000,– €. Die übrigen derzeit angebotenen Mopeds dieses Typs X haben eine Laufleistung von mindestens 5.000 km.

K fragt, welche Ansprüche er gegen V hat? Was raten Sie ihm?

(Bearbeitungszeit: 4 Std.)

36 **Hinweis**: Die *einzelnen* Problembereiche dieses Falles gehören durchaus zum Wissen, das in den ersten drei Semestern vermittelt wird. Die *Verbindung* dieser Bereiche in *einem* Sachverhalt erfordert aber eine Bearbeitungszeit, die über das Maß von Klausuren in einer »Anfängerübung« zum Bürgerlichen Recht hinausgeht. Mit dieser Klausurlösung und den »methodischen Hinweisen« können Sie sich schon auf den »großen BGB-Schein« für Fortgeschrittene vorbereiten.

Besondere Vorüberlegungen:
(gehören nicht in die Ausarbeitung)

392 1. Offensichtlich weist das Moped einen Sachmangel auf. Die Rechte des Käufers bei Mängeln ergeben sich aus § 437. Nun wird allgemein nach Ansprüchen gefragt. Deswegen mussten Sie streng in der Reihenfolge des § 437 alle möglichen Ansprüche prüfen! Damit Sie und später auch der Korrektor nicht den Überblick verlieren, war eine übersichtliche Gliederung der einzelnen Ansprüche besonders wichtig!

2. **Zu Ausarbeitung I 1 a:**

Hier hatten versierte Bearbeiter die Möglichkeit, ihr Wissen darüber zu zeigen, dass eine Zeitungsannonce grundsätzlich kein rechtsverbindliches Angebot, sondern nur eine *invitatio ad offerendum* darstellt (vgl. bereits oben Rdnrn. 118 f.).

3. **Zu Ausarbeitung I 1 c:**

393 Es hätte jedem Bearbeiter aufgrund der *Altersangabe* bei K auffallen müssen, dass hier nicht der Normalfall, sondern eine Abweichung davon vorliegt, weil im Sachverhalt sonst die Altersangabe überflüssig gewesen wäre. Deswegen mussten Sie dies beim Vertragsschluss beachten und die Wirksamkeit der Willenserklärung des K entsprechend sauber und ausführlich prüfen. Zur Prüfung der Wirksamkeit der Willenserklärung beschränkt Geschäftsfähiger vgl. Sie auch Fall 6 und das Prüfungsschema dazu unter Rdnr. 186.

Nochmals: Denken Sie daran, dass grundsätzlich alle Angaben im Sachverhalt ihren Grund haben und folglich im Gutachten wieder auftauchen müssen!

Lösung (Ausarbeitung):

I. K könnte gegen V einen Anspruch auf Nacherfüllung aus §§ 437 Nr. 1, 439 Abs. 1 haben. **394**

1. Dazu muss zwischen K und V ein wirksamer Kaufvertrag (§ 433) zustande gekommen sein. Ein Kaufvertrag setzt wie jeder Vertrag zwei sich inhaltlich entsprechende Willenserklärungen (Angebot und Annahme) voraus.

a) V könnte bereits mit der Anzeige ein wirksames Angebot abgegeben haben. Dann muss die Anzeige die Voraussetzungen einer Willenserklärung erfüllen. Der objektive Tatbestand setzt eine Erklärung voraus, die auf die Herbeiführung einer bestimmten Rechtsfolge gerichtet ist, so dass für einen objektiven Beobachter in der Rolle des Erklärungsempfängers der Schluss auf einen dahinter stehenden Rechtsbindungswillen möglich ist. Fraglich ist, ob V bei Abgabe der Anzeige bereits den erforderlichen Rechtsbindungswillen hatte. Bei der Anzeige könnte es sich nur um eine »invitatio ad offerendum« handeln. Darunter versteht man eine Aufforderung zur Abgabe eines Angebotes. V wollte mit der Anzeige nur kundtun, dass er beabsichtigt, ein Moped zu verkaufen. Keinesfalls wollte er damit ein verbindliches Angebot abgeben, welches jeder annehmen kann. Somit handelt es sich bei der Anzeige nur um eine unverbindliche Mitteilung der Bereitschaft zum Vertragsschluss. Folglich hat V kein Angebot mit der Anzeige abgegeben.

b) Das Angebot gab V mit der Vorlage des Kaufvertrags zur Unterschrift an den K wirksam ab.

c) K könnte das Angebot mit seiner Unterschrift angenommen haben. Fraglich **395**
ist, ob er als 17-Jähriger wirksam eine Willenserklärung abgeben konnte. Gem. §§ 2, 106 ist K in seiner Geschäftsfähigkeit beschränkt. Die Wirksamkeit seiner Willenserklärung richtet sich nach §§ 107 ff.

Gem. § 107 bedarf der Minderjährige zu einer Willenserklärung, durch die er nicht lediglich einen rechtlichen Vorteil erlangt, der Einwilligung (§ 183 S. 1) seines gesetzlichen Vertreters. Durch den Abschluss eines Kaufvertrages verpflichtet sich K zur Zahlung des Kaufpreises. Somit ist die Annahmeerklärung nicht lediglich rechtlich vorteilhaft und bedurfte der Einwilligung des gesetzlichen Vertreters. Die Eltern als gesetzliche Vertreter (§§ 1629 Abs. 1 S. 1, 1626 Abs. 1) hatten nicht eingewilligt.

Die Einwilligung könnte ausnahmsweise entbehrlich sein, wenn der Minderjährige die vertragsgemäße Leistung mit Mitteln bewirkt, die ihm zu freier Verfügung überlassen wurden (§ 110). Ob die Ersparnisse dem K zur freien Verfügung überlassen sind, ist Auslegungsfrage. Grundsätzlich sind Ersparnisse zur freien Verfügung überlassen und umfassen damit solche Verwendungen, die sich noch im Rahmen des Vernünftigen halten. Mangels anderweitiger Angaben sind die Ersparnisse damit auch zum Kauf eines Mopeds überlassen. Weiterhin müsste die vertragsgemäße Leistung bewirkt sein. K hat den Kaufpreis vollständig bezahlt und somit die vertragsgemäße Leistung bewirkt. Daher bedurfte es nach § 110 nicht der Zustimmung des gesetzlichen Vertreters. Die Annahmeerklärung ist folglich wirksam.

Damit ist zwischen K und V ein wirksamer Kaufvertrag zustande gekommen.

4. **Zu Ausarbeitung I 3:**

396 Als Verbraucher (§ 14) hätte sich K hier auch auf die Beweislastumkehr und gesetzliche Vermutung des Vorliegens eines Sachmangels bei Übergabe der Sache gemäß § 476 berufen können, da offensichtlich ein Verbrauchsgüterkauf (§ 474) vorliegt. Darauf kam es aber hier nicht an, weil dies zwischen den Parteien nicht streitig war. Es musste daher an dieser Stelle weggelassen werden; allenfalls wäre ein kurzer Hinweis auf die im Übrigen geltende Regelung des § 476 zu Gunsten des K angebracht gewesen.

5. **Zu Ausarbeitung I 4 b:**

397 Grundsätzlich ist bei der Stückschuld die Nacherfüllung in Form der Lieferung einer mangelfreien anderen gleichen Sache (§439 Abs. 1, 2. Var.) ausgeschlossen, weil der Käufer sie nicht gekauft hat. Streitig ist, ob beim Stückkauf Nacherfüllung in Form der Nachlieferung möglich sein soll, wenn für den Verkäufer generell die Möglichkeit besteht, eine wirtschaftlich gleichwertige, ersetzbare Sache zu liefern. Ausführlich zu diesem Problem *Heinemann/Pickartz*, ZGS 2003, 149; *Canaris*, JZ 2003, 831; MüKo/*Westermann*, § 439 Rdnr. 11. Fortgeschrittene Studenten sollten für die Klausur Folgendes wissen:

Eine Meinung (z. B. *Huber*, NJW 2002, 1004, 1006) beschränkt für den Stückkauf die (Nach-) Leistungspflicht bereits begrifflich auf die gerade verkaufte Sache, weil jede andere als die verkaufte Sache von vornherein untauglich sei, den vertraglich geschuldeten Zustand herbeizuführen.

Die herrschende Meinung im Schrifttum (z. B. MüKo/*Westermann*, § 439 Rdnr. 11, Palandt/*Weidenkaff*, § 439 Rdnr. 15) und die Rechtsprechung (vgl. nur BGHZ 168, 64, 72 ff.) argumentiert, dass mit der Neufassung[37] der §§ 433 ff., insbesondere des § 439 Abs. 1 keine Unterscheidung zwischen Stück- und Gattungskauf erfolgt. Deswegen soll, wenn es sich um eine wirtschaftlich vergleichbare Sache handelt, eine Beschränkung auf die Mangelbeseitigung nicht den Interessen der Vertragsparteien gerecht werden, und damit die Nachlieferung nicht generell ausgeschlossen sein.

Wenn beide Ansichten im Einzelfall zu unterschiedlichen Ergebnissen gelangen, müssen Sie den Streit entscheiden. Für die herrschende Meinung spricht vor allem, dass eine der Interessenlage der Vertragsparteien gerechtere Lösung möglich ist und der Wortlaut dem nicht entgegensteht. So bleibt dem Verkäufer die Möglichkeit erhalten, durch Lieferung einer Ersatzsache den Anspruch auf Rücktritt des Käufers gem. §§ 437 Nr. 2, 323 und dessen Anspruch auf Schadensersatz statt der Leistung gem. §§ 437 Nr. 3, 281 oder 311a Abs. 2 abzuwehren; der Käufer ist im Gegenzug nicht nur auf Mängelbeseitigung beschränkt. Außerdem kann der Verkäufer bei wirtschaftlich unverhältnismäßigen Kosten einer Ersatzbeschaffung die Einrede aus § 439 Abs. 3 geltend machen.

37 Im Rahmen der Schuldrechtsreform zum 01.01.2002.

2. Weiterhin musste das Moped zum Zeitpunkt des Gefahrübergangs einen Sachmangel i. S. des § 434 aufweisen. Fraglich ist, ob das Moped die vereinbarte Beschaffenheit gem. § 434 Abs. 1 S. 1 hat. Dafür müssten die Vertragspartner eine bestimmte Beschaffenheit vereinbart haben. Eine Beschaffenheitsvereinbarung ist insbesondere dann anzunehmen, wenn der Verkäufer bei Vertragsschluss die Eigenschaften der verkauften Sache in einer bestimmten Weise umschrieben und der Käufer vor diesem Hintergrund seine Kaufentscheidung getroffen hat. Hier hat V die Unfallfreiheit in der Annonce besonders hervorgehoben. K hat sich im Vertrauen auf die Richtigkeit der Beschreibung zum Kauf entschlossen. Damit liegt eine Beschaffenheitsvereinbarung vor, wonach das Moped unfallfrei sein sollte. Das Moped weist allerdings einen Vorschaden aus einem vorherigen Unfall auf und weicht folglich von der vereinbarten Beschaffenheit ab. Somit liegt ein Sachmangel gem. § 434 Abs. 1 S. 1 vor. 398

3. Der Sachmangel musste bereits bei Gefahrübergang vorgelegen haben. 399

Gem. § 446 S. 1 geht die Gefahr grundsätzlich bei Übergabe der Sache auf den Käufer über. Als V dem K das Moped übergab, hatte dieses bereits den Vorschaden und war damit nicht mehr unfallfrei. Daher lag der Sachmangel bereits bei Gefahrübergang vor.

4. Zu prüfen ist, ob der Anspruch auf Nacherfüllung infolge Unmöglichkeit gem. § 275 Abs. 1 ausgeschlossen ist. Eine Leistung ist unmöglich, wenn sie dauerhaft nicht erbracht werden kann. 400

a) In Betracht kommt zunächst eine Mangelbeseitigung (Reparatur) nach § 439 Abs. 1, 1. Var. Diese wäre nur dann möglich, wenn jemand die Unfallfreiheit des Mopeds herstellen könnte. Niemand kann den Unfall rückgängig machen; daher ist die Leistung für jedermann unmöglich. Folglich ist der Anspruch auf Beseitigung des Mangels gem. § 275 Abs. 1 ausgeschlossen.

b) Fraglich ist, ob der Anspruch auf Ersatzlieferung (§ 439 Abs. 1, 2. Var.) gem. § 275 Abs. 1 ausgeschlossen ist. Liegt wie hier ein Stückkauf vor, ist umstritten, wie sich dies auf die Möglichkeit der Nacherfüllung auswirkt.

Eine Ansicht schließt bei jedem Stückkauf eine Ersatzlieferung gem. § 275 Abs. 1 aus. Eine andere Ansicht nimmt dies nur an, wenn die Kaufsache nach dem Parteiwillen nicht ersatzfähig ist, was regelmäßig bei nicht vertretbaren Sachen (§ 91) der Fall ist. Vertretbare Sachen sind gem. § 91 solche, die im Verkehr nach Zahl, Maß oder Gewicht bestimmt zu werden pflegen. Um eine vertretbare Sache handelt es sich in der Regel nicht, wenn bei der Auswahl der konkreten Kaufsache der persönliche Eindruck des Käufers von einem bestimmten Kaufgegenstand eine Rolle spielt und dieser Kaufgegenstand nach dem Willen der Vertragsparteien nicht einfach durch eine »gleichwertige« andere Sache ersetzt werden kann (z. B. beim Kauf von Tieren, Gebrauchtwagen nach Besichtigung usw.). Ob das Moped durch eine »gleichwertige« andere Sache ersetzt werden kann, kann dahingestellt bleiben. Denn unabhängig von dieser Frage gibt es derzeit auf dem Markt kein vergleichbares Moped mehr. Eine Ersatzlieferung ist daher nach beiden Ansichten gem. § 275 Abs. 1 ausgeschlossen.

6. **Zu Ausarbeitung II:**

401 Sie sollten »Ansprüche« prüfen! Falsch wäre es deswegen, wenn Sie hier das gesetzliche Recht zum Rücktritt aus § 437 Nr. 2, 1. Var. als »Anspruchsgrundlage« zitiert hätten.

Nochmals: Ansprüche (§ 194) gewähren jemanden das Recht, von einem anderen ein Tun oder Unterlassen zu verlangen. Im Falle des Rücktritts sind nach § 346 Abs. 1 die empfangenen Leistungen zurückzugewähren und die gezogenen Nutzungen herauszugeben (vgl. oben Rdnrn. 360 f.). Richtige Anspruchsgrundlage ist daher § 346 Abs. 1.

Die **Voraussetzungen des Rückgewähranspruchs** sind:
- ein vertragliches oder gesetzliches Rücktrittsrecht und
- eine Rücktrittserklärung (§ 349).

Rechtsfolge: Rückabwicklung

Grundsätzlich sind im Falle des Rücktritts die empfangenen Leistungen zurückzugewähren und die gezogenen Nutzungen herauszugeben (§ 346 Abs. 1). Im Einzelfall kann eine Pflicht zum Wertersatz (§ 346 Abs. 2) bestehen. Die Pflicht zum Wertersatz kann wiederum entfallen (§ 346 Abs. 3) sein.

Die empfangenen Leistungen sind dann gemäß § 348 Zug um Zug zurückzugewähren.

7. **Zu Ausarbeitung II 1:**

402 Zu den einzelnen Voraussetzungen des gesetzlichen Rücktrittsrechts nach § 437 Nr. 2, 1. Var. vgl. Sie oben Fall 15 und das Prüfungsschema dazu unter Rdnr. 363 f., 370.

8. **Zu Ausarbeitung II 1 b:**

Wie immer muss die Prüfung mit der *Regel* (Setzung einer angemessenen Frist zur Nacherfüllung) vor der *Ausnahme* (Entbehrlichkeit der Fristsetzung) begonnen werden. Ausreichend war dann, nur § 326 Abs. 5 und nicht noch § 323 Abs. 2 zu prüfen. Bezüglich der Unmöglichkeit der Nacherfüllung genügt hier der Hinweis auf die ausführliche Prüfung oben.

9. **Zu Ausarbeitung II 1 d:**

Bei der Frage, ob das Rücktrittsrecht wirksam durch die Klausel des V ausgeschlossen werden konnte, musste erkannt werden, dass es sich hier um einen Verbrauchsgüterkauf (§ 474) handelt, so dass nicht eine AGB-Kontrolle, sondern die verbraucherschützenden Sonderregelungen des Verbrauchsgüterkaufs ausschlaggebend waren. Wer § 475 nicht kannte, hätte ihn problemlos finden können. Anhand des klaren Wortlauts musste jeder Bearbeiter dann zu dem richtigen Ergebnis gelangen.

5. *Ergebnis*
K kann von V keine Nacherfüllung gem. §§ 437 Nr. 1, 439 Abs. 1 verlangen.

II. K könnte gegen V einen Anspruch auf Rückzahlung des Kaufpreises in Höhe von 2.500,– € aus § 346 Abs. 1 haben. 403

1. Zunächst müsste K ein Rücktrittsrecht zustehen. In Betracht kommt mangels Vereinbarung zwischen V und K nur ein gesetzliches Rücktrittsrecht gem. §§ 437 Nr. 2, 1. Var., 323 Abs. 1.

a) Wie schon festgestellt, besteht zwischen V und K ein Kaufvertrag. Ebenso weist das Moped einen Sachmangel gem. § 434 Abs. 1 auf, welcher bereits zur Zeit des Gefahrübergangs (§ 446 S. 1) vorlag (s.o.).

b) Weiterhin müsste K dem V eine angemessene Frist zur Nacherfüllung gem. § 323 Abs. 1 gesetzt haben, die erfolglos abgelaufen ist.

Eine Fristsetzung durch K ist nicht erfolgt. Fraglich ist, ob die Fristsetzung entbehrlich war. Gem. § 326 Abs. 5 ist die Fristsetzung in den Fällen, in denen die Nacherfüllung unmöglich ist, entbehrlich. Wie bereits ausgeführt, ist die Nacherfüllung unmöglich. Somit bedurfte es keiner Fristsetzung zur Nacherfüllung.

c) Der Mangel müsste gem. § 323 Abs. 5 S. 2 auch erheblich gewesen sein.

Die Unfallfreiheit ist u. a. ein wesentlicher preisbildender Faktor bei Kraftfahrzeugen. Deswegen stellt das Fehlen der Unfallfreiheit einen erheblichen Mangel dar.

Damit steht dem K ein Rücktrittsrecht gem. §§ 437 Nr. 2, 1. Var., 323 Abs. 1 zu.

d) Das Rücktrittsrecht könnte wirksam durch die Klausel »*Das Moped wird ohne Gewähr verkauft ...*« ausgeschlossen sein. Fraglich ist, ob der Gewährleistungsausschluss wirksam ist. Dieser könnte gem. § 475 Abs. 1 unwirksam sein, weil sich ein Unternehmer nach dieser Vorschrift nicht auf eine vor Mitteilung eines Mangels an den Unternehmer getroffene Vereinbarung, die zum Nachteil des Verbrauchers von den §§ 433 bis 435, 437, 439 bis 443 abweicht, berufen kann. Dann müsste es sich bei dem Kauf des Mopeds, um einen Verbrauchsgüterkauf handeln.

V müsste Unternehmer i.S.d. § 14 sein. V verkauft regelmäßig Pkws und Motorräder. Damit handelt V in Ausübung einer gewerblichen selbstständigen Tätigkeit und ist somit Unternehmer.

K handelt zu privaten Zwecken und ist folglich Verbraucher gem. § 13.

Ebenso handelt es sich um den Kauf einer beweglichen Sache.

Somit liegt ein Verbrauchsgüterkauf nach § 474 Abs. 1 vor. V kann sich also nicht gem. § 475 Abs. 1 auf den Gewährleistungsausschluss berufen.

10. Zu Ausarbeitung II 1 e:

Wer eine Untersuchungspflicht und damit fahrlässige Unkenntnis des Käufers bejaht, musste sich dann bereits hier wegen § 442 Abs. 1 S. 2 mit dem Problem der Arglist des Verkäufers auseinander setzen *(vgl. dazu unten Ausarbeitung VI 3).*

11. Zu Ausarbeitung III:

404 Auch hier wäre es falsch, wenn Sie das gesetzliche Recht zur Minderung aus §§ 437 Nr. 2, 2. Var., 441 Abs. 1 als »Anspruchsgrundlage« zitiert hätten. Richtige Anspruchsgrundlage zur Rückzahlung des zuviel gezahlten Kaufpreises nach erfolgter Minderung ist § 441 Abs. 4 S. 1.

Die Voraussetzungen sind:
- ein Recht zur Minderung (z. B. im Kaufrecht §§ 437 Nr. 2, 2. Var., 441 Abs. 1) und
- die Erklärung der Minderung.

12. Zu Ausarbeitung III 2:

Gem. § 441 Abs. 3 ist der Kaufpreis in dem Verhältnis herabzusetzen, in welchem zur Zeit des Vertragsschlusses der Wert der Sache in mangelfreiem Zustand zu dem wirklichen Wert gestanden haben würde. Für unseren Fall gilt also Folgendes:

Wert mit Mangel:	3.000 €	Geminderter Kaufpreis:	x
Wert ohne Mangel:	4.000 €	Vereinbarter Kaufpreis:	2.500 €
Geminderter Kaufpreis = 3.000 x 2.500 : 4.000 = 1.875 €			

Hinweis: Ist der Wert einer Sache einmal nicht bekannt, wird davon ausgegangen, dass der Kaufpreis dem Wert im mangelfreien Zustand entspricht.

13. Zu Ausarbeitung IV:

Soweit Tatbestandsmerkmale schon geprüft wurden, kann unter Nennung des Tatbestandsmerkmals das Ergebnis dazu kurz mitgeteilt und bezüglich der Prüfung nach oben verwiesen werden.

e) Der Rücktritt könnte gem. § 442 Abs. 1 ausgeschlossen sein. Dann musste K Kenntnis (§ 442 Abs. 1 S. 1) oder grob fahrlässige Unkenntnis (§ 442 Abs. 1 S. 2) von dem Mangel gehabt haben. Kenntnis von dem Unfall hatte K nicht. Fraglich ist, ob er grob fahrlässige Unkenntnis hatte. Das wäre der Fall, wenn er die im Verkehr erforderliche Sorgfalt in hohem Maß außer Acht gelassen hat (§ 276 Abs. 2). In der Regel besteht für den Käufer keine Pflicht zur Untersuchung der Kaufsache. Somit hat K weder Kenntnis noch auf grober Fahrlässigkeit beruhende Unkenntnis.

2. Um wirksam zurückzutreten, muss K gegenüber V gem. § 349 den Rücktritt erklären.

3. Der Umfang der Herausgabe richtet sich nach §§ 346, 347. V hat demnach den empfangenen Kaufpreis dem K zurückzuzahlen.

4. Gem. §§ 348, 320, 322 ist V zur Zurückzahlung des Kaufpreises nur Zug um Zug gegen Rückgabe und Übereignung des Mopeds verpflichtet.

5. *Ergebnis*
K kann von V gem. § 346 Abs. 1 Rückzahlung des Kaufpreises in Höhe von 2.500,– € Zug um Zug gegen Rückgabe und Übereignung des Mopeds verlangen, wenn K den Rücktritt erklärt.

III. K könnte gegen V einen Anspruch auf Rückzahlung des zu viel bezahlten Kaufpreises aus § 441 Abs. 4 S. 1 haben.

1. Dafür müssen die Voraussetzungen des Rücktrittsrechts (§ 441 Abs. 1 S. 1: **405**
»Statt zurückzutreten«), mit Ausnahme der Erheblichkeit des Mangels (§ 441 Abs. 1 S. 2) vorliegen. Dies ist, wie oben geprüft, gegeben.

2. Fraglich ist, in welcher Höhe K den Kaufpreis mindern kann. Der Umfang der Minderung bestimmt sich gem. § 441 Abs. 3 S. 1, wonach der Kaufpreis in dem Verhältnis herabzusetzen ist, in welchem zur Zeit des Vertragsschlusses der Wert der Sache in mangelfreiem Zustand zu dem wirklichen Wert gestanden haben würde. In mangelhaftem Zustand hat das Moped einen Wert von 3.000,– €, in mangelfreiem Zustand von 4.000,– €. Der vereinbarte Kaufpreis ist daher in dem Verhältnis 3.000 zu 4.000 (3 zu 4) zu mindern. Wenn der Kaufpreis 2.500,– € ist, beträgt der geminderte Kaufpreis 1.875,– €. Somit hat K 625,– € zuviel bezahlt.

3. K muss gem. § 441 Abs. 1 die Minderung gegenüber V erklären.

4. *Ergebnis*
K hat gegen V einen Anspruch auf Rückzahlung von 625,– € aus § 441 Abs. 4 S. 1.

IV. K könnte gegen V Anspruch auf Schadensersatz statt der Leistung aus §§ 437 **406**
Nr. 3, Var.1, 311a Abs. 2 S. 1, 1. Var. haben.

1. Kaufvertrag und Sachmangel zur Zeit des Gefahrübergangs liegen vor (s. o.).

14. **Zu Ausarbeitung IV 5:**

407 Bezüglich der Klausel reichte es hier, die Unwirksamkeit mit dem Verbot der geltungserhaltenden Reduktion bei pauschalem Ausschluss der Gewährleistung zu begründen (h. M., vgl. nur Palandt/*Grüneberg*, Vorb v § 307, Rdnr. 8). Eine andere Ansicht lehnt dies wegen des Wortlauts des § 475 Abs. 3 ab. Wenn der Ausschluss von Schadensersatzansprüchen (§ 437 Nr. 3) in AGB erfolgt, sind die §§ 307 bis 309 zu beachten (§ 475 Abs. 3), also die Inhaltskontrolle gem. § 307 bis 309. Ausführlich zum Problem und Meinungsstand z. B. *Tiedke/Burgmann*, NJW 2005, 1153 ff.

In der Klausur hätte man die andere Ansicht wie folgt prüfen können:

5. Dann müsste es sich bei der Klausel des V um eine AGB handeln. AGB sind vorformulierte Vertragsbedingungen für eine Vielzahl von Verträgen, die eine Vertragspartei bei Abschluss eines Vertrages stellt. Nach § 310 Abs. 3 Nr. 2 finden die §§ 305c Abs. 2, 306, 307 bis 309 auf eine vorformulierte Vertragsbedingung auch dann Anwendung, wenn sie nur zur einmaligen Verwendung bestimmt ist, falls der Verbraucher auf Grund der Vorformulierung auf ihren Inhalt keinen Einfluss nehmen konnte. Es kann dahingestellt bleiben, ob V die Klausel für eine Vielzahl von Verträgen verwenden wollte; denn K hatte keinen Einfluss darauf, so dass die Klausel anhand der §§ 305c Abs. 2, 306, 307 bis 309 wegen § 310 Abs. 3 Nr. 2 zu überprüfen ist. Bei gebrauchten Sachen ist § 309 Nr. 8 b) nicht anwendbar, so dass die Wirksamkeit durch eine allgemeine Inhaltskontrolle nach § 307 beurteilt werden muss. Nach § 307 Abs. 2 Nr. 2 stellt der Ausschluss von Schadensersatzansprüchen auch für Vorsatz und grobe Fahrlässigkeit eine unangemessene Benachteiligung dar. Nur für einfache Fahrlässigkeit kann Schadensersatz ausgeschlossen werden. Somit ist die Klausel auch nach dieser Ansicht gem. § 306 unwirksam.

Zur Wiederholung schauen Sie sich das Prüfungsschema zur Wirksamkeit von AGB oben Rdnrn. 371 f. und 378 an!

15. **Zu Ausarbeitung V:**

Hier konnte und müsste man sich aufgrund der vorgegebenen Bearbeitungszeit wieder kurz fassen und nur noch die zusätzlichen Tatbestandsmerkmale des Anspruchs auf Schadensersatz statt der ganzen Leistung ausführlich prüfen!

2. Weiterhin müsste die Nacherfüllung bereits vor Vertragsschluss unmöglich gewesen sein. Ein »unfallfreies« Moped existiert nicht. Somit stand bereits vor Vertragsschluss fest, dass eine Nacherfüllung unmöglich ist.

3. V müsste gem. § 311a Abs. 2 S. 2 Kenntnis oder fahrlässige Unkenntnis von dem anfänglichen Leistungshindernis gehabt haben.

a) V reparierte das Moped nicht selbst. Er besaß auch nicht anderweitig Kenntnis darüber, dass das Moped einen Unfall erlitten hatte. Damit hatte V keine Kenntnis.

b) V könnte jedoch fahrlässige Unkenntnis zur Last fallen. Das wäre der Fall, wenn er beim Erstellen der Artikelbeschreibung die im Verkehr erforderliche Sorgfalt außer Acht gelassen hat (§ 276 Abs. 2). Er bezeichnet das Moped als »unfallfrei«. Dazu hätte er sich jedoch von der Unfallfreiheit selbst überzeugen müssen. Da er dies unterlassen hat, handelte V fahrlässig und hat seine Unkenntnis zu vertreten.

4. Durch den Sachmangel ist dem K ein kausaler Schaden entstanden; das Moped ist weniger wert als es sein sollte.

5. V könnte den Anspruch auf Schadensersatz durch die Klausel »*Das Moped wird ohne Gewähr verkauft*« wirksam ausgeschlossen haben. Zwar liegt kein direkter Verstoß gegen § 475 Abs. 1 vor, da § 475 Abs. 3 eine Ausnahme für Ansprüche auf Schadensersatz aus § 437 Nr. 3 macht, doch aufgrund des Verbotes der geltungserhaltenden Reduktion bei pauschalem Ausschluss der Gewährleistung ist die Klausel des V unwirksam.

6. Fraglich ist, in welcher Höhe K Ersatz verlangen kann. Grundsätzlich ist der Gläubiger gem. § 249 so zu stellen, wie er bei ordnungsgemäßer Erfüllung stehen würde. Geht es, wie hier, um Schadensersatz statt der Leistung (sog. kleiner Schadensersatz), besteht der Schaden im Mangelunwert, d.h. in der Differenz zwischen dem objektiven Wert der mangelfreien Sache und dem Wert der mangelhaften Sache. In mangelfreiem Zustand wäre das Moped 4.000,– € wert gewesen, aufgrund des Mangels ist es nur 3.000,– € wert. Daher ist ein kausaler Schaden in Höhe von 1.000,– € im Rahmen des »kleinen Schadensersatzes« zu ersetzen.

7. *Ergebnis*
K kann von V gem. §§ 437 Nr. 3, 311a Abs. 2 S. 1 Schadensersatz statt der Leistung in Höhe von 1.000,– € verlangen.

V. K könnte gegen V einen Anspruch auf Schadensersatz statt der ganzen Leistung aus §§ 437 Nr. 3, 1. Var., 311a Abs. 2 S. 1, 1. Var. und S. 3 haben. **408**

16. **Zu Ausarbeitung V 3:**

Natürlich kann K dann nicht auch noch den Kaufpreis zurück verlangen.

17. **Zu Ausarbeitung VI:**

409 Die Tatbestandsmerkmale konnte man sich aus dem Wortlaut der Vorschrift herleiten. Im Einzelnen gilt folgendes

Prüfungsschema: Leistungskondiktion gem. § 812 Abs. 1 S. 1, 1. Var.:
- Anspruchsgegner hat etwas erlangt,
- durch Leistung (des Anspruchsstellers) und
- ohne rechtlichen Grund.

Rechtsfolge: Herausgabe

Der *Umfang der Herausgabe* richtet sich nach §§ 812, 818. Grundsätzlich sind das tatsächlich Erlangte und die Nutzungen (§§ 812, 818 Abs. 1) herauszugeben. Wenn dies nicht möglich ist, ist Wertersatz (§ 818 Abs. 2) zu leisten. Ausnahmsweise entfällt die Pflicht zum Wertersatz, wenn der Schuldner entreichert ist (§ 818 Abs. 3), es sei denn, der Schuldner war bösgläubig (§§ 818 Abs. 4, 819, 292, 987, 989).

18. **Zu Ausarbeitung VI 3:**

410 Die Bezahlung müsste also rechtsgrundlos erfolgt sein. Das wäre der Fall, wenn der Kaufvertrag nichtig (§ 142 Abs. 1) ist. Sie müssen hier alle Voraussetzungen einer Anfechtung prüfen (vgl. Sie dazu auch Fall 7 und das Prüfungsschema zur Anfechtung von Willenserklärungen unter Rdnr. 215). Einleiten müssen Sie die Prüfung wieder durch einen Obersatz, der das hypothetische Ergebnis (*»...durch wirksame Anfechtung des K nichtig sein (§ 142 Abs. 1).«*) mitteilt. Daran schließt sich die Prüfung der Tatbestandsmerkmale einer Anfechtung im gewohnten Gutachtenstil – also für *jedes einzelne Tatbestandsmerkmal* in der Reihenfolge *Obersatz/Hypothese, Voraussetzungen/Subsumtion; Ergebnis* an.

1. Dann müsste zu den Voraussetzungen des Schadensersatzes statt der Leistung (s. o.) zusätzlich der Sachmangel gem. §§ 311a Abs. 2 S. 3 i.V.m. 281 Abs. 1 S. 3 erheblich sein. Wie schon oben beim Rücktritt (Punkt II 1 c) festgestellt, ist der Sachmangel aufgrund des deutlichen Minderwertes der Kaufsache erheblich.

2. Fraglich ist, in welcher Höhe der Schaden zu ersetzen ist. Grundsätzlich ist der Gläubiger gem. § 249 so zu stellen, wie er bei ordnungsgemäßer Erfüllung stehen würde. Beim Schadensersatz statt der ganzen Leistung (sog. großer Schadensersatz) muss der Käufer die Kaufsache zurückgeben und wird dann durch finanziellen Ausgleich so gestellt, wie er stünde, wenn der Verkäufer mangelfrei erfüllt hätte. In diesem Fall hätte K eine Kaufsache im Wert von 4.000,– € erhalten; diese Vermögensmehrung ist jedoch infolge der mangelhaften Leistung ausgeblieben. Daher ist ein kausaler Schaden im Rahmen des »großen Schadensersatzes« in Höhe von 4.000,– € zu ersetzen.

3. Die »Kehrseite« des vollen Schadensersatzes ist die Rückgabepflicht der Kaufsache gem. §§ 311a Abs. 2 S. 3, 281 Abs. 5 S. 1 i.V.m. §§ 348, 320, 322, wonach der Schadensersatzanspruch nur Zug um Zug gegen Rückgabe und Übereignung des Mopeds durchsetzbar ist.

4. *Ergebnis*
K kann von V Schadensersatz statt der ganzen Leistung in Höhe von 4.000,– € gem. §§ 437 Nr. 3, 311a Abs. 2 S. 1 und 3 verlangen Zug um Zug gegen Rückgabe und Übereignung des Mopeds.

VI. K könnte gegen V einen Anspruch auf Rückzahlung des Kaufpreises aus **411**
§ 812 Abs. 1 S. 1, 1. Var. haben.

1. V hat den Besitz und das Eigentum an dem Geld erlangt.

2. Dies müsste durch Leistung des K geschehen sein. Leistung ist die zielgerichtete und bewusste Mehrung fremden Vermögens. K wollte mit der Bezahlung des Kaufpreises seine vertragliche Verpflichtung (§ 433 Abs. 2) erfüllen. Deswegen hat er geleistet.

3. K müsste ohne rechtlichen Grund geleistet haben. Als Rechtsgrund kommt der Kaufvertrag (s. o.) in Betracht. Dieser könnte jedoch durch Anfechtung des K nichtig sein (§ 142 Abs. 1).

Der Vorrang der kaufrechtlichen Mängelhaftung gilt nicht bei der Anfechtung des Vertrages wegen arglistiger Täuschung, so dass eine Anfechtung grundsätzlich möglich wäre.

Dann müsste K den Vertrag wirksam angefochten haben. Als Anfechtungsgrund kommt mangels Irrtum (§§ 119 f.) eine arglistige Täuschung (§ 123 Abs. 1) in Betracht.

a) Täuschung ist die Vorspiegelung unwahrer oder die Entstellung wahrer Tatsachen. Die Angabe »unfallfrei« entspricht nicht der Wahrheit und ist daher eine Täuschung.

19. **Zu Ausarbeitung VI 3 b:**

Kenntnisse des Problems »*Angaben ins Blaue hinein*« bzw. die Rechtsprechung des BGH zur arglistigen Täuschung im Gebrauchtwagenhandel, konnten nur von fortgeschrittenen Studenten erwartet werden. Hier kam es vorrangig darauf an, eine brauchbare Lösung mit vertretbaren Argumenten abzuliefern. Interessierte können die genauen Anforderungen, welche die Rechtsprechung im Einzelnen verlangt z. B. in BGH NJW 2006, 2839 nachlesen. Hier war die Arglist des V zu verneinen, weil V allenfalls fahrlässiges Verhalten vorzuwerfen war *(vgl. Ausarbeitung VI 3 b)*. Eine andere Ansicht wäre aber mit entsprechender Argumentation ebenfalls vertretbar gewesen.

20. **Zu Ausarbeitung VII:**

412 Entsprechend der Aufgabenstellung mussten Sie die Ergebnisse ihrer Prüfung zusammenfassen und abschließend noch den in der Aufgabenstellung verlangten Rat formulieren. Fortgeschrittene Studenten hätten darüber hinaus noch kurz auf § 325 hinweisen können.

Literatur zur Vertiefung:

Armbrüster	Grundfälle zum Schadensrecht, JuS 2007, 411
Looschelders	BT, § 14
Petersen	Verbraucher und Unternehmer, JURA 2007, 905
Schindler	JA 2004, 835
Sutschet	Probleme des kaufrechtlichen Gewährleistungsrechts, JA 2007, 161
Schmidt	Verbraucherbegriff und Verbrauchervertrag – Grundlagen des § 13 BGB, JuS 2006, 1
Schur	Schadensersatz wegen Verzögerung der Nacherfüllung und Schlechtleistung im Kaufrecht, JA 2006, 223
Tröger	Grundfälle zum Sachmangel nach neuem Kaufrecht, JuS 2005, 503
Wörlen	SchR BT, Rdnrn. 14–68, 92–128

b) Fraglich ist, ob V auch arglistig war. Arglistig handelt, wer unrichtige Erklärungen in Kenntnis ihrer Unrichtigkeit abgibt, wobei bedingter Vorsatz ausreicht. Ein Verkäufer handelt bereits arglistig, wenn er zu Fragen, deren Beantwortung erkennbar Bedeutung für den Kaufentschluss des Käufers hat, ohne tatsächliche Grundlagen ins Blaue hinein unrichtige Angaben macht. Aber den Verkäufer eines Gebrauchtwagens trifft nicht ohne Vorliegen besonderer Anhaltspunkte für einen Unfallschaden die Obliegenheit, das zum Verkauf angebotene Fahrzeug auf Unfallschäden zu untersuchen. Jedoch muss der Verkäufer, der von einer eigenen Untersuchung des Fahrzeugs absieht und gleichwohl dessen Unfallfreiheit zusichert, die Begrenztheit seines Kenntnisstandes deutlich machen, wenn er die Unfallfreiheit in einer Weise behauptet, die dem Käufer den Eindruck vermitteln kann, dies geschehe auf der Grundlage verlässlicher Kenntnis. V hat die Unfallfreiheit des Mopeds in der Artikelbeschreibung neben anderen Angaben erwähnt. Der Schaden war repariert, so dass keine besonderen Anhaltspunkte für einen Unfallschaden bestanden. Das Moped musste nicht gesondert auf Unfallschäden untersucht werden. V hat außerdem nicht gegenüber K den Eindruck vermittelt, er habe das Moped umfänglich untersucht, so etwas wäre bei Mopeds auch nicht üblich und konnte daher von K auch nicht erwartet werden. Deswegen handelte V nicht arglistig, so dass kein Anfechtungsgrund vorliegt und folglich eine Anfechtung ausscheidet.

4. *Ergebnis*
K hat gegen V keinen Anspruch auf Rückzahlung des Kaufpreises aus § 812 Abs. 1 S. 1, 1. Var.

VII. Zusammenfassung 413

1. Mangels Arglist des V fehlt es am Anfechtungsgrund (§ 123 Abs. 1) und damit scheidet eine Rückabwicklung nach § 812 Abs. 1 S. 1, 1. Var. aus.

2. K kann den Kaufpreis um 625,– € gem. §§ 437 Nr. 2, 441 Abs. 1 mindern und den zuviel gezahlten Kaufpreis gem. § 441 Abs. 4 S. 1 herausverlangen.

3. K kann aber auch wegen der Erheblichkeit des Mangels vom Vertrag gem. §§ 437 Nr. 2, 323 Abs. 1, 326 Abs. 5 zurücktreten. Die empfangenen Leistungen sind dann gem. § 346 Abs. 1 einander herauszugeben.

4. K kann, weil V fahrlässige Unkenntnis von dem Unfall hatte, Schadensersatz statt der Leistung gem. §§ 437 Nr. 3, 311a Abs. 2 S. 1 in Höhe von 1.000,– € verlangen und darf in diesem Fall das Moped behalten.

5. K kann aber auch aufgrund der Erheblichkeit des Mangels Schadensersatz statt der ganzen Leistung in Höhe von 4.000,– € gem. §§ 437 Nr. 3, 311a Abs. 2 S. 1 und S. 3 verlangen. In diesem Fall muss er dann das Moped zurückgeben.

6. Weil der Kauf für K günstig war, sollte er *nicht* einfach zurücktreten oder mindern, sondern je nach dem, ob er das Moped behalten möchte, entweder Schadensersatz statt der Leistung oder Schadensersatz statt der ganzen Leistung wählen! Wenn – anders als hier – Rücktritt vorschnell schon erklärt worden wäre, ist wegen § 325 trotzdem noch Schadensersatz möglich. Der Schadensersatz statt der ganzen Leistung wird dann gekürzt um den Betrag, den der Käufer infolge des Rücktritts erhält.

Raum für eigene Notizen:

Fall 18 Bereicherungsrecht, (Deliktsrecht), Geschäftsfähigkeit

»Nur Fliegen ist schöner«

»Überflieger« Boris (B) hat in der Schule wegen »überdurchschnittlicher Begabung« eine Klasse übersprungen, im Alter von 17 Jahren das Abitur gemacht und kurz vor Vollendung des 18. Lebensjahrs bereits ein Semester »Wirtschaftsprivatrecht« am neu gegründeten Fachbereich Wirtschaftsrecht einer Fachhochschule studiert. Für sein erfolgreich absolviertes Semester schenken ihm seine Eltern einen Flug mit der Linie »El Condor Pasa« (E) von Frankfurt nach Hamburg, wo er seine Tante Lotte besuchen sollte. In Hamburg entscheidet B sich anders, und es gelingt ihm, den Flieger mit den Transitpassagieren wieder zu besteigen, um in New York zu landen. Da man ihm dort mangels Visums die Einreise verweigerte, beförderte ihn die E mit einem Charterflug nach Frankfurt zurück und verlangt 800,– € für den Flug von Hamburg nach New York. Die Eltern des B verweigern die Genehmigung jeglicher Rechtsgeschäfte ihres Sohnes mit der E. **414**

B weist darauf hin, dass das Flugzeug auf dem Hinflug nicht ausgebucht (voll besetzt) war.

Kann E von B die Bezahlung des Flugs Hamburg – New York in Höhe von 800,– € verlangen?

Bearbeitungshinweise (Lösungshilfe):

1. B hat durch sein Tun den Tatbestand des § 265 a StGB verwirklicht. § 265 a Abs. 1 StGB lautet:

Erschleichen von Leistungen

»Wer die Leistung eines Automaten oder eines öffentlichen Zwecken dienenden Fernmeldenetzes, die Beförderung durch ein Verkehrsmittel oder den Zutritt zu einer Veranstaltung oder einer Einrichtung in der Absicht erschleicht, das Entgelt nicht zu entrichten, wird mit Freiheitsstrafe bis zu einem Jahr oder mit Geldstrafe bestraft, wenn die Tat nicht in anderen Vorschriften mit schwererer Strafe bedroht ist.«

Im Gutachten ist daher kurz ein aufgrund dessen möglich erscheinender Anspruch zu prüfen.

2. Ansprüche aus Geschäftsführung ohne Auftrag (GoA) sind **nicht** zu prüfen.

3. Nach Ansprüchen hinsichtlich des Rückflugs von New York nach Frankfurt ist hier **nicht**[38] gefragt!

(Bearbeitungszeit: 3 Std.)

38 Vgl. dazu aber *Hombrecher*, JURA 2004, 250.

Besondere Vorüberlegungen:

Vorbemerkung

415 Diesem Fall (vgl. ggf. die ausführlichere Lösung für Jura-Examenskandidaten bei *Fezer*, SchR BT, Fall 46) liegt die »berühmte« Flugreise-Entscheidung (»Lufthansa-Fall«) des BGH (BGHZ 55, 128 ff. = gute, kurze Zusammenfassung in JuS 1971, 316 f.) zugrunde. Um ihn zu lösen, benötigt man schon etwas tiefer gehende Kenntnisse des Bereicherungsrechts, als sie in Einführungswerken zum Besonderen Schuldrecht vermittelt werden. Für Studierende eines ersten oder zweiten Semesters ist der Fall daher grundsätzlich noch zu schwierig. Wer sich aber schon auf die Anfängerübung im BGB (»kleiner« BGB-Schein) vorbereitet, sollte in der Lage sein, einen Fall mit diesem (für Anfänger) recht hohen Schwierigkeitsgrad zu lösen. Auf Theorienstreite sollte man in Anfängerklausuren so wenig wie möglich eingehen, sondern – ohne *Wesentliches* auszulassen – sich so kurz wie möglich fassen und möglichst an der h. M. orientieren.

Wie bei allen Fällen, die Sie anhand dieses Buches erarbeiten, gehe ich davon aus, dass Sie etwa ein Drittel der Bearbeitungszeit für die (*oben*, Einführung, II, 2 = Rdnrn. 24 ff.) dargestellten »Allgemeinen Vorüberlegungen« aufgewendet haben. Dabei werden Sie hoffentlich gemerkt haben, dass in diesem Sachverhalt eine Vielzahl von Rechtsgebieten der ersten drei Bücher des BGB angesprochen werden und dass der Schwerpunkt der Lösung im Bereicherungsrecht liegt. Ihre »Allgemeinen Vorüberlegungen«, die Sie auf Ihrem Konzeptzettel vermerkt haben, sollten mindestens so umfangreich gewesen sein, wie die zu Fall 14 dargestellten …

Zu Ausarbeitung I:

416 Vertragliche Ansprüche sind – sofern sie möglich erscheinen – grundsätzlich zuerst zu prüfen (vgl. *oben*, Einführung, II, 3 = Rdnrn. 50 ff.). Dass es sich bei der Beförderung mit einem Verkehrsmittel um einen Werkvertrag i. S. v. § 631 handelt, sollte Ihnen spätestens seit der Lektüre von Fall 5 bekannt sein.

Zu Ausarbeitung I 1:

417 Da es hier – wie Sie in den »Allgemeinen Vorüberlegungen« hoffentlich gemerkt haben – durchaus (mehr als) zweifelhaft ist, ob zwischen B und E ein Beförderungsvertrag zustande gekommen ist, musste man das prüfen!
= Angebot und Annahme?

Zu Ausarbeitung I 1 a:

418 Keine der Vertragsparteien hat offensichtlich ein Angebot gemacht, das die andere angenommen hat. Das kann und muss man in diesem Gutachten – ohne das in Klausuren verpönte Wort »offensichtlich« zu benutzen! – kurz so erwähnen, um dann gleich auf den Punkt zu kommen (vgl. Fall 5 = »faktischer Vertrag«? Nein! Nicht bei Flugzeugen, die man nicht alltäglich benutzt). Zu den in einer stringenten Klausur nicht zu diskutierenden »interessanten« theoretischen »Ja-Nein-Aber«-Meinungen lesen Sie bitte in der Literatur zur Vertiefung (insbesondere die Aufsätze von *Teichmann*, JuS 1972 und *Hombrecher*, JURA 2004) nach!

Zu Ausarbeitung I 1 b:

Vgl. ebenfalls oben Fall 4!

Zu Ausarbeitung I 1 c:

Mit diesem Satz zeigen Sie, dass Sie den Sachverhalt genau gelesen haben und das »Geschäftsfähigkeitsrecht« kennen.

Lösung (Ausarbeitung):

I. Anspruch aus Vertrag

E könnte gegen B einen Anspruch auf Bezahlung der Vergütung in Höhe von 800,– € aus einem Beförderungsvertrag gem. § 631 Abs. 1, 2. HS haben. 419

1. Dann muss eine Vertragspartei der anderen ein Angebot gemacht haben und dieses angenommen worden sein (§ 151 S. 1).

a) Da weder E noch B entsprechende Willenserklärungen – ausdrücklich oder konkludent – abgegeben haben, könnte man daran denken, B so zu behandeln, als habe er einen »faktischen Vertrag« mit E geschlossen. Nach der Lehre vom faktischen Vertragsverhältnis soll kraft sozialer Leistungsverpflichtung im Rahmen der Daseinsvorsorge durch bloße Inanspruchnahme von typisierten Leistungen des Massenverkehrs ein Vertrag zustande kommen. Wer jedoch ohne gültiges Flugticket in einem regelmäßig vor Reisebeginn individuell zu buchenden Flugzeug Platz nimmt, bekundet damit – anders als in Zug, Bus oder Straßenbahn – gegenüber der Fluggesellschaft nicht »automatisch« den Willen, einen Beförderungsvertrag abzuschließen.

b) Aus demselben Grund kann auch keine Willenserklärung des B mit unbeachtlichem Vorbehalt (»protestatio facto contraria«) angenommen werden. Im Übrigen wäre ein Vertragsschluss schon deshalb abzulehnen, weil andernfalls der vom BGB beabsichtigte Minderjährigenschutz umgangen würde. 420

c) Selbst wenn man eine Willenserklärung des B annehmen würde, würde ihre Wirksamkeit letztlich an der fehlenden Einwilligung (§ 107) und Genehmigung der Eltern (gesetzliche Vertreter nach §§ 1626, 1629) des B, der gem. § 106 i. V. m. § 2 beschränkt geschäftsfähig ist, nach § 108 Abs. 1 scheitern.

Zu Ausarbeitung I 2:

Um den roten Faden nicht zu verlieren, Ergebnis festhalten!

Zu Ausarbeitung II 1:

421 In diesem Fall »riecht« es förmlich nach einer »unerlaubten Handlung« des B! Aber als (angehender) Jurist muss man dem Laienleser mitteilen, dass das reine Vermögen kein von § 823 Abs. 1 geschütztes Rechtsgut ist. [Vermögensbeschädigungen, die nicht den Tatbestand des § 823 Abs. 1 erfüllen, begründen daher nur unter den Voraussetzungen der §§ 823 Abs. 2, 824, 826, 839 eine Ersatzpflicht.]

Zu Ausarbeitung II 2:

422 § 265a StGB wurde als Bearbeitungshilfe angegeben. Also musste er im Rahmen von § 823 Abs. 2 geprüft werden!

Da Sie den Sachverhalt genau gelesen haben, haben Sie bemerkt (?), dass B sich auf die nicht ausgebuchte Maschine (das Flugzeug) beruft, also: kein Schaden der Fluggesellschaft!
Denken Sie daran, dass (meistens) *alle* Sachverhaltsangaben für die Lösung hilfreich sind!

Zu Ausarbeitung III:
Jetzt geht's erst richtig los!

Zu Ausarbeitung III 1:

423 Noch mehr als nach »unerlaubter Handlung« roch es in diesem Fall nach »ungerechtfertigter Bereicherung«! Sie haben gelernt (?), dass § 812 Abs. 1 vier Alternativen enthält. Davon kommt die »Leistungskondiktion« nach § 812 Abs. 1 S. 1, 1. Var. am häufigsten vor. Das Wort »Leistungskondiktion« *müssen Sie* in einer einfachen Klausur nicht gebrauchen, um Ihr Wissen zu dokumentieren! Wenn Sie stringent § 812 Abs. 1 S. 1, 1. Var. und seine Voraussetzungen in richtiger Reihenfolge anwenden, benutzen Sie das unter Rdnr. 409 aufgeführte vereinfachte Prüfungsschema.

2. *Ergebnis*
Zwischen E und B ist somit kein Beförderungsvertrag zustande gekommen, so dass ein Anspruch aus § 631 Abs. 1, 2. HS ausscheidet.

II. Ansprüche aus unerlaubter Handlung

1. E könnte gegen B einen Anspruch auf Schadensersatz gem. § 823 Abs. 1 haben. **424**

a) Voraussetzung hierfür ist zunächst, dass B durch eine Handlung (Tun oder Unterlassen) eines der in § 823 Abs. 1 genannten Rechtsgüter der E verletzt hat. Das Vermögen der E, dem ihre Forderung von 800,– € zuzurechnen wäre, ist allerdings kein geschütztes Rechtsgut i. S. dieser Vorschrift. Somit liegt keine Rechtsgutverletzung vor.

b) *Ergebnis*
Ein Schadensersatzanspruch nach § 823 Abs. 1 ist nicht begründet.

2. Denkbar ist jedoch ein Anspruch aus § 823 Abs. 2 i. V. m. § 265a Abs. 1 StGB. **425**

a) Indem B sich die Beförderung durch das Flugzeug der E nach New York in der Absicht erschlichen hat, das Entgelt nicht zu entrichten, hat er vorsätzlich den Tatbestand des § 265a Abs. 1 StGB und somit schuldhaft ein den Schutz der Fluggesellschaft E bezweckendes Gesetz i. S. v. § 823 Abs. 2 verletzt.

b) Voraussetzung für eine Haftung des B ist allerdings ein Schaden aufseiten der E. Da das Flugzeug nicht ausgebucht war, wäre der Platz des B leer geblieben, wenn er nicht mitgeflogen wäre. Folglich ist der E kein nachweisbarer Schaden entstanden. Die Anspruchstellerin E soll vermögensmäßig so gestellt werden, wie sie stehen würde, wenn die unerlaubte Handlung unterblieben wäre.

c) *Ergebnis*
Ein Anspruch aus § 823 Abs. 2 i. V. m. § 265a Abs. 1 StGB scheidet daher ebenfalls aus.

III. Ansprüche aus ungerechtfertigter Bereicherung

1. Ein Anspruch der E gegen B auf Bezahlung (Herausgabe) von 800,– € könnte sich aus § 812 Abs. 1 S. 1, 1. Var. (Leistungskondiktion) ergeben. **426**

Zu Ausarbeitung III 1 a:

427 Das »etwas erlangt« ist für *jeden* Bereicherungsanspruch unabdingbare Voraussetzung! Ob dieses »Etwas« nur »etwas« ist, oder eine echte »Bereicherung« sein muss, können Sie in der »Literatur zur Vertiefung« nachlesen! Dass B hier »etwas« in Form von ersparten Aufwendungen in Höhe von 800,– € oder – nach anderer Ansicht – in Form »des Fluges« als solchem erlangt hat, sollte jedem (juristisch geschulten) Menschenverstand klar sein! (Ob er »es« herausgeben muss, ist eine später zu klärende Frage.)

Zu Ausarbeitung III 1 b:

428 »Leistung im Sinne des Bereicherungsrechts«, haben Sie gelernt, »ist jede bewusste und zweckgerichtete Vermögensvermehrung ...« durch den Entreicherten aufseiten des Bereicherten! Da E den B nicht »bewusst« beförderte, liegt keine Leistung vor! Das schreiben wir, um die Klausur zu lösen, ohne auf die in der »Literatur zur Vertiefung« ausgeklügelten Theorien einzugehen (= Sie schreiben eine Klausur! Keine Vier-Wochen-Hausarbeit!). Wenn Sie jedoch der Meinung sind, dass die E an B »geleistet« hat (etwa, weil sie jeden Passagier, der ihr Flugzeug besteigt, »bewusst und zweckgerichtet« befördern will), befinden Sie sich in guter Gesellschaft (auch der BGH nahm – ohne Begründung – eine »Leistung« der E an ...), und Ihre Klausur ist genauso richtig, als ob Sie die 2. Variante von § 812 Abs. 1 S. 1 anwenden ... (vgl. dazu *Medicus*, BR, Rdnr. 665: »Ob dem Minderjährigen die Flugreise »geleistet« worden ist (durch Anweisung eines Platzes in dem Flugzeug) oder ob er sie sich durch einen Eingriff »genommen« hat, macht kaum einen Unterschied.«)

Zu Ausarbeitung III 1 c:

Ergebnis festhalten, um den roten Faden nicht zu verlieren!

Zu Ausarbeitung III 2:

429 Wenn keine »Leistung« der E vorliegt, dann möglicherweise eine (»in sonstiger Weise«) nahe liegende »Eingriffskondiktion« des B? Also prüfen wir das!

Zu Ausarbeitung III 2 a:

Da schon geprüft, genügt dieser Hinweis!

Zu Ausarbeitung III 2 b:

430 Die Fluggesellschaft E verdient ihr Geld damit, dass sie sich die Beförderung von Passagieren bezahlen lässt! Wenn sie es bewusst tut, hat sie eine Leistung erbracht; wenn jemand, wie B, einfach ohne ihr Wissen ihr Flugzeug benutzt, liegt ein *Eingriff* des B in die Rechte der E vor. Das muss man juristisch kurz und knapp mit dem Eingriff in den »Zuweisungsgehalt eines fremden Rechts« auf den Fall bezogen im Gutachten formulieren! Zum Theorienstreit sollten Sie unbedingt die hohe Schule der »Literatur zur Vertiefung« nachlesen!

Merken Sie sich aber, dass die Nichtleistungskondiktion *nur* anwendbar ist, wenn nicht hinsichtlich des betreffenden Bereicherungsgegenstandes eine Bereicherung durch Leistung vorliegt (Vorrang der Leistungskondiktion; Bedeutung bei Drei-Personen-Verhältnis).

431 **Zu Ausarbeitung III 2 c:**
Die Voraussetzung, »ohne rechtlichen Grund« etwas erlangt zu haben, muss bei allen Bereicherungsansprüchen aus § 812 erfüllt sein und daher in einer Klausur immer geprüft werden.

a) Dann muss B »etwas erlangt« haben. Unter »etwas« ist jeder Vermögensvorteil zu verstehen. B hat zwar weder Besitz noch Eigentum an einer Sache noch eine konkrete Vermögensvermehrung erlangt: Er hat aber einen Flug in Anspruch genommen, für den man normalerweise 800,– € zahlen muss. Somit hat B Aufwendungen in dieser Höhe erspart. Mit dieser Aufwendungsersparnis (bzw. dem Flug nach New York) hat B jedenfalls etwas erlangt, so dass die erste Voraussetzung für diesen Anspruch erfüllt ist. **432**

b) Weitere Voraussetzung ist, dass B diese Aufwendungsersparnis (bzw. den Flug) durch eine Leistung der E erlangt hat. Unter Leistung versteht man im Bereicherungsrecht jede bewusste, zweckgerichtete Vermögensmehrung durch den Entreicherten aufseiten des Bereicherten. Da E überhaupt nicht wusste, dass B sich in dem Flugzeug befand, ihn also nicht willentlich befördert hat, lag keine Leistung vor. **433**

c) *Ergebnis*
Somit scheidet auch ein Anspruch aus § 812 Abs. 1 S. 1, 1. Var. aus.

2. Der Anspruch auf Herausgabe der Beförderungsvergütung von 800,– € könnte sich aber aus § 812 Abs. 1 S. 1, 2. Var. (Eingriffskondiktion) ergeben. **434**

a) Erste Voraussetzung ist wiederum, dass B etwas erlangt hat. Dies wurde soeben (unter III 1 a) bejaht.

b) B muss die Beförderung (bzw. die dadurch erlangte Aufwandsersparnis) in sonstiger Weise (statt durch Leistung) auf Kosten der E erlangt haben. Das setzt voraus, dass B die Aufwendungsersparnis (bzw. den Flug) durch Eingriff in den Zuweisungsgehalt eines Rechts der E erlangt hat. Indem B sich den Flug nach New York erschlichen hat, hat er eine Dienstleistung der E in Anspruch genommen, die regelmäßig nur gegen Zahlung einer Vergütung erbracht wird. B hat sich den Flug ohne Willen der E verschafft und somit in den Zuweisungsgehalt ihrer rechtlich geschützten Position eingegriffen. Die Voraussetzung, dass B etwas »in sonstiger Weise« auf Kosten der E erlangt hat, ist daher erfüllt.

c) Dritte Voraussetzung für den Anspruch ist, dass B die Aufwendungsersparnis (bzw. den Flug) ohne rechtlichen Grund erlangt hat. Da zwischen B und E weder ein Vertrag zustande kam (s. o. I) noch ein gesetzlicher oder sonstiger Grund des B für den Flug nach New York ersichtlich ist, ist auch diese Voraussetzung erfüllt.

435 **Zu Ausarbeitung III 2 d:**

Die Ermittlung des Umfangs einer herauszugebenden Bereicherung erfolgt nach §§ 812 Abs. 1, 818 Abs. 1–4. Grundsätzlich ist nach Bereicherungsrecht immer das *tatsächlich Erlangte* sowie gem. § 818 Abs. 1 die daraus gezogenen Nutzungen herauszugeben. Ist dies – wie hier – nicht möglich, muss *Wertersatz* geleistet werden. »Wertersatz« im Sinne des Bereicherungsrechts hat – was leider häufig verwechselt wird – nichts mit »Schadensersatz« zu tun! In keiner Vorschrift des Bereicherungsrechts ist von Schadensersatz die Rede, auch in § 818 nicht, an den Sie immer denken müssen, wenn Sie einen Bereicherungsanspruch bejaht haben.

436 **Zu Ausarbeitung II 2 d aa und bb:**

Was hier relativ kurz geprüft wurde, setzt schon eine recht genaue Kenntnis der Problematik des Wegfalls der Bereicherung (vgl. dazu ggf. die »Literatur zur Vertiefung«!) voraus: Nach Sinn und Zweck des § 818 Abs. 3 soll der Inanspruchgenommene keinen Nachteil erleiden. Es darf also nach der Rückabwicklung kein Vermögensnachteil verbleiben, so dass nur die echte Vermögensmehrung herauszugeben ist. Da durch die Beförderung bei B keine bleibende Vermögensmehrung eingetreten ist, ist B nur dann bereichert, wenn er Aufwendungen erspart hat. Grundsätzlich fallen sog. *Luxusaufwendungen* nicht darunter; das muss man wissen, denn das steht schon in jedem »Anfängerbuch« zum Schuldrecht BT (vgl. z. B. *mein* Schuldrecht BT, Rdnr. 379: »Weihnachtsgans statt Würstchen« …)

437 **Zu Ausarbeitung III 2 d cc:**

Dass sich ein nach § 818 Abs. 4 verschärft haftender Bereicherungsschuldner nicht mehr auf den Wegfall der Bereicherung berufen kann, sollten Sie ebenfalls gelernt haben (z. B. in *meinem* Schuldrecht BT, Rdnr. 380). Ebenso, dass der bösgläubige Bereicherungsempfänger gem. § 819 Abs. 1 dem nach § 818 Abs. 4 Haftenden gleichgestellt ist.

438 **Zu Ausarbeitung III 2 d dd:**

Die Frage, ob es bei der Bösgläubigkeit i. S. des § 819 Abs. 1 auf die Kenntnis und Einsichtsfähigkeit des Minderjährigen selbst (entsprechend §§ 827, 828) ankommt, oder ob entsprechend §§ 106 ff. auf die Kenntnis der gesetzlichen Vertreter abzustellen ist, ist umstritten (vgl. dazu ggf. unten die Ausführungen in der »Literatur zur Vertiefung«, insbesondere in den dort genannten Aufsätzen, wo auch eine analoge Anwendung von § 166 Abs. 2 vorgeschlagen wird). Hier wird der Meinung des BGH (BGHZ 55, 128 ff. (130 f.)) gefolgt, der jedenfalls immer dann auf den Minderjährigen selbst abstellt, wenn dieser eine unerlaubte Handlung begangen hat. Eine andere Lösung, die den Minderjährigenschutz bevorzugt, wäre genauso vertretbar gewesen.

Zu Ausarbeitung III 2 e:

439 Wie immer sollte man das Ergebnis am Ende der Ausarbeitung nochmals ausdrücklich formulieren.

d) Rechtsfolge von § 812 Abs. 1 ist die Herausgabe des tatsächlich Erlangten. 440
Wenn dies wegen der Beschaffenheit des Erlangten – »den Flug« kann B nicht herausgeben – nicht möglich ist, ist Wertersatz nach § 818 Abs. 2 zu leisten, sofern nicht § 818 Abs. 3 eingreift, falls B nicht mehr bereichert ist.

aa) Da B befördert worden ist und nachträglich keine Umstände eingetreten 441
sind, die bei ihm zu einer Vermögensminderung geführt haben (vielmehr hat B die Aufwendungen für den Flug gespart), kommt nach § 818 Abs. 3 kein Wegfall der Bereicherung in Betracht.

bb) B hat indessen die Reise als Luxusreise betrachtet, die er sich eigentlich nicht leisten konnte, sich »offiziell« auch nicht »geleistet«, sondern erschlichen hat. Somit könnte B sich darauf beziehen, dass es sich bei den ersparten Aufwendungen um reine Luxusaufwendungen handelte, die zum Wegfall der Bereicherung führen, da er sich den Flug normalerweise nicht geleistet hätte.

cc) Auf den Wegfall der Bereicherung kann sich jedoch nicht berufen, wer gem. 442
§ 818 Abs. 4 verschärft haften muss. Dies gilt gem. § 819 Abs. 1 gleichermaßen für den, der bösgläubig etwas erlangt hat. Da B ganz bewusst einen »Schwarzflug« unternommen hatte, kannte er den »Mangel des rechtlichen Grundes bei Empfang« des Erlangten. B war folglich bösgläubig i. S. v. § 819 Abs. 1.

dd) Der Bösgläubigkeit des B könnte aber seine Minderjährigkeit entgegenste- 443
hen. Da B sich den Flug durch einen widerrechtlichen Eingriff in den Zuweisungsgehalt eines Rechts der E (s. o. III, 2 b) verschafft hat, hat er (wie oben unter II dargestellt) den Tatbestand des § 265a Abs. 1 StGB verwirklicht und damit zugleich eine unerlaubte Handlung i. S. d. §§ 823 ff. begangen. Ob B bösgläubig war, ist daher analog § 828 Abs. 3 zu beurteilen, wonach es auf die Einsichtsfähigkeit des Minderjährigen ankommt. Da B bereits fast 18 Jahre alt ist und zudem durch sein Studium schon rechtliche Vorkenntnisse besitzt (B selbst weist darauf hin, dass das Flugzeug nicht ausgebucht war), ist davon auszugehen, dass er die erforderliche Einsichtsfähigkeit besaß, die Bedeutung einer unentgeltlichen Inanspruchnahme von Leistungen zu beurteilen. Somit bleibt es bei der Bösgläubigkeit des B. B kann sich folglich nicht auf den Wegfall der Bereicherung berufen.

e) *Ergebnis* 444
Der Anspruch der E gegen B auf Herausgabe der Aufwendungsersparnis für den Flug von Hamburg nach New York in Höhe von 800,– € gem. § 812 Abs. 1 S. 1, 2. Var. i. V. m. § 818 Abs. 2 ist daher begründet.

Literatur zur Vertiefung:

Alpmann und Schmidt	SchR BT 3, 3. Teil
Brox/Walker	SchR BT, §§ 36–39
Coester/Servatius	Der verschenkte Computer, JURA 2006, 293
Däubler	BGB, Kap. 17, 25 und 26
Dörner	Fall 3 *(Hausarbeits- bzw. Staatsexamensklausur-Niveau!)*
Ebel	Die verschärfte Haftung des Minderjährigen nach §§ 819 Abs. 1 im Falle der Eingriffskondiktion, JA 1982, 526
Fezer	SchR BT, Fall 46
Fikentscher/Heinemann	§§ 102–105
Giesen	Grundsätze der Konfliktlösung im Besonderen Schuldrecht: Die ungerechtfertigte Bereicherung Teil 1: Leistungskondiktionen, JURA 1995, 169 Teil 2: Nichtleistungskondiktionen, JURA 1995, 234 Teil 3: Der Bereicherungsumfang, JURA 1995, 281
Halfmeier	Inhalt des Kondiktionsanspruchs und Wegfall der Bereicherung, JA 2007, 492
Hombrecher	Die verschärfte Haftung Minderjähriger nach § 819 Abs. 1 BGB – Der Flugreisefall (BGH NJW 1971, 609 = BGHZ 55, 128), JURA 2004, 250
Looschelders	BT, §§ 52–56
Medicus	SchR BT, §§ 125–133
Teichmann	Die Flugreise-Entscheidung – BGHZ 55, 128, JuS 1972, 247
Wörlen	SchR BT, Rdnrn. 346–386

Raum für eigene Notizen:

Fall 19 Deliktsrecht, vorvertragliches Schuldverhältnis, Gehilfenhaftung

»Fiffi, Frauchen und die Bananenschale«

Die Rentnerin Gerda Gurski (G) besucht das Warenhaus des Geschäftsinhabers **445**
Siegfried Sauer (S).

Beim Hauptzugang zur Obstabteilung rutscht G unglücklicherweise auf einer Bananenschale aus, die nachweislich schon drei Stunden dort gelegen hat und vom Publikum bereits zu einer schlüpfrigen Masse breit getreten wurde.

Obwohl S an seine Angestellten der Obstabteilung die Anordnung erlassen hat, den Zugang zu und die Wege in dieser Abteilung stündlich auf Sauberkeit zu überprüfen, hatte sich diesmal entgegen sonstiger Gewohnheit keiner der Angestellten darum gekümmert.

Beim Ausrutschen auf der Bananenschale bricht G sich den Oberschenkelhals und muss für drei Wochen ins Krankenhaus, wo sie in einem Zweibettzimmer untergebracht wird. Kurz vor ihrer Genesung und Entlassung bekommt sie eine neue Bettnachbarin, die der G einen Grippevirus »mitbringt«. Dies führt dazu, dass G weitere drei Wochen im Krankenhaus verweilen muss. Glücklicherweise bleiben Dauerschäden als Folge des Unfalls nicht zurück!

Als G zu Hause ihren Koffer auspackt, muss sie entsetzt feststellen, dass ihr aus ihrer Brieftasche, die sie in der Schublade des Nachttisches neben ihrem Krankenhausbett aufbewahrt hatte, 1000,– € gestohlen worden sind.

G verlangt von S Ersatz der Arzt- und Krankenhauskosten für ein Zweibettzimmer für 6 Wochen von insgesamt 12 000,– €. Ferner fordert sie die Kosten für die Betreuung (300,– €) und Futter (200,– €) in Höhe von 500,– € für ihren Pekinesen Fiffi, den sie bei einer Nachbarin »in Pension« gegeben hat.

Außerdem verlangt G von S Ersatz für die gestohlenen 1000,– € und ein gehöriges Schmerzensgeld.

S meint, dass er allenfalls die Kosten für die ersten drei Krankenhauswochen zahlen müsse …

Welche Ansprüche hat G gegen S?

Bearbeitungshinweis:

Es sind mehrere Ansprüche, die in Betracht kommen, zu prüfen. § 823 Abs. 2 ist **nicht** zu erörtern.

(Bearbeitungszeit: 3 Std.)

Besondere Vorüberlegungen

446 Dieser Fall hat einen für »Anfänger« recht beachtlichen Schwierigkeitsgrad. Da Sie – wovon ich hoffnungsfroh ausgehe – bereits 17 Fälle (wie im Vorwort vorgeschlagen) durchgearbeitet haben und das »Deliktsrecht« aus Ihrer Vorlesung sowie Lehrbüchern (?) kennen, sind Sie kein »Anfänger« mehr ...

Nachdem Sie den Sachverhalt ausführlich erfasst haben, konnten Sie feststellen (zumal der Bearbeitungshinweis hilfreich darauf hinweist), dass hier nach mehreren Ansprüchen gefragt ist.

Sinnvollerweise (vgl. *oben*, Einführung, II 3 = Rdnrn. 50 ff.) beginnt man mit der Prüfung vertraglicher bzw. vertragsähnlicher Ansprüche.

447 Da zwischen G und S noch kein Vertrag geschlossen war, kam nur der vertragsähnliche (vorvertragliche) Schadensersatzanspruch aus § 280 Abs. 1 i. V. m. §§ 311 Abs. 2, 241 Abs. 2 in Betracht.

Diese Paragrafenkette ist also als mögliche Anspruchsgrundlage in der **Ausarbeitung (A I)** dem Gutachten voranzustellen.

Dann sind Schritt für Schritt die vier Voraussetzungen für diesen Anspruch, die Sie »auswendig« wissen sollten, zu prüfen und der Sachverhalt darunter zu subsumieren, also

Prüfungsschema: Schadensersatz für Pflichtverletzung vor Vertragsschluss (»c.i.c.«)

- Vorvertragliches Schuldverhältnis (§§ 280 Abs. 1, 311 Abs. 2)
- Objektive Pflichtverletzung des Schuldners (§ 280 Abs. 1 S. 1, 241 Abs. 2)
- Vertretenmüssen (§§ 280 Abs. 1 S. 2, 276, ggf. § 278)
- Kausaler Schaden beim Gläubiger (§ 280 Abs. 1 S. 1)
- *Umfang* des Schadensersatzes: §§ 249 ff.

Zu Ausarbeitung A I 1:

448 Dass bereits die geschäftliche Kontaktaufnahme mit dem künftigen Geschäftspartner zur Begründung eines vorvertraglichen Schuldverhältnisses genügt, war früher allgemein anerkannt und ist nunmehr in § 311 Abs. 2 Nr. 3 gesetzlich festgelegt. Hat der Kunde, der das Warenhaus betritt, bereits konkrete Kaufabsicht, ist dies unter § 311 Abs. 2 Nr. 2 zu subsumieren (vgl. Palandt/*Heinrichs*, § 311, Rdnr. 17).

Zu Ausarbeitung A I 2:

449 Sorgfaltspflichtverletzungen, zu denen auch die Verletzung von allgemeinen Verkehrssicherungspflichten gehören, können sowohl durch aktives Tun als auch durch pflichtwidriges Unterlassen begangen werden.

Zu Ausarbeitung A I 3:

450 Wenn man sich bei seinen »Besonderen Vorüberlegungen« auf seinem Konzeptzettel die Voraussetzungen seiner Anspruchsgrundlage – hier § 280 Abs. 1 i. V. m. §§ 311 Abs. 2, 241 Abs. 2 – notiert (was wir soeben vollzogen hatten), dann muss man bei der Voraussetzung »Verschulden« (oder »Vertretenmüssen«) immer § 276 notieren. Und wenn in einem Sachverhalt »Angestellte« vorkommen, dann muss es sofort »klingeln«: Vielleicht greift – bei vertraglichen Schuldverhältnissen – § 278 ein (und außerdem blinkt im Hintergrund der geschulten kleinen grauen Zellen »§ 831 + unerlaubte Handlung« als *eigenständige* Anspruchsgrundlage – vgl. *Prüfungsschema* Rdnr. 312 – auf)! Im Rahmen des vorvertraglichen Schuldverhältnisses war hier also bei der Voraussetzung »Verschulden« § 278 zu prüfen.

Lösung (Ausarbeitung):

A. Schadensersatzansprüche der G gegen S

I. G könnte gegen S einen Anspruch auf Schadensersatz gem. § 280 Abs. 1 S. 1 i. V. m. §§ 311 Abs. 2, 241 Abs. 2 haben. **451**

1. Zunächst muss zwischen G und S ein vorvertragliches Schuldverhältnis i. S. v. § 311 Abs. 2 bestanden haben. Dies liegt bereits vor, wenn ein Kunde einen geschäftlichen Kontakt zur Aufnahme von Vertragsverhandlungen hergestellt hat (§ 311 Abs. 2 Nr. 3). Es genügt, wenn – wie im vorliegenden Fall – der Kunde ein Warenhaus mit allgemeiner, noch nicht näher konkretisierter Kaufabsicht betritt. Somit ist die erste Voraussetzung für diesen Anspruch erfüllt.

2. Als zweite Voraussetzung ist die objektive Verletzung einer vorvertraglichen Schutz- oder Sorgfaltspflicht i. S. v. §§ 280 Abs. 1 S. 1, 241 Abs. 2 erforderlich. Anerkannt ist, dass den Inhaber eines Kaufhauses eine Verkehrssicherungspflicht in Bezug auf die vom Publikum benutzten Zugänge und Wege trifft. Er hat dafür zu sorgen, dass seine Kunden in seinem Geschäftsbereich nicht zu Schaden kommen. Insbesondere muss der Betreiber eines Warenhauses grundsätzlich vermeiden, dass sich der Fußboden in einem verkehrsgefährdenden Zustand befindet. Durch die nachweislich drei Stunden herumliegende und bereits zertretene Bananenschale war ein objektiv pflichtwidriger Zustand geschaffen, der zu dem Unfall der G führte. Insoweit wurde objektiv pflichtwidrig eine vorvertragliche Schutz- und Sorgfaltspflicht verletzt. Diese Pflichtverletzung ist nicht durch aktives Tun, sondern durch Unterlassen eingetreten. **452**

3. Diese Pflichtverletzung muss S auch zu vertreten (§ 280 Abs. 1 S. 2) haben. Dies wäre der Fall, wenn er selbst die im Verkehr erforderliche Sorgfalt außer Acht gelassen und damit fahrlässig gehandelt hätte (§ 276 Abs. 2). Da S jedoch eine Anordnung erlassen hatte, dass der Zugang zu und die Wege in der Obstabteilung stündlich überwacht und entdeckte Verschmutzungen sofort beseitigt werden müssen, ist ein Eigenverschulden des S abzulehnen. Er hat seine Pflicht zur ordnungsgemäßen Auswahl, Anweisung, Aufsicht und Überwachung des Personals nicht verletzt. **453**

Gem. § 278 S. 1 haftet der Geschäftsinhaber jedoch auch für fremdes Verschulden, nämlich das Verschulden seiner Erfüllungsgehilfen. Erfüllungsgehilfe ist, wer in Erfüllung einer Verbindlichkeit des Schuldners aus einem Schuldverhältnis

Zu Ausarbeitung A I 4:

454 Zunächst ist der entstandene Schaden zu verifizieren. Ob er tatsächlich in den Haftungsbereich des Schädigers fällt, wird erst geklärt, wenn es um den Umfang des Schadens nach §§ 249 ff. (vgl. sogleich zu Ausarbeitung A I 5) und seine Verursachung durch das Verhalten des Schädigers geht.

Hier muss für jede Schadensposition einzeln geprüft werden, ob sie in einem Kausalzusammenhang mit der Rechtsgut- bzw. Pflichtverletzung steht *(haftungsausfüllende Kausalität).*

Dabei ist vor allem auf die im Zivilrecht herrschende *Adäquanztheorie* Bezug zu nehmen, die ihre Ergänzung durch die *Normzwecktheorie* findet.

Zu Ausarbeitung A I 4 b aa–dd:

455 **aa)** *Arzt- und Krankenhauskosten:*

Dass in Krankenhäusern die Ansteckungsgefahr größer ist als an anderen Orten, z. B. Ihrer Hochschule, müssen Sie einfach gehört oder gelesen (vgl. *RGZ 105, 264*) haben!

bb) *Hundebetreuungskosten:*

456 Im Rahmen der §§ 249 ff. sollten Sie immer an § 254 denken. Ihn dann (vgl. Ausarbeitung A I 5 b) zu erwähnen, war nicht »nötig«, aber auch nicht »abwegig«!

cc) *Futterkosten:*

457 Da G diese Kosten verlangt, mussten Sie klarstellen, dass dieses Verlangen »abwegig« war: Ein Hund frisst immer, einerlei, ob Frauchen zu Hause oder im Krankenhaus ist!

dd) *Diebstahl:*

458 Wer 1000,– € bar mit sich herumträgt oder gar irgendwo liegen lässt, muss immer und überall damit rechnen, dass sie ihm gestohlen werden! »Gelegenheit macht Diebe« ... Den Diebstahl hat S nicht dadurch verursacht, dass er die G ins Krankenhaus brachte, sondern G selbst, weil sie das Geld mitgenommen bzw. kein abschließbares Wertfach benutzt hat.

tätig wird. Dazu gehören auch vorvertragliche Schuldverhältnisse. Die Angestellten sind mit Wissen und Wollen des S bei der Erfüllung von dessen Verkäuferpflichten tätig und folglich seine Erfüllungsgehilfen. Da die Angestellten im Rahmen des vorvertraglichen Schuldverhältnisses die Sicherheitsanordnungen des S nicht befolgt haben, haben sie die im Verkehr erforderliche Sorgfalt außer Acht gelassen und somit fahrlässig (§ 276 Abs. 2) gehandelt. Dieses Verschulden seiner Erfüllungsgehilfen muss S sich über § 278 S. 1 zurechnen lassen.

4. Durch diese Pflichtverletzung muss der G schließlich ein kausaler Schaden **459**
entstanden sein. Unter Schaden wird allgemein jede Einbuße verstanden, die jemand infolge eines bestimmten Ereignisses an seinen Lebensgütern, wie z. B. Gesundheit, Ehre oder Eigentum, erleidet.

a) Dieser Schaden ist hier darin zu sehen, dass G sich den Oberschenkelhals brach, drei Wochen ins Krankenhaus, sich für diese Zeit eine Hundebetreuerin leisten musste und ihr 1000,– € gestohlen wurden.

b) Bei der Feststellung des Schadens muss berücksichtigt werden, ob der einge- **460**
tretene Schaden durch das zum Schadensersatz verpflichtende Ereignis eingetreten ist. Die Pflichtverletzung des Schuldners muss für den Schaden kausal sein. Nach der im Zivilrecht herrschenden Adäquanztheorie wird nur eine adäquate Bedingung als ursächlich für den Schaden anerkannt. Danach ist ein Verhalten des Schädigers nur dann für den Schaden kausal, wenn es vom Standpunkt eines objektiven Beobachters geeignet ist, unter normalen voraussehbaren Umständen den eingetretenen Erfolg herbeizuführen. Der Erfolg (Schaden) darf also nicht außerhalb jeder Wahrscheinlichkeit liegen. Darüber hinaus ist die auf eine Wahrscheinlichkeitsbetrachtung ausgerichtete Adäquanztheorie durch eine wertende Beurteilung zu ergänzen: Eine Schadensersatzpflicht besteht nur, wenn der geltend gemachte Schaden nach Art und Entstehungsweise unter den Schutzzweck der verletzten Norm fällt. Der entstandene Schaden muss zu der vom Schädiger geschaffenen Gefahrenlage in einem inneren Zusammenhang stehen, eine bloß zufällig äußere Verbindung genügt nicht.

aa) Danach bestehen an der Ursächlichkeit der den Unfall der G herbeiführenden **461**
Verletzung der Verkehrssicherungspflicht für den Oberschenkelhalsbruch der G und die dadurch entstandenen Arzt- und Krankenhauskosten in Höhe von 12 000,– € keine Zweifel. Da in Krankenhäusern die Ansteckungsgefahr typischerweise größer ist als an anderen Orten, liegt auch der durch die Ansteckung bedingte zusätzliche Krankenhausaufenthalt der G nicht außerhalb »adäquater« Wahrscheinlichkeit und fällt noch unter den Schutzbereich der Norm.

bb) Grundsätzlich fallen auch die Hundebetreuungskosten in Höhe von 50,– € **462**
pro Woche (300,– €) unter den adäquaten Schadensersatz.

cc) Die Futterkosten für Fiffi hätte G indessen auch ohne den Krankenhausauf- **463**
enthalt tragen müssen. Für diesen Schaden ist der Unfall nicht kausal, so dass sie die 200,– € nicht von S verlangen kann.

dd) Da die Diebstahlsgefahr (im Gegensatz zur Ansteckungsgefahr) in Kran- **464**
kenhäusern üblicherweise nicht höher ist als an anderen Orten, kann S auch für den Verlust der 1000,– € nicht verantwortlich gemacht werden. Für diesen Schaden ist der Unfall keine adäquate Bedingung. Er fällt nicht mehr unter den Schutzbereich der Norm.

Zu Ausarbeitung A I 5:
Grundlegendes (Wiederholung: vgl. oben Rdnr. 40)

465 Ein grober Anfängerfehler ist es, eine Klausur, in der es um Schadensersatzansprüche geht, mit dem Satz zu beginnen: »G könnte gegen S einen Anspruch auf Schadensersatz *gem.* (!) § 249 haben«! Damit stehen Sie bereits am Rande des Abgrunds bzw. Ihres Grundverständnisses des zivilrechtlichen Anspruchsdenkens und Ihres bisherigen Rechtsstudiums! Ein *Anspruch* ist (vgl. § 194 Abs. 1) »das Recht, von einem anderen ein Tun oder Unterlassen zu *verlangen*«! Eine *Anspruchsgrundlage* ist eine Vorschrift, aus deren *Wortlaut* man herauslesen kann, dass »einer vom anderen« etwas verlangen kann! Z. B. § 823 Abs. 1: »*Wer* ... ein Rechtsgut ... *eines anderen* ... verletzt, ist dem *anderen* zum Ersatz des ... Schadens verpflichtet«! Also kann »der andere« Schadensersatz *gem.* (!) § 823 Abs. 1 *verlangen*! *Wenn* er – hier gem. § 823 Abs. 1 (oder aus § 280 Abs. 1) – zum Schadensersatz verpflichtet *ist*, hat er »den Zustand herzustellen ...« vgl. Wortlaut § 249. § 249 ist eine *Rechtsfolgeregelung*, aber keine Anspruchsgrundlage! Dazu Palandt/*Heinrichs*, Vorbemerkung vor § 249 Rdnr. 1: »Die §§ 249 ff. bestimmen Art, Inhalt und Umfang der Schadensersatzleistung. Sie enthalten keine Anspruchsgrundlage, sondern ergänzen die Normen, die Schadensersatzansprüche vorsehen.«

Zu Ausarbeitung A I 5 c:

Das soeben angeführte Zitat von Palandt/*Heinrichs* entspricht der h.M. Sich selbst und der h.M. widersprechend bezeichnet Palandt/*Heinrichs* dann (§ 253, Rdnr. 4) § 253 Abs. 2 als selbstständige Anspruchsgrundlage. § 253 Abs. 2 ist indessen nur eine Rechtsfolgenregelung, die einen bestehenden Schadensersatzanspruch (z. B. aus § 823 Abs. 1 oder § 280 Abs. 1) voraussetzt und den *Umfang* des Schadensersatzes um angemessenes Schmerzensgeld für den vom Verletzten erlittenen immateriellen Schaden erweitert (vgl. ausführlicher dazu *mein* SchR AT, Rdnr. 253 bzw. SchR BT, Rdnrn. 401 f.).

Zu Ausarbeitung A II:

466 Wenn ein deliktischer Schadensersatzanspruch möglich erscheint (weil z. B. ein in § 823 Abs. 1 geschütztes Recht oder Rechtsgut verletzt ist), muss er immer neben dem vertraglichen Anspruch geprüft werden! Im Gutachten muss jede Anspruchsgrundlage geprüft werden, die das Begehren des Anspruchstellers rechtfertigen kann.

467 **Zu Ausarbeitung A II 1–2:**

Wenn Sie einen *Anspruch aus* **§ 823 Abs. 1** prüfen, sollten Sie systematisch prüfen und das folgende **Prüfungsschema** in richtiger Reihenfolge auswendig wissen oder zumindest aus dem Gesetz herauslesen können:
a) *Tatbestandsmäßigkeit:* Rechtsgutverletzung, für die ein Verhalten (Tun oder Unterlassen) des Schädigers (Anspruchsgegners) ursächlich war (= haftungsbegründende Kausalität).
Achtung: Ein rechtlich erhebliches Unterlassen, das positivem Tun gleichzustellen ist, liegt erst vor, wenn der Anspruchsgegner durch sein Nichtstun eine Rechtspflicht zum Tätigwerden verletzt und er tatsächlich in der Lage ist, die Rechtsgutverletzung abzuwenden. Eine solche Rechtspflicht bzw. Garantenstellung kann sich aus gesetzlichen sowie vertraglichen *Schutzpflichten* (sog. Beschützergarant) oder der *Eröffnung einer Gefahrenquelle* (sog. Überwachungsgarant) ergeben. Sobald jemand eine ihm obliegende Verkehrspflicht auf einen Dritten überträgt, wandelt sich die Verkehrspflicht in die Pflicht zur ordnungsgemäßen Auswahl, Anweisung, Aufsicht und Überwachung des Dritten.

Da S nicht tatbestandmäßig handelte, war die Prüfung in der Klausur abzubrechen. Die weiteren Voraussetzungen von § 823 Abs. 1 daher zur Auffrischung Ihrer Kenntnisse:

5. Rechtsfolge ist, dass S die der G entstandenen Schäden zu ersetzen hat. Für den Umfang des Schadensersatzes gelten die §§ 249 ff. Der Gläubiger ist gem. § 249 Abs. 1 grundsätzlich so zu stellen, wie er stehen würde, wenn das schädigende Ereignis nicht eingetreten wäre. 468

a) G kann somit für die Oberschenkelverletzung den zur Wiederherstellung des ursprünglichen Zustandes erforderlichen Geldbetrag verlangen (§ 249 Abs. 2 S. 1); d. h. G kann die Arzt- und Krankenhauskosten in Höhe von 12 000,– € verlangen.

b) Die Hundebetreuungskosten in Höhe von 300,– € ergeben sich aus § 251 Abs. 1, 1. Var.

Man könnte durchaus erwägen, ob es der G zumutbar war, Fiffi in ein möglicherweise billigeres Tierheim zu geben, um den Schaden zu mindern (vgl. § 254 Abs. 2 S. 1, letzter HS). Dies ist angesichts der Geringfügigkeit des Betrages im Vergleich zum Gesamtschaden in Höhe von 12 300,– € abzulehnen.

c) Darüber hinaus kann der G wegen der Körperverletzung gem. § 253 Abs. 1 und 2 ein angemessenes Schmerzensgeld zugestanden werden.

6. *Ergebnis*
G hat gegen S einen Anspruch auf Schadensersatz aus §§ 280 Abs. 1 S. 1, 311 Abs. 2, 241 Abs. 2 in Höhe von 12 300,– € (§§ 249 Abs. 2 S. 1, 251 Abs. 1, 1. Var.) zuzüglich eines angemessenen Schmerzensgeldes (§ 253 Abs. 2).

II. Ein Schadensersatzanspruch der G gegen S könnte sich auch aus § 823 Abs. 1 ergeben.

1. Dann müsste S ein Recht oder Rechtsgut der G i. S. dieser Vorschrift durch ein Tun oder Unterlassen verletzt haben, wobei dieses Verhalten ursächlich für die eingetretene Rechtsgutsverletzung sein müsste (haftungsbegründende Kausalität). Hier liegt eine Verletzung der Rechtsgüter Gesundheit und Körper vor. 469

Fraglich ist die Verletzungshandlung des S. Ein positives Tun des S ist nicht ersichtlich. Fraglich ist, ob dem S ein pflichtwidriges Unterlassen vorzuwerfen ist. Das setzt zunächst eine Garantenstellung des S voraus. Eine solche Garantenstellung ergibt sich hier für den Kaufhausinhaber S aus dem vorvertraglichen Schuldverhältnis wegen Vertragsverhandlung oder -anbahnung. Der Kaufhausinhaber hat – nach Anbahnung von Kaufverhandlungen schon vor Kaufabschluss – für einen gefahrlosen Aufenthalt seiner Kunden zu sorgen.

Indem S die Anordnung erlassen hatte, den Bereich der Obstabteilung stündlich auf Sauberkeit zu kontrollieren und diese Anordnung bisher auch immer befolgt wurde, ist eine Verletzung der Verkehrssicherungspflicht durch S zu verneinen. Es ist ihm kaum zuzumuten, sozusagen stündlich zu überprüfen, ob alle Anordnungen, die er für sein Warenhaus erlassen hat, immer befolgt werden, solange keine besonderen Anhaltspunkte gegeben sind. Folglich kann dem S kein pflichtwidriges Unterlassen vorgeworfen werden.

2. *Ergebnis*
G hat gegen S keinen Anspruch auf Schadensersatz aus § 823 Abs. 1.

b) *Widerrechtlichkeit:* Diese liegt vor, wenn der Schädiger sich nicht auf Rechtfertigungsgründe berufen kann, als da sind: z. B. §§ 227–229, § 904 sowie die Einwilligung des Verletzten. In einer Klausur wäre es aber »abwegig« (weil überflüssig und damit: falsch!), wenn Sie schreiben würden: »X müsste widerrechtlich gehandelt haben. Dies ist der Fall, wenn keine Rechtfertigungsgründe vorliegen. Als solche kommen grundsätzlich in Betracht: s. o. ...« Wenn Sie dann alle Rechtfertigungsgründe, die Sie kennen, aufzählen und erklären, aber *keiner* davon war auch nur annähernd ersichtlich, steht am Rand Ihrer Klausur: »überflüssig!« (= falsch!).

c) *Verschulden:* Setzt zunächst die Verschuldensfähigkeit gem. §§ 827, 828 (dazu aber nur Stellung nehmen, wenn der Sachverhalt dazu Anlass gibt) voraus und als Schuldformen kommen Vorsatz und Fahrlässigkeit in Betracht.

d) Wenn Verschulden vorliegt, muss als vierte Voraussetzung des Anspruchs aus § 823 Abs. 1 ein *Schaden* festgestellt werden, für den die Rechtsgutverletzung noch *adäquat kausal* war (= haftungsausfüllende Kausalität).

e) Für den *Umfang* des Schadens gelten wieder die §§ 249 ff.

Zu Ausarbeitung A III 1–4:

470 Die Voraussetzungen für die Haftung des Geschäftsherrn müssen Sie in richtiger Reihenfolge »auswendig« lernen! Vgl. schon oben, Rdnr. 312.

Ergänzung zu Rdnr. 312:

471 **Prüfungsschema: Haftung für Verrichtungsgehilfen § 831 Abs. 1 S. 1**

- *Verrichtungsgehilfe* – Kennzeichen: Weisungsgebundenheit
- *Schädigung eines Dritten durch tatbestandsmäßige und widerrechtliche* (nicht schuldhafte) unerlaubte Handlung des Verrichtungsgehilfen
- *»In Ausführung der Verrichtung«* = nicht nur »gelegentlich« oder »anlässlich« der Verrichtung!
  Beispiel: Falsche Beratung des Kunden durch Versicherungsangestellten führt zu Schaden des Kunden: Angestellter handelt »in Ausführung der Verrichtung«! = dritte Voraussetzung für § 831 Abs. 1 erfüllt! Angestellter stiehlt Kunden die Brieftasche: Da dies nicht »in«, sondern nur »*anlässlich*« der Verrichtung geschah = dritte Voraussetzung *nicht* erfüllt (strittig: vgl. dazu ausführlich *mein* SchR AT, Rdnrn. 269 ff.; was dort zum Meinungsstreit über den Erfüllungsgehilfen – § 278 – ausgeführt ist, gilt gleichermaßen für den Verrichtungsgehilfen).
- *(Vermutetes) Auswahl- oder Überwachungsverschulden des Geschäftsherrn*
- *Kein Entlastungsbeweis des Geschäftsherrn* (§ 831 Abs. 1 S. 2)

§ 831 Abs. 1 S. 1 ist keine »starke« Anspruchsgrundlage, denn der Entlastungs(Exkulpations-)beweis wird dem Geschäftsherrn oft gelingen.

Wenn der Sachverhalt über eine tatsächliche Entlastung nichts aussagt, wählt man eine Klausurformulierung wie hier **(Ausarbeitung A III 4)** geschehen.

- *Umfang* des Schadensersatzanspruches: §§ 249 ff.

Zu Ausarbeitung A III 5:

Falls der Anspruch (mangels Entlastungsbeweises durch S) begründet wäre, würde für den Umfang des Schadensersatzes dasselbe Ergebnis gelten wie beim vertraglichen Schadensersatzanspruch, so dass ein Verweis nach oben (Rdnr. 468) genügt.

472 **Zur Ergänzung:**

Gem. § 253 erstreckt sich der *Umfang* des Schadensersatzanspruchs im Fall der Verletzung des Körpers, der Gesundheit, der Freiheit oder der sexuellen Selbstbestimmung auch wegen des Nichtvermögensschaden auf eine »billige Entschädigung in Geld«. »Billig« bedeutet in diesem Zusammenhang nicht »preiswert«, sondern »angemessen«.

Art und Umfang des Schmerzensgeldes sind dabei in das Ermessen des Richters gestellt, der alle Umstände des Einzelfalls zu berücksichtigen hat.

III. In Betracht kommt indessen ein Schadensersatzanspruch der G gegen S aus § 831 Abs. 1 S. 1.

1. Dann müssten die Angestellten der Obstabteilung Verrichtungsgehilfen des S **473** gewesen sein. Verrichtungsgehilfe ist, wer für einen anderen, von dessen Weisungen er abhängig ist, eine Tätigkeit ausführt. Die Angestellten des S sind aufgrund ihrer Arbeitsverträge an dessen Weisungen (vgl. § 106 GewO) gebunden. Somit ist diese Tatbestandsvoraussetzung erfüllt.

2. Weiterhin müssten die Angestellten in Ausführung der Verrichtung durch ein **474** Verhalten tatbestandsmäßig und widerrechtlich eine unerlaubte Handlung begangen haben.

a) Indem die Angestellten des S es unterlassen haben, seiner Weisung zu folgen, die Obstabteilung sauber zu halten, haben sie eine Verkehrssicherungspflicht verletzt. Dieses Verhalten war auch ursächlich für die Gesundheitsverletzung der G, durch die ihr ein Schaden zugefügt wurde. Für diesen Schaden war die Verletzung der Verkehrssicherungspflicht durch die Angestellten des S adäquat kausal (vgl. oben A I 4, inbes. Rdnr. 461).

b) Rechtfertigungsgründe für das Verhalten der Angestellten sind nicht ersicht- **475** lich, so dass sie auch widerrechtlich handelten[39].

3. Die Verletzung der Verkehrssicherungspflicht geschah auch in Ausführung **476** der Verrichtung, zu der die Angestellten von S aufgrund ihres Arbeitsvertrages verpflichtet waren.

4. Gem. § 831 Abs. 1 S. 1 muss S daher grundsätzlich Schadensersatz leisten, so- **477** fern ihm nicht der Entlastungsbeweis nach § 831 Abs. 1 S. 2 gelingt. Verschulden des Geschäftsherrn i. S. v. § 831 Abs. 1, liegt vor, wenn ihn ein Auswahl- oder Überwachungsverschulden trifft. Ein Überwachungsverschulden ist nach dem bisher Gesagten abzulehnen. Ob den S ein Auswahlverschulden trifft, muss mangels weiterer Hinweise im Sachverhalt offen bleiben.

Grundsätzlich ist der Anspruch aus § 831 Abs. 1 S. 1, sofern dem S der Exkulpationsbeweis nicht gelingen sollte, zu bejahen.

5. Für den Umfang des Schadensersatzes i. S. d. §§ 249 ff. würden in diesem Fall **478** die Ausführungen oben unter A I 5 (= Rdnr. 468) entsprechend gelten.

6. *Ergebnis*

Falls S sich nach § 831 Abs. 1 S. 2 nicht entlasten kann, hat er der G Schadensersatz in Höhe von insgesamt 12 300,– € sowie ein angemessenes Schmerzensgeld (§ 253 Abs. 2) zu leisten.

39 *Nochmals*: Ein Verschulden der Verrichtungsgehilfen ist dabei nicht erforderlich, da es in § 831 Abs. 1 nicht um eine Haftung für fremdes Verschulden geht, sondern um *eigenes* Verschulden des Geschäftsherrn.

479 Aufgrund der konkreten Fragestellung wäre es überflüssig (= »falsch«) gewesen, einen Anspruch gegen die Angestellten aus § 823 Abs. 1 zu prüfen.

Nochmals: Die Fallfrage am Ende des Sachverhalts gibt stets den Umfang der Lösung vor und muss daher, um die Klausur in der vorgegebenen Bearbeitungszeit lösen zu können, unbedingt beachtet werden.

Zu Ausarbeitung B:

Nach einer so umfangreichen Klausur-Ausarbeitung sollten Sie Ihre Teilabschnittsergebnisse nochmals zusammenfassen.

Literatur zur Vertiefung:

Alpmann und Schmidt	SchR AT 1, 3. Teil, 5. Abschn. und SchR BT 4, 1. Teil, 1. und 2. Abschn.
Armbrüster	Grundfälle zum Schadensrecht, JuS 2007, 411 und 605
Brox/Walker	SchR AT, §§ 20, 25; SchR BT, § 44
Däubler	BGB, Kap. 26 und 27
Fikentscher/Heinemann	§§ 107, 111
Larenz/Canaris	§§ 76, 79
Looschelders	AT, § 10; BT, §§ 59, 66
Lorenz	Grundwissen Zivilrecht – Haftung für den Erfüllungsgehilfen (§ 278 BGB), JuS 2007, 983
Medicus	SchR BT, §§ 136–138, 144
Schreiber	Die Haftung für Hilfspersonen, JURA 1987, 647
Schünemann	A, VIII
Wörlen	SchR AT, Rdnrn. 247–253 und SchR BT, Rdnrn. 387–428

B. Zusammenfassung

I. G hat gegen S einen Anspruch auf Schadensersatz gem. § 280 Abs. 1 S. 1 i. V. m. §§ 311 Abs. 2, 241 Abs. 2 in Höhe von insgesamt 12 300,– € zuzüglich eines angemessenen Schmerzensgeldes (§ 253 Abs. 2). **480**

II. Sofern S der Entlastungsbeweis nach § 831 Abs. 1 S. 2 nicht gelingt, kann G ihren Schadensersatzanspruch auch auf § 831 Abs. 1 S. 1 stützen.

Raum für eigene Notizen:

Fall 20 Sachenrecht: Eigentumserwerb an beweglichen Sachen, gutgläubiger Erwerb, Besitzschutz

»Wem gehört der Rasenmäher?«

F gibt im Januar seinen Rasenmäher dem B in Reparatur. Dieser schickt ihm im Februar eine Rechnung über die Reparaturkosten mit dem Zusatz, das Gerät stehe zum Abholen bereit. F verlegt die Rechnung und denkt nicht daran, das Gerät abzuholen, da er es zu dieser Jahreszeit nicht vermisst. Im April fragt E den B, ob er bei ihm einen gebrauchten Rasenmäher bekommen könne. B verkauft und übereignet ihm den Rasenmäher des F gegen Barzahlung. Nach zwei Wochen bringt E dem B den Rasenmäher zurück mit der Bitte, einige Lackschäden auszubessern. Anfang Mai will F den Rasenmäher abholen. B, dem nun Bedenken wegen des Verkaufs an E kommen, gibt den Rasenmäher an F gegen Zahlung der Reparaturkosten heraus. **481**

E verlangt von F die Herausgabe des Geräts.

1. Hat E gegen F *sachenrechtliche* Ansprüche auf Herausgabe des Rasenmähers?
2. Kann F von B *Herausgabe* des *erlangten* Verkaufserlöses verlangen?

(Bearbeitungszeit: 90 Minuten)

Besondere Vorüberlegungen

Vorbemerkung:

482 Das Sachenrecht bereitet Anfängern erfahrungsgemäß größere Schwierigkeiten als das Schuldrecht. Das mag an der Eigenart der im Sachenrecht geregelten dinglichen Rechte liegen: Sie sind absolute Rechte, d. h. sie wirken gegen jedermann und sind gegen jeden rechtswidrigen Eingriff geschützt. Diese umfassende Wirkung unterscheidet sie von den relativen Rechten, insbesondere Ansprüchen i. S. v. § 194, die nur Rechtsbeziehungen zwischen bestimmten Personen begründen. Dies mag das Schuldrecht am Anfang überschaubarer erscheinen lassen, zumal dingliche Rechte die Grundlage dinglicher Ansprüche, also relativer Rechte, sein können. So fließt der dingliche Herausgabeanspruch des § 985 aus dem Eigentum (*Jauernig*, Vor § 854, Rdnr. 2).

Andererseits kennt das Sachenrecht im Gegensatz zum Schuldrecht keine allgemeine Vertragsfreiheit, so dass der sog. »Typenzwang«, der »numerus clausus« der dinglichen Rechte (vgl. zu den Grundprinzipien des Sachenrechts zur Einführung *mein* SachR, Rdnrn. 1–21), eine überschaubare Begrenzung von dinglichen Ansprüchen zur Folge hat.

Da Klausurbearbeiter eines Sachenrechtsfalls häufig dazu neigen, ihr Wissen zum Schuldrecht kund zu tun, wurde in der Fallfrage ausdrücklich nach »sachenrechtlichen« Ansprüchen des E gegen F gefragt!

Der hier ausgewählte (eigentlich »einfache«) kurze Fall bereitete vielen Bearbeitern erstaunliche Schwierigkeiten, was möglicherweise auf einem – allerdings den Prinzipien des Sachenrechts widersprechenden – besonderen »Gerechtigkeitsgefühl« beruhen mag: »Der Rasenmäher gehörte früher F und nun hat er ihn wieder« …

Zu Ausarbeitung I 1:

483 Wenn Sie die hier einschlägige Anspruchsgrundlage nicht sofort parat hatten, suchen Sie sie zu guter Letzt nochmals anhand unseres Schemas »Wer will von wem was, warum, woraus«? Die Antwort lautet zunächst: E will von F die Herausgabe des Rasenmähers. Warum? Weil er glaubt, dass er Eigentümer des von B gekauften und von diesem übereigneten Rasenmähers geworden ist. (»Übereignung« bedeutet immer: Übergabe der Sache und Einigung über den Eigentumswechsel i. S. v. § 929 S. 1.) Woraus (= aus welcher Vorschrift) ergibt sich der Herausgabeanspruch des Eigentümers? Nur aus § 985! Damit war das Gutachten zu beginnen: Anspruchsgrundlage ausformulieren und sofort deren Voraussetzungen nennen!

Zu Ausarbeitung I 1 a und b:

484 Dass der Rasenmäher eine Sache (§ 90) und F Besitzer (§ 854) ist, ist so offensichtlich, dass man dies ausnahmsweise im »Urteilsstil« feststellen darf.

Da die Feststellung des unmittelbaren Besitzes des F keine Schwierigkeiten macht, sollte man sie vorziehen, bevor unter c) die möglicherweise zweifelhafte Eigentümerstellung des E geprüft wird.

Zu Ausarbeitung I 1 c:

485 Wenn man das Recht der beweglichen Sachen bereits gelernt hat, weiß man, dass der Eigentumserwerb an beweglichen Sachen im Mittelpunkt steht, und man muss auch die Voraussetzungen des gutgläubigen Eigentumserwerbs kennen.

Prüfungsschema: Gutgläubiger Eigentumserwerb gem. §§ 929 S. 1, 932

- Verfügung über eine Sache (Veräußerung),
- Die Sache gehört nicht dem Veräußerer (Nichtberechtigter),
- der Erwerber muss gutgläubig (§ 932 Abs. 2) sein und
- dem (früheren) Eigentümer darf die Sache nicht abhanden gekommen sein (§ 935 Abs. 1).

Lösung (Ausarbeitung):

I. Ansprüche des E gegen F

1. E könnte gegen F einen Anspruch auf Herausgabe des Rasenmähers gem. § 985 haben. **486**

Dafür ist Voraussetzung, dass der Rasenmäher eine Sache, E Eigentümer und F unberechtigter (vgl. § 986) Besitzer ist.

a) Der Rasenmäher ist eine Sache i.S.v. § 90.

b) F übt die tatsächliche Gewalt über den Rasenmäher aus; folglich ist er unmittelbarer Besitzer i. S. v. § 854.

c) Fraglich ist, ob E Eigentümer des Rasenmähers ist. Ursprünglich ist F Eigentümer gewesen. Dadurch dass F den Rasenmäher an B zur Reparatur übergeben hat, hat er sein Eigentum nicht verloren, da es an einer Einigung i. S. v. § 929 S. 1 fehlt. Er könnte sein Eigentum aber durch die Verfügung des B an E verloren haben. Da der Rasenmäher weiterhin dem F gehörte, hat B als Nichtberechtigter verfügt, als er den Rasenmäher in Erfüllung seiner Verkäuferpflicht aus § 433 Abs. 1 S. 1 gem. § 929 S. 1 an E übereignete. Somit kommt nur ein gutgläubiger Eigentumserwerb durch E gem. § 929 S. 1 i. V. m. § 932 Abs. 1 S. 1 in Betracht. Dann müsste E bei der Übereignung durch B bezüglich dessen Eigentümerstellung gutgläubig gewesen sein, und die Sache dürfte dem ursprünglichen Eigentümer nicht abhanden gekommen sein (§ 935 Abs. 1).

Zu Ausarbeitung I 1 c aa:

487 Oftmals wird bei einem Sachverhalt wie dem vorliegenden von Bearbeitern im Gutachten behauptet(!): »X hätte sich erkundigen müssen, ob Y wirklich Eigentümer war! Da er es nicht getan hat, handelte er grob fahrlässig, i. S. v. § 932 Abs. 2«. Das ist leider grob falsch, da dieser Bearbeiter offensichtlich § 1006 und damit ein Prinzip des Sachenrechts – »Eigentumsvermutung für den Besitzer« – nicht kennt! In unserem Fall hat E einen Rasenmäher gekauft und übereignet bekommen! Kein Auto! Wenn er sich beim »Autokauf« die Zulassungsbescheinigung, Teil II (Kfz-Brief) nicht zeigen lässt, ist ihm gem. § 932 Abs. 2 infolge grober Fahrlässigkeit unbekannt, »dass die Sache dem Veräußerer nicht gehört«! »Rasenmäher-Briefe« sind im deutschen Zivilrecht nicht gefragt.

Zu Ausarbeitung I 1 c bb:

488 Im Sachenrecht gilt der germanische Rechtssatz »Wo Du Deinen Glauben gelassen hast, da musst Du ihn suchen!« Diese Weisheit ist im BGB in § 935 festgeschrieben. »Gestohlen, verloren oder sonst abhanden gekommen« bedeutet: Der Eigentümer hat den Besitz der Sache unfreiwillig aufgegeben. Überlässt er die Sache freiwillig einem anderen (z. B. dem Mieter oder Werkunternehmer), muss er das Risiko tragen, dass diesen Besitzer diebische Freude befällt!

Zu Ausarbeitung I 1 d:

489 Eigentumserwerb – ob vom wahren oder vermeintlichen Eigentümer – erfordert immer eine Einigung (= dinglicher Vertrag)! Die Übergabe kann ersetzt (»surrogiert«) werden: Übergabesurrogate enthalten die §§ 929 S. 2, 930, 931.

Zu Ausarbeitung I 1 e:

490 Eigentlich könnte man diese Passage in einer Klausur einfach weglassen. Die Lösung stimmt auch so. Aber wenn man als Korrektor lesen muss, dass »F als früherer Eigentümer ein Recht zum Besitz hat« (!?), muss man dieses »Schmankerl« der Musterlösung hinzufügen.

Zu Ausarbeitung I 2 a bis c:

491 Da in der 1. Fallfrage ausdrücklich nach sachenrechtlichen Ansprüchen (also – mindestens – zwei Ansprüchen) gefragt ist, konnte die Prüfung mit § 985 noch nicht abgeschlossen sein. Da E nicht nur gutgläubig Eigentum erworben hat, sondern den Rasenmäher vorübergehend im Besitz hatte, kamen nur noch Ansprüche aus § 1007 in Betracht. Um beide Ansprüche abzulehnen, brauchte man »nur« das Gesetz genau lesen und richtig anwenden.
Ohne Wichtiges wegzulassen, konnte man die möglichen Ansprüche gegen den früheren Besitzer hier »zusammenfassen«, damit das Gutachten nicht ausufert.

aa) Gem. § 932 Abs. 2 ist der Erwerber gutgläubig, wenn ihm nicht bekannt oder nicht infolge grober Fahrlässigkeit unbekannt ist, dass die Sache nicht dem Veräußerer gehört. Aus der Anfrage des E bei B, ob er bei ihm einen gebrauchten Rasenmäher bekommen (kaufen) könne, geht hervor, dass B offenbar nicht nur Rasenmäher repariert, sondern auch damit handelt. Somit hatte E keinen Grund anzunehmen, dass B nicht Eigentümer des übereigneten Geräts sei. Da B den Rasenmäher in Besitz hatte, konnte E vielmehr vermuten, dass B auch Eigentümer ist (vgl. § 1006 Abs. 1 S. 1). Der gute Glaube des E ist also nicht durch § 932 Abs. 2 ausgeschlossen. **492**

bb) Gem. § 935 Abs. 1 S. 1 ist der gutgläubige Erwerb ausgeschlossen, wenn die Sache dem Eigentümer abhanden gekommen ist. **493**

Als F den Rasenmäher dem B zur Reparatur gab, war F Eigentümer. Da F den Rasenmäher freiwillig selbst dem B übergab, ist ihm das Gerät jedoch nicht »abhanden gekommen«. Darunter ist nur eine unfreiwillige Besitzaufgabe wie im Falle des Diebstahls oder des Verlierens zu verstehen.

Somit ist E gem. §§ 929 S. 1, 932 Abs. 1 S. 1 gutgläubig Eigentümer des Rasenmähers geworden.

d) E hat sein Eigentum auch nicht etwa dadurch verloren, dass er den Rasenmäher dem B zur Ausbesserung von Lackschäden zurückbrachte und B das Gerät dem F übergab. In beiden Fällen ist keine Einigung über den Eigentumserwerb i. S. v. § 929 S. 1 erklärt worden, so dass keine Eigentumsübertragung stattgefunden hat. **494**

e) Die Tatsache, dass F früher einmal Eigentümer des Rasenmähers war, gibt ihm schließlich auch kein Recht, die Herausgabe der Sache gem. § 986 Abs. 1 S. 1 zu verweigern. Weder er noch B als mittelbarer Besitzer (vgl. § 868) sind dem E gegenüber zum Besitz berechtigt. Unberechtigt i. S. v. § 986 ist der (auch mittelbare) Besitzer selbst dann, wenn er aus Vertrag – wie B aus § 631 – zur Herausgabe (Rückgabe) verpflichtet ist. **495**

f) *Ergebnis*
E kann daher als Eigentümer vom Besitzer F die Herausgabe des Rasenmähers gem. § 985 verlangen.

2. Ein Herausgabeanspruch des E gegen F könnte sich möglicherweise auch aus § 1007 Abs. 1 oder Abs. 2 S. 1 ergeben.

a) Gem. § 1007 Abs. 1 könnte E als früherer Besitzer von F die Herausgabe verlangen, wenn F beim Besitzerwerb nicht in gutem Glauben war. **496**
F war indessen beim Besitzerwerb des Glaubens, er sei als Eigentümer zum Besitz berechtigt. Er war also hinsichtlich seines Besitzrechts durchaus gutgläubig, so dass die Voraussetzungen von § 1007 Abs. 1 nicht vorliegen.

Zu Ausarbeitung II 1–5:

497 Wenn gezielt nach Ansprüchen auf Herausgabe des Verkaufserlöses gefragt wird, sind auch nur solche Ansprüche zu prüfen! Eventuelle Schadensersatzansprüche aus §§ 280 Abs. 1 und 3, 283 S. 1 oder § 823 Abs. 1 waren deswegen nicht zu prüfen. Die Fallfrage gibt Ihnen immer das Prüfungsprogramm vor!

498 Wer die Anspruchsgrundlage § 816 Abs. 1 S. 1 nicht gleich parat hatte, konnte sie im Sachverzeichnis unter »Nichtberechtigter« einfach finden.

Die Tatbestandsmerkmale konnte man sich leicht aus dem Wortlaut der Vorschrift herleiten. Im Einzelnen gilt folgendes

Prüfungsschema: Eingriffskondiktion gem. § 816 Abs. 1 S. 1:
- Nichtberechtigter
- Entgeltliche Verfügung des Nichtberechtigten
- Wirksamkeit der Verfügung gegenüber Berechtigtem
- Nichtberechtigter erlangt etwas durch die Verfügung

Rechtsfolge: Herausgabe des Erlangten

Die Voraussetzungen mussten dann nur noch Schritt für Schritt geprüft (**Ausarbeitung II 1–4**) und das Ergebnis (**Ausarbeitung II 5**) mitgeteilt werden.

Literatur zur Vertiefung:

Alpmann und Schmidt	SachR 1, 1. und 2. Teil
Bauer/Stürner	§§ 51, 52
Eckert	Rdnrn. 269–367
Frahm/Würdinger	Der Eigentumserwerb an Kraftfahrzeugen, JuS 2008, 14
Hofmann	Die Übertragung von Rechten – Ein Überblick, JA 2008, 253
Neuner	Der Redlichkeitsausschluss an abhanden gekommenen Sachen, JuS 2007, 401
Schreiber	Rdnrn. 152–177 und 203–210
ders.	Eigentumserwerb an abhanden gekommenen Sachen, JURA 2004, 238
ders.	Die Eigentumsvermutung für den Besitzer, JURA 2003, 392
ders.	Mittelbarer Besitz, JURA 2003, 682
Schwab/Prütting	§§ 32, 35, 47, 50
Westermann	§§ 37–40, 45–49
Wörlen	SachR, Rdnrn. 46–48, 68–81, 102–125
Wolf	§§ 22, 23

b) Gem. § 1007 Abs. 2 S. 1 kann ein früherer Besitzer die Sache allerdings auch von einem gutgläubigen Besitzer herausverlangen, wenn sie ihm gestohlen wurde, verloren gegangen oder sonst abhanden gekommen ist. Kommt eine Sache dem unmittelbaren Besitzer abhanden, kommt sie damit auch dem mittelbaren Besitzer abhanden (§ 935 Abs. 1 S. 2). 499

Der Rasenmäher ist dem E aber nicht abhanden gekommen, weil er ihn B freiwillig übergeben hat. Dadurch wurde B unmittelbarer Besitzer, während E aufgrund des Werkvertrags mit B mittelbarer Besitzer blieb.

Wenn nun B den Besitz freiwillig dem F überlassen hat, ist das Gerät weder ihm noch E abhanden gekommen.

c) *Ergebnis*
E hat gegen F somit weder einen Anspruch aus § 1007 Abs. 1 noch aus § 1007 Abs. 2 S. 1.

II. Ansprüche des F gegen B 500

F könnte gegen B einen Anspruch auf Herausgabe des Verkaufserlöses aus § 816 Abs. 1 S. 1 haben.

1. B müsste bezüglich der Eigentumsübertragung an dem Rasenmäher Nichtberechtigter sein. Dies wurde bereits oben (I 1 c) bejaht.

2. Weiterhin müsste B eine Verfügung getroffen haben. Eine Verfügung ist jedes Rechtsgeschäft, das unmittelbar auf den Bestand und Inhalt eines Rechts einwirkt. B hat das Eigentum an E übertragen.

3. Die Eigentumsübertragung ist dem F als Berechtigten gegenüber wirksam (*siehe oben I 1 c bb*), da E gutgläubig Eigentümer wurde.

4. B hat aufgrund des der Verfügung zu Grunde liegenden Rechtsgeschäfts den Verkaufserlös erlangt.

5. *Ergebnis*
Somit hat F gegen B einen Anspruch auf Herausgabe des erzielten Verkaufserlöses aus § 816 Abs. 1 S. 1.

Raum für eigene Notizen:

Fall 21 Handelsrecht mit BGB: Hilfspersonen des Kaufmanns (Prokura und Handlungsvollmacht), Stellvertretung, Umdeutung

»Erfolgreiche Unternehmenspolitik?«

Otto Ochs (O) ist Inhaber einer großen Wurst- und Fleischfabrik mit mehreren Filialen. Er bestellt seinen Mitarbeiter Siegfried Stier (S) zum Prokuristen und lässt die Prokura in das Handelsregister eintragen. Mit S trifft O eine Vereinbarung, dass dieser nicht ohne Einwilligung des O Geschäfte im Wert von über 200 000,– € abschließend darf. O beauftragt den S, ein Kühlwagenunternehmen zu suchen und für den Transport der Produkte die erforderliche Anzahl Kühlwagen zu mieten. S ruft den Angestellten Kuno Kuh (K) herbei und erklärt ihm, dass er ihn zum Prokuristen mache und ihn mit der Miete von 20 Kühlwagen beauftrage. S selbst gedenkt, nun Unternehmenspolitik zu betreiben, und erwirbt für 2 Mio. € einen landwirtschaftlichen Betrieb, der sich auf die Zucht und Mast von Schlachtvieh spezialisiert hat. S will die Fabrik von fremden Fleischlieferungen unabhängig machen. Der Landwirt Balduin Borstig (B), von dem S den landwirtschaftlichen Betrieb gekauft hat, verlangt von O die Zahlung des Kaufpreises. Dieser weigert sich, den Kaufpreis zu zahlen. Außerdem ist er auch nicht bereit, den von K mit M, der die Miete verlangt, abgeschlossenen Mietvertrag über 20 Kühlwagen anzuerkennen. 501

Sind die Ansprüche von B und M gegen O begründet?

(Bearbeitungszeit: 2 Std.)

Besondere Vorüberlegungen

Vorbemerkung

502 Wenn Studierende einen »Handelsrechtsfall« zu lösen haben, stürzen sie sich oft sofort auf die handelsrechtlichen »Probleme«, weil sie gelernt haben, dass das HGB für Kaufleute Vorrang vor dem BGB hat (Subsidiaritätsprinzip)[40]. Dabei wird dann das HGB häufig unsystematisch und an falscher Stelle geprüft. Krasses Negativbeispiel: »B könnte einen Anspruch auf Zahlung des Kaufpreises haben, wenn die Prokura wirksam ist.« Wer so »argumentiert«, hat offenbar noch nicht die Vorlesung (bzw. Übung) »Anleitung zur Lösung von Zivilrechtsfällen« besucht oder gar ein Buch dazu gelesen? Näheres bei den einzelnen Bemerkungen zu den Gliederungspunkten der Ausarbeitung.

Zu Ausarbeitung I:

503 Da nach Ansprüchen verschiedener Anspruchsteller gefragt ist, war zwischen den Ansprüchen des B und der M zu trennen und die Reihenfolge der Fragestellung einzuhalten.

Zu Ausarbeitung I 1 a:

504 Nachdem Sie bereits 20 Fälle und Lösungen zum BGB gelesen haben (und hoffentlich vorher auch versucht haben, diese selbst zu lösen ...), waren Sie in der Lage (?), die in Betracht kommende Anspruchsgrundlage für B, der Zahlung des Kaufpreises verlangt, ohne lange Überlegung zu nennen: § 433 Abs. 2 war als hypothetisches Ergebnis voranzustellen. Sodann war die Voraussetzung zu nennen. Der Hinweis auf die §§ 145 ff. ist nicht zwingend erforderlich, in dieser Kürze aber auch nicht »überflüssig«.

Zu Ausarbeitung I 1 b:

505 An dieser Stelle musste man zeigen, dass man das System des Stellvertretungsrechts kennt, indem man die Wirkungen einer wirksamen Stellvertretung nach § 164 nennt und dann ihre *Voraussetzungen* nach *§ 164 Abs. 1 S. 1* prüft. Dazu benutzt man folgendes

Prüfungsschema: Stellvertretung gem. § 164 Abs. 1 i. V. m. HGB

- Eigene Willenserklärung,
- in fremdem (= des Vertretenen) Namen
- innerhalb der ihm zustehenden Vertretungsmacht
  - Vollmachtserteilung (z. B. § 167 oder §§ 48, 56 HGB oder eventuell Anscheins- bzw. Duldungsvollmacht)
  - Einhaltung des Umfangs der Vertretungsmacht (z. B. §§ 49, 54, 56 HGB)

Zu Ausarbeitung I 1 b aa:

506 Eine eigene Willenserklärung setzt Entscheidungsspielraum des Erklärenden voraus. Dabei ist, wie hier geschehen, eine »positive« Subsumtion des Sachverhalts unter das Gesetz erforderlich. Falsch sind sog. »Negativprüfungen«, hier etwa: »Dann dürfte S *nicht* Bote gewesen sein.« Es interessiert nicht, was *nicht* sein dürfte, sondern es interessiert, was *»ist«* bzw. was vorliegen muss, damit S als Vertreter handelte!

Zu Ausarbeitung I 1 b bb:

507 Da im Sachverhalt nicht ausdrücklich formuliert ist, dass S erkennbar »im Namen des O« handelt, war klar herauszuarbeiten, woraus sich ergibt, dass diese zweite Voraussetzung von § 164 Abs. 1 S. 1 i. V. m. § 164 Abs. 2 erfüllt ist!

40 Vgl. *mein* HR, Rdnrn. 2 f.

Lösung (Ausarbeitung):

I. Anspruch B gegen O

1. B könnte gegen O einen Anspruch auf Zahlung des Kaufpreises in Höhe von 2 Mio. € gem. § 433 Abs. 2[41] geltend machen. 508

a) Dann müsste zwischen B und O ein wirksamer Kaufvertrag (durch Angebot und Annahme nach §§ 145 ff.) zustande gekommen sein.

b) Da B und O nicht direkt miteinander verhandelt haben, sondern S für O auftrat, kann dies nur geschehen sein, wenn S den O wirksam vertreten hat, mit der Folge, dass die Willenserklärungen des S gem. § 164 Abs. 1 S. 1 unmittelbar für und gegen O wirken. Dann müssten gem. § 164 Abs. 1 S. 1 folgende Voraussetzungen erfüllt sein:

aa) S muss gegenüber B eine eigene Willenserklärung abgegeben haben. Indem S aus eigenem Entschluss den landwirtschaftlichen Betrieb des B »erwirbt«, ist diese Voraussetzung erfüllt. Ob S dabei, was aus der Formulierung »erwirbt« nicht ersichtlich ist, selbst ein Angebot abgegeben oder eines des B angenommen hat, ist für das Zustandekommen des Kaufvertrags unerheblich. 509

bb) Weiterhin muss S erkennbar (§ 164 Abs. 2) in fremdem Namen, d. h. im Namen des vertretenen O, gehandelt haben. Da B sich mit seinem Zahlungsbegehren direkt an O wendet, lässt sich daraus schließen, dass S im Namen des O aufgetreten ist. Somit ist auch die zweite Voraussetzung von § 164 Abs. 1 S. 1 erfüllt. 510

41 Zur Erinnerung: §§ ohne Bezeichnung sind solche des BGB.

Zu Ausarbeitung I 1 b cc:

511 Dass die dritte Voraussetzung von § 164 Abs. 1 S. 1 zwei »Untervoraussetzungen« (vgl. soeben, Rdnr. 505) enthält, wird häufig übersehen!

Zu Ausarbeitung I 1 b cc (1):

512 Erst hier war auf das Handelsrecht einzugehen, da § 48 Abs. 1 HGB eine Sonderregelung gegenüber der allgemeinen Vorschrift des § 167 Abs. 1 enthält, unter die der Sachverhalt zu subsumieren war.

Zu Ausarbeitung I 1 b cc (2):

513 Mit der Prüfung von § 49 HGB sind Sie dann »mitten im Handelsrecht«. Hier war zu verdeutlichen, dass die Prokura sich auf alle Rechtsgeschäfte eines (»irgendeines«) Handelsgewerbes bezieht und dass der Erwerb von Grundstücken dem Prokuristen nach § 49 Abs. 2 nicht untersagt ist.

Zu Ausarbeitung I 1 b cc (3):

514 § 50 HGB ist immer zu prüfen, wenn der Prinzipal den gesetzlichen Umfang der Prokura durch eine interne Vereinbarung modifiziert hat.

Zu Ausarbeitung I 2:

515 Hat man festgestellt, dass alle Voraussetzungen für den anfangs vermuteten Anspruch erfüllt sind, ist zur Abrundung des Gutachtens als Ergebnis festzuhalten, dass der Anspruch begründet ist.

Zu Ausarbeitung II 1:

516 Auch in der zweiten Variante dieses Falls durfte nach der Erfassung des Sachverhalts und der Qualifizierung der Fallfrage das Auffinden der Anspruchsgrundlage für die Zahlung der Miete – § 535 Abs. 2 – keine Schwierigkeiten bereitet haben.

cc) Schließlich ist Voraussetzung, dass S innerhalb der ihm zustehenden Vertretungsmacht gehandelt hat. Dies bedeutet einerseits, dass er überhaupt Vertretungsmacht hatte, und andererseits, dass er den Rahmen der Vertretungsmacht nicht überschritten hat. 517

(1) Vertretungsmacht setzt gem. § 167 Abs. 1 die Erteilung einer Vollmacht voraus, die grundsätzlich formlos (§ 167 Abs. 2) und auch konkludent erteilt werden kann.

Hier ist jedoch zu berücksichtigen, dass dem S Vollmacht in Form der Prokura erteilt worden ist, so dass die Sondervorschriften der §§ 48 ff. HGB anzuwenden sind.

Gem. § 48 Abs. 1 HGB kann die Prokura grundsätzlich nur vom Inhaber des Handelsgeschäfts (Prinzipal) durch ausdrückliche Erklärung erteilt werden. O ist als Wurst- und Fleischfabrikant Inhaber eines Handelsgeschäfts und betreibt ein Handelsgewerbe i. S. v. § 1 Abs. 2 HGB.

O hat dem S persönlich und ausdrücklich Prokura erteilt. Somit ist die Prokuraerteilung wirksam.

(2) Für den Umfang der Prokura gilt § 49 HGB. Gem. § 49 Abs. 1 HGB ist der Prokurist zu allen Arten von Rechtshandlungen ermächtigt, die der Betrieb »eines« Handelsgewerbes mit sich bringt. Zu solchen Rechtshandlungen gehört grundsätzlich auch der Erwerb eines anderen Handelsgeschäfts (vgl. § 22 Abs. 1 HGB) und von Grundstücken, da § 49 Abs. 2 HGB nur die Veräußerung und Belastung von Grundstücken durch den Prokuristen untersagt. 518

(3) Gem. § 50 Abs. 1 und 2 HGB ist eine Beschränkung der Prokura auf einen bestimmten Betrag (hier 200 000,– €), den der Prokurist beim Abschluss von Rechten nicht überschreiten darf, Dritten gegenüber, also im Außenverhältnis, unwirksam. Somit hat S beim Erwerb des Betriebs des B im Rahmen der Prokura, d. h. innerhalb der ihm zustehenden Vertretungsmacht gehandelt, so dass alle Voraussetzungen einer wirksamen Stellvertretung des O durch S nach § 164 Abs. 1 S. 1 erfüllt sind. 519

Folglich ist der Kaufvertrag zwischen B und O, vertreten durch S, wirksam zustande gekommen. 520

2. *Ergebnis*
Der Anspruch des B gegen O auf Zahlung des Kaufpreises gem. § 433 Abs. 2 in Höhe von 2 Mio. € ist demnach begründet.

II. Anspruch M gegen O

1. M könnte gegen O einen Anspruch auf Zahlung der Miete gem. § 535 Abs. 2 haben. 521

2. Voraussetzung dafür ist, dass zwischen M und O ein wirksamer Mietvertrag zustande gekommen ist.

Zu Ausarbeitung II 2 a aa und bb:

522 Da die Voraussetzungen einer wirksamen Vertretung nach § 164 Abs. 1 S. 1 bereits in der ersten Fallvariante ausführlich geprüft wurden, konnte man sich nun etwas kürzer fassen. Allerdings durfte man es sich nicht so bequem machen: »Bezüglich der eigenen Willenserklärung des K und seinem Handeln in fremdem Namen gilt das oben unter I 1 b) aa) und bb) Ausgeführte entsprechend.« Da mit K nun eine andere Person als S für O auftrat und mit M ein ganz anderer Vertragspartner als B angesprochen wurde, musste hier schon etwas präziser subsumiert und argumentiert werden!

Zu Ausarbeitung II 2 a cc:

523 An dieser Stelle haben manche Bearbeiter »fatalerweise« den Prokuristen S als »gesetzlichen« Vertreter des O angesehen! Damit wird dann das *Ergebnis* des Gutachtens »richtig«: K hatte den O wirksam vertreten, der Mietvertrag O – M war wirksam, der Anspruch ist begründet … Dadurch fehlte aber leider die Hälfte der Lösung der zweiten Fallvariante. *»Besser«* waren hier noch die Lösungen, die die Nichtigkeit der Prokuraerteilung von S an K erkannten, dann aber nicht weiter wussten, weil § 140 nicht gefunden wurde (diese Wissenslücke war verzeihlicher!).

Zu Ausarbeitung II 3 a und b:

524 Handelsrechtliche Grundkenntnisse setzen voraus zu wissen, dass ein Prokurist zwar keine Prokura, wohl aber eine Handlungsvollmacht i. S. v. § 54 HGB erteilen darf. Weiterhin muss man wissen, dass sich die Handlungsvollmacht auf Rechtsgeschäfte bezieht, die ein *»derartiges«* Handelsgewerbe mit sich bringt. Dass dazu im vorliegenden Fall bei einer Wurst- und Fleischfabrik auch der Abschluss eines Mietvertrags über Kühlwagen gehört, liegt auf der Hand. Diese Erkenntnis hilft natürlich nur wenig, wenn man von »Umdeutung« nach § 140 noch nichts gehört oder gelesen hat. Aber bevor Sie in einer Klausur vorzeitig fertig sind [! = wenn Sie z. B. nach ca. zwei Dritteln der zur Verfügung stehenden Bearbeitungszeit schon fertig sind, gibt es grundsätzlich zwei Möglichkeiten: Sie sind »genial«, also Note »1.0«. Oder Sie haben vieles Wichtige nicht gewusst, also Note »4,0–5,0«!], sollten sie »kämpfen«! Mit dem Index Ihres Gesetzestextes etwa: Sie haben erkannt, dass die Prokuraerteilung (ein »Rechtsgeschäft« übrigens) nichtig ist. Blättern sie im Index Ihres Gesetzestextes (hier »Beck-dtv«) nach, finden Sie unter »Rechtsgeschäfte« gegen Ende: »Umdeutung bei Nichtigkeit **1** 140«, also: Gesetz Nr. 1 (= BGB), § 140! Oder suchen Sie dort unter »Nichtigkeit« im ersten Drittel: »Konversion (Umdeutung) bei N. eines Rechtsgeschäfts: **1** 140« (= dasselbe!). Diese Geduld und Phantasie müssen Sie zumindest haben, wenn Ihnen momentan das Wissen fehlt …

525 Wenn sie dann § 140 gelesen haben, § 54 HGB kennen und die Nichtigkeit der Prokuraerteilung erkannt haben, sollten Sie zu der hier präsentierten Lösung in der Lage sein und das *Ergebnis*, wie unter **Ausarbeitung II 4** geschehen, formulieren können.

Literatur zur Vertiefung:

Alpmann und Schmidt	BGB AT 1, 4. Teil; HR, 3. Abschn.
Brehm	§ 15
Brox/Walker	AT, §§ 23–27; HR, §§ 10, 11
Canaris	§§ 12–14
Drexl/Mentzel	Die handelsrechtlichen Besonderheiten der Stellvertretung (Teil I), JURA 2002, 289; (Teil II), JURA 2002, 275
Hirsch	AT, Siebtes Kap.
Jung	Kap. 7
Larenz/Wolf	§§ 30–32
Medicus	AT, §§ 54–59
Petersen	Unmittelbare und mittelbare Stellvertretung, JURA 2003, 744
ders.	Der gute Glaube an die Verfügungsmacht im Handelsrecht, JURA 2004, 247
Petig/Freisfeld	Die Kaufmannseigenschaft, JuS 2008, 770
Roth	§§ 26–28
Rüthers/Stadler	§§ 29–32
Wörlen	BGB AT, Rdnrn. 191–347; HR, Rdnrn. 69–102

a) Da O wiederum nicht selbst, sondern K mit M verhandelt hat, ist zu prüfen, ob K den O bei Vertragsschluss wirksam vertreten hat. Dann müssten gem. § 164 Abs. 1 S. 1 folgende Voraussetzungen erfüllt sein:

aa) K muss eine eigene Willenserklärung abgegeben haben. Indem K die Kühl- **526** wagenfirma selbst aussuchen konnte und an keine Vorgaben über die Höhe der Miete gebunden war, hatte er eigenen Entscheidungsspielraum, so dass diese Voraussetzung erfüllt ist.

bb) Da auch M sich direkt an O wendet, ist daraus zu schließen, dass K erkenn- **527** bar (§ 164 Abs. 2) im Namen von O aufgetreten ist und somit in fremdem Namen gehandelt hat.

cc) Fraglich ist allerdings, ob K innerhalb der ihm zustehenden Vertretungs- **528** macht gehandelt hat, da ihm die Prokura nicht von O, sondern von S erteilt wurde. Aus der Formulierung von § 48 Abs. 1 HGB folgt, dass die Prokuraerteilung ein sog. »Prinzipalgeschäft« ist, welches ausdrücklich nur vom Inhaber des Handelsgeschäfts oder seinem »gesetzlichen« Vertreter vorgenommen werden kann. Da S als Prokurist nicht gesetzlicher, sondern rechtsgeschäftlicher Vertreter des O ist, war er zur Prokuraerteilung an K nicht berechtigt. Die Prokuraerteilung ist folglich nichtig.

3. Zu den Rechtshandlungen, zu denen der Prokurist gem. § 49 HGB ermächtigt **529** ist, gehört indessen die Erteilung einer Handlungsvollmacht i. S. v. § 54 Abs. 1 HGB, da diese nicht ausdrücklich dem Prinzipal vorbehalten ist.

a) Zu prüfen ist deshalb, ob sich die nichtige Prokuraerteilung gem. § 140 in die **530** Erteilung einer Handlungsvollmacht umdeuten lässt. Mit der Erteilung der Prokura an K wollte S erreichen, dass K mit M im Namen des O einen Mietvertrag über 20 Kühlwagen schließt. Gem. § 54 Abs. 1 HGB ist ein Handlungsbevollmächtigter zur Vornahme aller Geschäfte und Rechtshandlungen ermächtigt, die der Betrieb eines »derartigen« Handelsgewerbes mit sich bringt. Zu den Geschäften einer großen Wurst- und Fleischfabrik gehört auch die Anmietung von Kühlwagen. Somit hätte die Erteilung einer Handlungsvollmacht genügt, um K den Abschluss eines Mietvertrags mit M zu ermöglichen. Die nichtige Prokuraerteilung entspricht also den Erfordernissen der Erteilung einer wirksamen Handlungsvollmacht. Folglich ist anzunehmen, dass S dem K eine Handlungsvollmacht erteilt hätte, wenn er Kenntnis von der Nichtigkeit der Prokuraerteilung gehabt hätte.

b) Gem. § 140 kann die nichtige Prokuraerteilung daher in die wirksame Erteilung einer Handlungsvollmacht i. S. v. § 54 Abs. 1, 3. Var. HGB (Spezialhandlungsvollmacht) umgedeutet werden. Aufgrund dieser Vollmacht war K ermächtigt, die Kühlwagen im Namen des O zu mieten, so dass er innerhalb der ihm zustehenden Vertretungsmacht handelte.

4. *Ergebnis* **531**

Da alle Voraussetzungen von § 164 Abs. 1 S. 1 für eine wirksame Stellvertretung des O durch K vorliegen, ist der Mietvertrag zwischen O und M zustande gekommen. Der Anspruch der M gegen O auf Zahlung der Miete gem. § 535 Abs. 2 ist also begründet.

Raum für eigene Notizen:

Fall 22 Arbeitsrecht mit BGB: Arbeitsvertrag, Einstellungsbetrug, Anfechtung, Kündigung, Fragerecht des Arbeitgebers

»Erfolgreiche Personalpolitik?«[42]

P ist Personalchef der Maschinenfabrik »Mannomann« (M), die nicht Mitglied des Arbeitgeberverbands ist. Als solcher stellte er mehrere Programmierer und /-innen ein und führte mit diesen mehrere Einstellungsgespräche, so auch mit Herrn A und Frau B, denen er eine Vielzahl von Fragen vorlegte, unter anderem bezüglich ihrer Gewerkschaftszugehörigkeit, ihrer bisher ausgeübten beruflichen Tätigkeiten und nach Vorstrafen wegen Unterschlagung, Betrugs und Urkundenfälschung. A verneinte die Frage nach der Gewerkschaftszugehörigkeit, obwohl er jahrelang eifrig als Gewerkschaftsfunktionär tätig war. Als bisher ausgeübten Beruf gab er »Diplom-Programmierer« an, obwohl er lediglich einen Zweiwochenkurs »Einführung in die IT« besucht hatte. Die Frage nach Vorstrafen beantwortete er mit »keine«, obwohl er wegen eines leichten Sittlichkeitsdelikts zu einer Geldstrafe von zehn Tagessätzen à 50,– € rechtskräftig verurteilt war. **532**

B gehörte tatsächlich keiner Gewerkschaft an und war in der Tat EDV-Spezialistin. Als solcher war es ihr mehrfach gelungen, in ihrer Freizeit, in der sie sich gerne als »Hackerin« betätigte, Rechenanlagen von Großbanken mit einem Virus zu versehen, was ihr beachtliche Nebeneinnahmen von fremden Konten bescherte. Dafür war sie mehrfach einschlägig vorbestraft, was sie tunlichst verschwieg. Darüber hinaus hatte sie einen ihr zusätzlich vorgelegten Fragebogen des Betriebspsychologen wie folgt ausgefüllt: Auf die Frage nach der von ihr bevorzugten Farbe ihrer Nachtwäsche hatte sie mit »pink« geantwortet, obwohl sie in Wahrheit gar keine benutzt. Die Frage, ob sie regelmäßig die Anti-Baby-Pille nehme, hatte sie wahrheitswidrig mit »ja« beantwortet. Die Frage, ob sie schwanger sei, hatte sie fälschlicherweise, was sie allerdings selbst noch nicht wusste, mit »nein« beantwortet.

Drei Monate nach der Einstellung wird das Gegenteil bekannt, und sie legt ein entsprechendes ärztliches Attest vor. Zur gleichen Zeit werden auch alle »Lügen« von A, der ständig »falsch programmiert war«, und B bekannt.

P ist persönlich beleidigt und möchte seine neuen Mitarbeiter *schnellstens* wieder loswerden! Er bittet daher seinen Hausjuristen um ein Gutachten darüber, welche Möglichkeiten er hat, um dies zu erreichen, und was er dabei beachten muss.

Dieses Gutachten wird nun von Ihnen verlangt!

(Bearbeitungszeit: 2 Std.)

42 Teilweise ähnlich *Eisenmann/Gnauk/Quittnat*, Fall 53.

Besondere Vorüberlegungen

533 Nachdem man in den »allgemeinen Vorüberlegungen« nach der Erfassung des Sachverhalts zur Qualifizierung der Fallfrage gekommen war, konnte man feststellen, dass es sich hier um einen Fall handelt, in dem ausnahmsweise einmal nicht nach einem Anspruch (vgl. § 194 Abs. 1) gefragt ist! Einen »Anspruch auf Entlassung von Arbeitnehmern« gibt es nicht. Da P seine Mitarbeiter »schnellstens wieder loswerden« möchte, hieß die Fallfrage sinngemäß: »Wie kann P die mit A und B geschlossenen Verträge beseitigen bzw. beenden?«

Dazu gibt es im Zivilrecht grundsätzlich drei *Gestaltungsrechte*: Rücktritt, Kündigung und Anfechtung.

Da der Rücktritt gem. § 346 Abs. 1 ein vertraglich vereinbartes oder ein gesetzliches Rücktrittsrecht vorsieht, die im Arbeitsrecht nicht üblich sind, kamen nur Kündigung oder Anfechtung in Betracht. Da es um zwei verschiedene Arbeitsverträge geht, mussten diese getrennt geprüft werden.

Angesichts der Vielzahl der in diesem Fall angesprochenen Prüfungspunkte empfiehlt es sich, die einzelnen Gliederungspunkte mit Überschriften zu versehen. Allerdings ist das in Klausuren nicht zwingend erforderlich.

Zu Ausarbeitung I 1:

534 Das »schnellste« Mittel, einen Arbeitnehmer wieder »loszuwerden«, ist die fristlose, außerordentliche Kündigung gem. § 626 Abs. 1. Diese Möglichkeit sollte daher als erste geprüft werden.

Zu Ausarbeitung I 1 a:

535 Was ein wichtiger Grund ist, ist in § 626 Abs. 1 hinreichend umschrieben. Diese allgemeine Umschreibung war im Gutachten sinngemäß wiederzugeben, um dann sofort auf die speziellen Probleme des Falles zuzusteuern.

Zu Ausarbeitung I 1 b:

536 Dass es sich in diesem Fall um ein Kernproblem des Arbeitsrechts (die Zulässigkeit von Fragen des Arbeitgebers bei der Einstellung von Arbeitnehmern) dreht und dass dabei je nach Frage zu differenzieren ist, muss jedem Studierenden, der eine Vorlesung über Arbeitsrecht gehört und nachgearbeitet hat, bekannt sein.

Lösung (Ausarbeitung):

I. Beendigung des Arbeitsverhältnisses mit A 537

1. Kündigung

Da P die Arbeitnehmer A und B »schnellstens loswerden« möchte, ist zu prüfen, ob er das Arbeitsverhältnis mit A durch eine fristlose, außerordentliche Kündigung gem. § 626 Abs. 1 beenden kann.

a) Wichtiger Grund

538 Voraussetzung dafür ist gem. § 626 Abs. 1 ein »wichtiger Grund«, der die Kündigung ohne Einhaltung einer Kündigungsfrist rechtfertigt, wenn Tatsachen vorliegen, aufgrund derer dem Kündigenden die Fortsetzung des Arbeitsverhältnisses nach Abwägung aller Einzelumstände und der Interessen beider Vertragsteile bis zum Ablauf der Kündigungsfrist oder bis zur vereinbarten Beendigung des Arbeitsverhältnisses nicht zugemutet werden kann.

Ein wichtiger Grund könnte hier in der Tatsache zu sehen sein, dass A alle Fragen des P wieder besseres Wissen wahrheitswidrig beantwortet hat.

b) Zulässigkeit der dem A gestellten Fragen

539 Voraussetzung dafür ist, dass die Fragen des P zulässig waren. Zulässig sind Fragen des Arbeitgebers, an deren Beantwortung er ein berechtigtes Informationsinteresse hat. Demnach sind Fragen nur zulässig, die in konkreter Beziehung zu dem angestrebten Arbeitsplatz stehen. Dazu gehören vor allem Fragen nach der beruflichen Qualifikation. Zulässig sind z. B. auch Fragen nach Vorstrafen. Diese müssen allerdings nur beantwortet werden, wenn sie eine spezifische Beziehung zu der angestrebten Arbeit aufweisen.

Im Einzelnen gilt für die dem A gestellten Fragen Folgendes:

Zu Ausarbeitung I 1 b aa und bb:

540 Da hier mehrere Fragen gestellt wurden, mussten diese nacheinander auf ihre Zulässigkeit geprüft werden. Hat ein Arbeitnehmer auf eine zulässige Frage bewusst falsch geantwortet, ist das Vertrauensverhältnis zwischen ihm und dem Arbeitgeber so belastet, dass ein wichtiger Grund i. S. v. § 626 Abs. 1 vorliegt.

Da *eine* unzulässige Lüge als wichtiger Grund ausreicht, war an dieser Stelle nicht auf die Vorstrafenproblematik einzugehen **(vgl. Ausarbeitung I 1 b bb).**

Zu Ausarbeitung I 1 c:

541 Da P den Hausjuristen auch bittet, ihm mitzuteilen, worauf er achten muss, war nicht nur zu prüfen, ob eine Kündigung aus wichtigem Grund möglich ist, sondern auch, wie sie wirksam abzuwickeln ist.

Bei der außerordentlichen, fristlosen (»nomen est omen«) Kündigung ist keine Kündigungsfrist zu beachten, sondern die Kündigungserklärung wirkt sofort mit ihrem Zugang. § 623 (Schriftformerfordernis) wurde aufgrund von Art. 2 des Arbeitsgerichtsbeschleunigungsgesetzes v. 30.03.2000 ins BGB eingefügt! *(Ausarbeitung I 1 c aa)* Bei jeder Kündigung ist zu erwägen, ob ein besonderer Kündigungsschutz entgegensteht *(Ausarbeitung I 1 c bb).* Mit einer fristlosen Kündigung kann man nicht beliebig lang warten, sondern es ist die Kündigungs*erklärungs*frist einzuhalten *(vgl. Ausarbeitung I 1 c dd).*

Zu Ausarbeitung I 2:

542 Da die Kündigung aus wichtigem Grund ausreicht, um das Arbeitsverhältnis mit A zu beenden, war auf die Anfechtung hier nicht näher einzugehen. Ein Hinweis auf die grundsätzliche Möglichkeit der Anfechtung zeigt aber, dass der (die) Bearbeiter(in) den Fall durchschaut hat. Ohne diesen Hinweis hätte es aber keine »Minuspunkte« gegeben, wenn sonst alles richtig ist. Von den Bearbeiter(inne)n wurde nicht die Erkenntnis erwartet, dass möglicherweise eine Anfechtung für die M günstiger gewesen wäre: Zwar wirkt – nach der *Lehre vom faktischen Arbeitsverhältnis* – die Anfechtung entgegen § 142 Abs. 1 nur »ex nunc«. Vertretbar wäre hier aber eine »ex tunc«-Wirkung, weil A wegen der arglistigen Täuschung (§ 123) keinen Schutz verdient, denn seine Arbeitsleistung war aufgrund der Täuschung im Wert erheblich gemindert.

Unter *Ausarbeitung I 3* ist dann das Ergebnis des Gutachtens zu Teil A nochmals festzuhalten.

aa) Gewerkschaftszugehörigkeit

Für die *fachliche* Eignung eines Bewerbers ist die Gewerkschaftszugehörigkeit unbeachtlich, da ein sachlicher Zusammenhang zum Arbeitsbereich nicht besteht. Für die *persönliche* Eignung wird die Frage bei *leitenden* Angestellten allgemein zulässig sein; bei allen anderen Bewerbern dürfte die Frage unzulässig sein. Für die Tätigkeit eines Programmierers ist es jedenfalls gleichgültig, ob er gewerkschaftlich organisiert ist oder nicht. Die falsche Beantwortung dieser unzulässigen Frage kann daher kein wichtiger Grund für die Kündigung sein. **543**

bb) Bisher ausgeübte berufliche Tätigkeit

Bezüglich der Frage nach bisher ausgeübten beruflichen Tätigkeiten ist ein berechtigtes Informationsinteresse des Arbeitgebers zu bejahen, da er wissen muss, ob der Arbeitnehmer aufgrund seiner fachlichen und persönlichen Eignung für die angestrebte Tätigkeit ausreichend qualifiziert ist. Die Frage des P war daher zulässig. **544**

Da A zu seiner bisherigen beruflichen Tätigkeit vorsätzlich falsche Angaben machte, die P zu seiner Einstellung veranlassten, stellt dieser Einstellungsbetrug einen wichtigen Grund i. S. v. § 626 Abs. 1 BGB dar. M, vertreten durch P, kann dem A somit fristlos kündigen, so dass es auf die Frage nach Vorstrafen hier nicht mehr ankommt.

c) Abwicklung der Kündigung **545**

aa) Kündigungserklärung

Damit die Kündigung wirksam ist, muss dem A eine Kündigungserklärung zugehen (§ 130). Gem. § 623, 1. HS bedarf die Kündigung zu ihrer Wirksamkeit der Schriftform.

bb) Kündigungsschutz

Der Kündigung darf kein besonderer Kündigungsschutz entgegenstehen. Ein solcher (wie etwa § 15 KSchG, § 85 SGB IX) ist im Fall des A nicht ersichtlich. **546**

cc) Anhörung des Betriebsrats

Sofern das Unternehmen M einen Betriebsrat hat, muss P darauf achten, dass dieser vor der Kündigung angehört wird (§ 102 Abs. 1 S. 1 BetrVG). **547**

dd) Kündigungserklärungsfrist

Bei Einhaltung der Kündigungserklärungsfrist von zwei Wochen (§ 626 Abs. 2 S. 1) steht der Wirksamkeit der Kündigung nichts entgegen. **548**

2. Anfechtung des Arbeitsvertrags

Grundsätzlich kommt bei Vorliegen eines Anfechtungsgrundes auch eine Anfechtung des Arbeitsvertrags in Betracht. Bei der falschen Beantwortung zulässiger Fragen kommen die Anfechtungsgründe »Eigenschaftsirrtum« (§ 119 Abs. 2) oder »arglistige Täuschung« (§ 123 Abs. 1, 1. Var.) in Betracht. Dies muss im Fall des A jedoch nicht geprüft werden, da die Kündigung aus wichtigem Grund zulässig ist. **549**

3. Ergebnis

Unter Beachtung der oben genannten Voraussetzungen kann P dem A daher gem. § 626 Abs. 1 fristlos kündigen.

Zu Ausarbeitung II 1 a:

550 Da hier keine wesentlichen Unterschiede zur ersten Fallvariante bestehen, konnte man sich mit der Verweisung nach oben kurz fassen.

Zu Ausarbeitung II 1 b aa:

551 Da B die Fragen nach der Gewerkschaftszugehörigkeit und der bisher ausgeübten beruflichen Tätigkeit zutreffend beantwortet hat, brauchte darauf nicht mehr eingegangen zu werden. Stattdessen war hier sofort auf die Frage nach den Vorstrafen zu kommen, die im Fall der B offenbar das zentrale Problem bildete. Aus diesem Grund wird das Vorstrafenproblem – für »Klausurverhältnisse« – auch relativ ausführlich abgehandelt.

Merken Sie sich:

- Die Frage nach Vorstrafen ist grundsätzlich zulässig, soweit sie für das spezifische Arbeitsverhältnis von Bedeutung sind. Strafen, die nicht in das Bundeszentralregister (Strafregister) eingetragen werden müssen, weil sie unter einem bestimmten Tagessatz liegen, sind keine »Vorstrafen«.
- Bei unzulässigen Fragen darf der Arbeitnehmer bewusst eine falsche Antwort geben (»Recht zur Lüge«), so dass die falsche Antwort keinen Anfechtungsgrund i. S. v. § 123 darstellt.

Zu Ausarbeitung II 1 b bb und cc:

552 An dieser Stelle wäre es genauso vertretbar gewesen, auf die Fragen nach der Farbe der Nachtwäsche und der Einnahme der Anti-Baby-Pille *nicht* einzugehen: Da B auf die zulässige Frage nach den speziellen, einschlägigen Vorstrafen bewusst wahrheitswidrig geantwortet hat, ohne dass ihr ein Recht zur Lüge zustand, hätte das grundsätzlich als wichtiger Grund für eine Kündigung gem. § 626 Abs. 1 ausgereicht, wenn nicht ein Kündigungsschutz entgegenstünde.

Da es sich um ein Gutachten (für den Personalchef) handelt, musste kurz auf alle gestellten Fragen eingegangen werden.

Die Frage nach der Schwangerschaft ist inzwischen grundsätzlich unzulässig (vgl. *Wörlen/ Kokemoor*, Rdnr. 77).

II. Beendigung des Arbeitsverhältnisses mit B

1. Kündigung

a) Außerordentliche Kündigung

Auch hier ist zunächst an eine außerordentliche, fristlose Kündigung nach § 626 **553** Abs. 1 zu denken. Insofern gilt das zu I 1 a Ausgeführte entsprechend.

b) Zulässigkeit der der B gestellten Fragen

aa) Vorstrafen

Die Frage nach Vorstrafen ist nicht uneingeschränkt zulässig, um die Resozialisierung des Vorbestraften nicht unnötig zu erschweren. Daher darf ein Bewerber nach Vorstrafen nur gefragt werden, wenn die begangenen Delikte für die Art des angestrebten Arbeitsplatzes von spezifischer Bedeutung sind, d. h. die Eignung des Arbeitnehmers für die beabsichtigte Tätigkeit in Frage stellen. Zulässig sind z. B. Fragen nach Vermögensdelikten (wie Diebstahl, Unterschlagung und Betrug) an eine Arbeitnehmerin, die als Kassiererin in einem Supermarkt angestellt werden soll oder die, wie hier die B, als Programmiererin eine ähnliche Vertrauensstellung einnimmt. **554**

Steht eine Vorstrafe indessen in keinerlei sachlichem oder persönlichem Zusammenhang mit der Tätigkeit, die ein Bewerber künftig ausüben will, ist er berechtigt, die Vorstrafe zu verschweigen (»Recht zur Lüge«). Da B jedoch einschlägig vorbestraft ist, war die Frage nach den Vorstrafen zulässig, ohne dass ihr ein Recht zur Lüge zustand. **555**

B hat aber auf die zulässige Frage nach Vorstrafen nicht geantwortet, sondern ihre einschlägigen Vorstrafen bewusst verschwiegen und dadurch den P arglistig getäuscht:

Unter »arglistiger Täuschung« versteht man jedes Verhalten des Täuschenden, das bei seinem Vertragspartner einen für die Abgabe einer Willenserklärung ursächlichen Irrtum hervorruft. Dabei muss sich der Täuschende bewusst sein, dass der andere seine Willenserklärung ohne die Täuschung nicht oder nicht »so« abgegeben hätte. **556**

Täuscht ein Arbeitnehmer den Arbeitgeber bei Einstellungsgesprächen auf diese Weise, berechtigt dies den Arbeitgeber grundsätzlich zur Kündigung aus wichtigem Grund gem. § 626 Abs. 1.

bb) Nachtwäsche und Anti-Baby-Pille

Die Fragen nach der Farbe der Nachtwäsche und der Einnahme der Anti-Baby-Pille waren unzulässig, da sie ein völlig unnötiges Einmischen des Arbeitgebers in die Intimsphäre der B darstellen. **557**

cc) Schwangerschaft

Unzulässig ist grundsätzlich auch die Frage nach der Schwangerschaft: Da diese Frage naturgemäß nur weibliche Bewerber betreffen kann, fällt sie unter das Benachteiligungsverbot von § 7 AGG. Selbst wenn B von ihrer Schwangerschaft bereits gewusst hätte, hätte sie diese daher verschweigen dürfen. **558**

559 **Zu Ausarbeitung II 1 c:**
Hier war klar herauszustellen, dass § 9 MuSchG jeder Art von Kündigung entgegensteht.

560 **Zu Ausarbeitung II 2:**
Dieser Überleitungssatz bedarf keiner eigenen Gliederungsnummer, da er nur die Überschrift im Gutachtenstil wiederholt.

»Überschriften« sind, wie gesagt, in Klausuren nicht gefordert (eher unüblich; abgesehen von »I. Ansprüche gegen A«, »II. Ansprüche gegen B« etc.).

In einer Klausur genügen (wenn sie dann doch immer da wären!) dem Korrektor Gliederungsziffern und -buchstaben. Die Überschriften, die dazu passen, sollte er selbst im Kopf haben. Überschriften wurden hier nur gewählt, um den Studierenden (die letztlich eine Art Lehr- bzw. Lernbuch vor sich haben) die Lektüre zu erleichtern. Da Sie den Faden nunmehr gefunden haben, folgt der Rest ohne Überschriften.

Zu Ausarbeitung II 2 a:

561 In einer »reinen« BGB-Klausur ist zur *Zulässigkeit* der Anfechtung kein Wort zu verlieren. Wenn sich die Frage nach der *Anfechtung* stellt, gilt folgendes

Prüfungsschema: Anfechtung (Wdhlg.)
(1) Anfechtungsgrund (möglich: §§ 119 Abs. 1, 1. und 2. Var., 119 Abs. 2, 120, 123 Abs. 1, 1. und 2. Var.)
(2) Anfechtungserklärung (gegenüber dem richtigen Anfechtungsgegner, § 143)
(3) Anfechtungsfrist (§§ 121, 124)
(4) Wirkung der Anfechtung (§ 142 Abs. 1)

Da es sich hier aber um eine Arbeitsrechtsklausur handelt, war das »Problem« der Zulässigkeit der Anfechtung neben der Kündigung unbedingt darzustellen.

Zu Ausarbeitung II 2 b–e:

562 Die Prüfungsreihenfolge entspricht nun der soeben (Rdnr. 561) genannten Folge (1)–(4) »nach BGB«, wobei wir bei *Ausarbeitung II 2 b aa–cc* auf die besonderen Voraussetzungen eingehen müssen, die speziellen arbeitsrechtlichen Bezug haben!

c) Kündigungsschutz

Der nach § 626 Abs. 1 grundsätzlich zulässigen Kündigung dürfte kein besonderer Kündigungsschutz entgegenstehen. Da B ein ärztliches Attest über ihre Schwangerschaft vorgelegt hat, ist § 9 MuSchG zu beachten. Gem. § 9 Abs. 1 S. 1 MuSchG ist die Kündigung während der Schwangerschaft unzulässig. **563**

Daran ändert auch die Tatsache nichts, dass B durch Verschweigen ihrer Vorstrafen einen Einstellungsbetrug begangen hat, da es sich bei § 9 MuSchG um ein absolutes Kündigungsverbot handelt.

Somit kann P das Arbeitsverhältnis mit B nicht durch eine Kündigung nach § 626 Abs. 1 beenden.

2. Anfechtung des Arbeitsvertrags

Da B wahrheitswidrig auf die Frage nach Vorstrafen geantwortet hat, ist zu prüfen, ob P den daraufhin geschlossenen Arbeitsvertrag anfechten kann. **564**

a) Dann müsste das Anfechtungsrecht des BGB neben dem Kündigungsrecht anwendbar sein. Dem könnte entgegenstehen, dass dadurch der absolute Kündigungsschutz des § 9 MuSchG umgangen wird. § 9 MuSchG soll indessen nur verhindern, dass die schwangere Arbeitnehmerin ihren rechtmäßig erlangten Arbeitsplatz durch eine Kündigung verliert. Durch den Kündigungsschutz von § 9 MuSchG soll dagegen nicht bewirkt werden, dass die Beteiligten an einem Arbeitsverhältnis festhalten müssen, welches unter Verstoß gegen die §§ 119 ff. in rechtlich fehlerhafter Weise zustande gekommen ist. **565**

b) Die somit grundsätzlich zulässige Anfechtung kann nur wirksam sein, wenn P einen Anfechtungsgrund hat. Als solcher kommt § 123 Abs. 1, 1. Var., Irrtum aufgrund arglistiger Täuschung, in Betracht. Im Einzelnen setzt das Anfechtungsrecht des Arbeitgebers nach § 123 Abs. 1, 1. Var. voraus: **566**

aa) Der Arbeitgeber müsste eine zulässige Frage gestellt haben, d. h. er muss seine Frage auf solche Vorstrafen begrenzen, die für den betreffenden Arbeitsplatz »einschlägig« sind. Diese Voraussetzung ist hier, wie bereits oben unter II 1 b aa dargestellt, erfüllt. **567**

bb) Der Arbeitnehmer müsste auf die zulässige Frage vorsätzlich wahrheitswidrig geantwortet haben. Indem B zu ihren einschlägigen Vorstrafen bewusst keine Angaben machte, ist auch diese Voraussetzung gegeben. Insbesondere wusste B oder hätte es zumindest wissen müssen (vgl. § 122 Abs. 2), dass ihre Vorstrafen von Bedeutung waren. B hat somit eine arglistige Täuschung (Einstellungsbetrug) vorgenommen. **568**

cc) Diese Täuschung muss für den Irrtum des P, d. h. die damit verbundene Einstellung der B ursächlich gewesen sein. Da davon auszugehen ist, dass P die B bei Kenntnis ihrer Straftaten nicht eingestellt hätte, ist auch diese Voraussetzung erfüllt, so dass ein Anfechtungsgrund nach § 123 Abs. 1, 1. Var. vorliegt. **569**

Zu Ausarbeitung II 2 e:

570 Da die Wirkung der Anfechtung im Arbeitsrecht (*ex nunc*) nicht immer der allgemeinen Wirkung des § 142 Abs. 1 (*ex tunc*) entspricht, musste das klar gestellt werden.

Zu Ausarbeitung 3:

571 Die Klausur wäre auch ohne den letzten Satz richtig gelöst, doch empfiehlt es sich, in einem kurzen Satz das Ergebnis des (hier: Teil-)Gutachtens abschließend mitzuteilen.

Literatur zur Vertiefung:

Alpmann und Schmidt	BGB AT 2, 1. Teil, 4. Abschn.; AR, 2. Teil, 4. Abschn.
Brehm	§ 8
Brox/Rüthers/Henssler	Kap. 3, II und IV; Kap. 7, II und III
Brox/Walker	AT, § 19
Däubler	AR, 7. Kap.
ders.	Was bedeutet »Diskriminierung« nach neuem Recht?, ZfA 2006, 479
Diller	»AGG-Hopping« – und was man dagegen tun kann, BB 2006, 1968
Dütz	§§ 3 III und 6 IV
Hirsch	AT, Sechstes Kap., C III
Hromadka/Maschmann	§ 10
Junker	Rdnrn. 188–199
Kaehler	Das Arbeitgeberfragerecht im Anbahnungsverhältnis: Kritische Analyse und dogmatische Grundlegung, ZfA 2006, 519
ders.	Individualrechtliche Zulässigkeit des Einsatzes psychologischer Testverfahren zu Zwecken der betrieblichen Bewerberauswahl, DB 2006, 277
Löwisch	AR, Rdnrn. 1193 ff. und 1233 ff.
Rüthers/Stadler	§ 25
Schaub	Ist die Frage nach der Schwerbehinderung zulässig?, NZA 2003, 299
Schimmel/Buhlmann	Wahrheitswidrige Antwort auf die Frage nach der Schwangerschaft im Einstellungsgespräch, JA 2003, 831
Servatius	Die betriebsbedingte Kündigung in der Fallbearbeitung, JURA 2006, 811
Then/Gerhard	Teil 4, 4. Kap. und 6. Kap., C
Wörlen	BGB AT, Rdnrn. 196–242e
ders./Kokemoor	Rdnrn. 62–97
Wollenschläger	Rdnrn. 87 ff., 178 und 382 ff.

c) Gem. § 143 Abs. 1 und 2 muss P die Anfechtung gegenüber der B erklären.

d) Dabei hat P die Jahresfrist des § 124 Abs. 1 einzuhalten, die gem. § 124 Abs. 2, 1. Var. mit dem Zeitpunkt beginnt, in welchem P die Täuschung entdeckt hat. Da P ohnehin an einer schnellen Vertragsauflösung interessiert ist, wird er diese Frist mit Sicherheit einhalten. **572**

e) Gem. § 142 Abs. 1 wird das angefochtene Rechtsgeschäft, hier der Arbeitsvertrag mit B, grundsätzlich als von Anfang an nichtig angesehen. Hierzu muss P jedoch wissen, dass diese Rückwirkung im Arbeitsrecht nicht gilt, da eine Rückerstattung der aufgrund des Arbeitsvertrages erbrachten Leistungen, welche (nach § 812 Abs. 1 S. 1, 1. Var.) die Folge des von Anfang an nichtigen Vertrags wäre, nicht möglich ist. Durch die Anfechtung des Arbeitsvertrags wird das Arbeitsverhältnis daher wie durch die Kündigung erst für die Zukunft, d. h. vom Zeitpunkt des Zugangs der Anfechtungserklärung beendet. **573**

3. *Ergebnis*
Unter diesen Voraussetzungen ist folglich eine Anfechtung des Arbeitsvertrags mit B durch P gem. § 123 Abs. 1, 1. Var. möglich und wirksam.

Raum für eigene Notizen:

Sachregister

(Die Zahlen beziehen sich auf die Randnummern.)

LERNEN IM DIALOG

JURISTISCHE LERNBÜCHER

Das bewährte Erfolgskonzept „Lernen im Dialog"

Der Leser wird nicht wie bei den klassischen Lehrbüchern mit Informationen in einem vortragsähnlichen Monolog geradezu überschüttet, vielmehr wird ihm der Rechtsstoff in Form eines Lehrgesprächs vermittelt. Durch häufige Fragen werden die Studierenden in einer Weise zum Nachdenken angeregt, die effektiv ist und Freude macht. Zahlreiche Schaubilder und Übersichten verdeutlichen die Zusammenhänge.

Wörlen

Familienrecht

2008, 272 Seiten, kartoniert, € 20,-

ISBN 978-3-452-26565-4

Mit neuem Unterhaltsrecht

In der Reihe LERNEN IM DIALOG sind außerdem erschienen:

Wörlen

BGB AT

Einführung in das Recht

Allgemeiner Teil des BGB

10., aktualisierte und verbesserte Auflage 2008

249 Seiten, kartoniert, € 18,90

ISBN 978-3-452-26792-4

Wörlen

Schuldrecht AT

9., überarbeitete und verbesserte Auflage 2008

206 Seiten, kartoniert, € 19,80

ISBN 978-3-452-26793-1

Wörlen

Schuldrecht BT

9., überarbeitete Auflage 2008

195 Seiten, kartoniert, € 19,80

ISBN 978-3-452-26794-8

Kokemoor

Sozialrecht

3. Auflage 2009

227 Seiten, kartoniert, € 19,80

ISBN 978-3-452-26950-8

Wörlen

Handelsrecht

mit Gesellschaftsrecht

9., neu bearbeitete und erweiterte Auflage 2008

206 Seiten, kartoniert, € 18,90

ISBN 978-3-452-26795-5

Oberrath

Öffentliches Recht

2., überarbeitete Auflage 2008

358 Seiten, kartoniert, € 23,90

ISBN 978-3-452-26776-4

Zu beziehen über Ihre Buchhandlung oder direkt beim Verlag.

SHOP www.wolterskluwer.de

einfach online kaufen...

Carl Heymanns Verlag

eine Marke von Wolters Kluwer Deutschland

Wolters Kluwer Deutschland GmbH

Luxemburger Str. 449 • 50939 Köln

www.wolterskluwer.de • E-Mail info@wolterskluwer.de

NEU

Grundkenntnisse im Arbeitsrecht

Wörlen/Kokemoor
Arbeitsrecht
9., völlig überarbeitete und verbesserte Auflage 2009,
213 Seiten, kartoniert,
€ 20,-
ISBN 978-3-452-27102-0

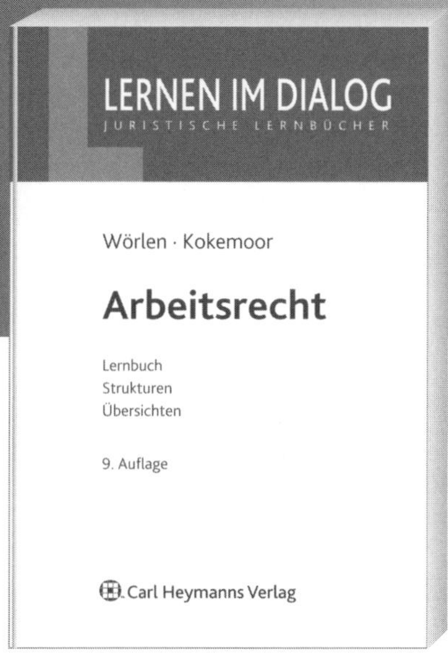

Grundkenntnisse im Arbeitsrecht gehören zum Kernbereich dessen, was sich Wirtschaftswissenschaftler aus dem Privatrecht aneignen müssen. Aber auch für juristische Studienanfänger als solider „erster Einstieg" ist das Werk sehr hilfreich und empfehlenswert. Den Lehrstoff präsentieren Wörlen und Kokemoor den Studierenden in der bekannt leichten Art der Stoffvermittlung: Lernen im Dialog!

Durch häufige Fragen werden die Studierenden in einer Weise zum Nachdenken angeregt, die effektiv ist und Freude macht. Zahlreiche Schaubilder und Übersichten verdeutlichen die Zusammenhänge.

Dieses Buch bietet die ideale Arbeitsgrundlage für alle, welche den Einstieg ins Arbeitsrecht suchen - ob Studierende der Rechtswissenschaften oder der Wirtschaftswissenschaften an Universitäten, Fachhochschulen oder Berufsakademien.

Die Neuauflage berücksichtigt insbesondere

- das **Gesetz über die Pflegezeit (PflegeZG)** vom 28.05.2008 sowie
- Änderungen des **AEntG**, des **MindArbBedG**, des **WissZeitVG** und des **ArbGG**.

Neben aktueller Literatur sind neueste Entscheidungen des BAG und des EuGH eingearbeitet. Stand: Mitte März 2009

Die Autoren:
Prof. Dr. Rainer Wörlen und *Prof. Dr. Axel Kokemoor* sind Professoren an der Fakultät Wirtschaftsrecht der Fachhochschule Schmalkalden und durch zahlreiche Veröffentlichungen bekannt.

SHOP www.wolterskluwer.de
einfach online kaufen...

Zu beziehen über Ihre Buchhandlung oder direkt beim Verlag.

Carl Heymanns Verlag
eine Marke von Wolters Kluwer Deutschland

Wolters Kluwer Deutschland GmbH
Luxemburger Str. 449 • 50939 Köln
www.wolterskluwer.de • E-Mail info@wolterskluwer.de